KB066149

2003년 문화관광부 우수학술도서 선정

빈곤의 역사, 복지의 역사

허구생 지음

한울
아카데미

책머리에

필자는 어렸을 때부터 역사에 관심이 많았다고 한다. 비단 부모님의 말씀뿐 아니라 내 기억의 편린에 비추어 보더라도 그것은 어느 정도 사실이었던 것 같다. '태정태세문단세……'나 '태혜정광경성목……' 정도는 초등학교 2학년 때 누나의 어깨 너머로 모두 외어버렸고 『이야기 삼국사』나 『아서왕 이야기』는 열 번도 더 읽었을 정도였으니 말이다.

대학에서 정치학을 공부하고 회사에 취직을 했는데도 끝내 미련이 남았던 것은 그 유년의 기억 속에 깊숙이 침잠해 있던 거부할 수 없는 유혹 때문이었는지도 모른다. 5년 가까이 잘 다니던 회사 그만두고, 그것도 광고로 유학을 보내준다는 제안을 굳이 뿌리치고 역사학이라는 밑도 끝도 없는 학문에 겁 없이 뛰어든 게 벌써 16년이 되었다. 그래도 학문의 길은 여전히 어렵기만 하고, 알 수 없는 초조감은 어느새 일상이 되어버린 느낌이다. 그러므로 이 책은 그동안의 공부를 정리하는 동시에 스스로의 마음가짐을 새로이 다잡는다는 의미가 있다. 그러나 일천한 학문을 아무리 포장해보아야 벌거벗은 몸으로 전장에 나서는 것과 다름이 없으니 이 두려움과 부끄러움을 어찌하랴. 오로지 혜량(惠諒)을 구할 뿐이다.

'빈곤과 사회복지'라는 주제를 처음으로 다루게 된 것은 10여 년 전, 미국 미네소타 대학교에서 영국근대사를 중심으로 박사 과정을 이수할 때였다. 당시 지도교수였던 렘버그(Stanford E. Lehmberg) 박사는 학위논문의 주제를 놓고 갈등하던 나에게 영국 튜더 시대의 빈민법 입법과정을 분석해보라는 충고를 했고, 나는 그것을 기꺼이 받아들였다. 근대 초기 영국의 빈민법에 대한 연구 주제는 의회민주주의의 초기 운영과정과 근대적인 사회정책의 태동을 살펴볼 수 있는 장점이 있다. 현재와 연결되지 않는 과거는 죽은 과거이며 거기에 매달리는 공부는 아무리 고고(孤高)한 품격을 갖춘 것일지라도 그리 큰 뜻이 없다고 애써 생각하던 나에게는 그야말로 안성맞춤인 주제였다. 그 당시 우리에게 민주주의는 아직도 성취해야 할 이상이었고 사회적 약자의 배려에 대해서는 기본적인 인식조차 없는 세상이었으므로.

이 책은 학위논문에서 다루었던 서양 근대 초기의 빈곤과 복지라는 주제를 시간적으로 거슬러 위로는 중세 또는 초기 기독교 공동체까지, 또 아래로는 산업혁명 시대까지 그 연구 영역의 외연을 확장한 것이라고 할 수 있다. 그러나 의욕이 크다고 성취가 큰 것은 아니었다. 서양 역사에서 빈곤과 사회정책이 가지는 의미를 조금 더 거시적인 안목에서 살펴보기 위해서 전공 영역인 16~17세기를, 또는 영국이라는 지리적 한계를 과감하게 벗어나는 모험을 감수했으나 그 제한된 범위에서도 숱한 좌절과 어려움을 겪어야만 했던 것이 현실이었다.

그런데 이 책이 서양사하면 으레 앞 지면을 장식하는 고대 그리스와 로마를 젖히고 곧장 중세 또는 초기 기독교 공동체를 중심으로 시작하게 된 데에는 나름의 이유가 있다. 무엇보다도 근대 초기를 전공으로 하는 연구자로서 필자가 가진 학문적 한계가 가장 큰 이유라고 할 수 있다. 고대의 빈곤문제에 대해서 과연 충분한 사료가 남아 있는가 하는 것은 그 다음 문제이다.

다른 하나의 이유는 서양의 고대 사회가 가진 특수성 때문이었다. 아테네와 스파르타 등 대부분의 그리스 도시국가들과 기원전 2세기 이후의 로마에는 거의 모든 생산 활동을 떠맡다시피한 대규모의 노예들이 존재하였다. 이들의 숫자는 시대에 따라 다르지만 전체 인구의 30~40퍼센트에 이르렀던 것으로 추정되고 있다. 기원전 2세기의 로마에서 토지보유에 상한선을 설정하거나 곡물가격의 안정화를 꾀하려던 그라쿠스 형제의 개혁이나 로마 제정시대에 엄청난 곡물을 빈민들에게 무상으로 분배한 사건을 우리는 빈민정책이라 이름 붙일 수는 있을 것이다. 그러나 그러한 정책들이 정치적인 동기에서 비롯되었다는 해석도 있거니와 설사 그렇지 않다 하더라도 그것이 생존선에 매달려 허덕이던 대부분의 노예들과 무관한 것일진대 그 이상의 어떤 의미가 있을까 하는 의문이 들지 않을 수 없었다.

그런가 하면, 20세기의 복지정책을 다루는 작업은 다음으로 미루었다. 그것은 빈곤의 문제를 정치적, 사회적, 경제적, 사회심리적, 문화적인 여러 측면에서 종합적으로 살펴본다는 이 책의 목적에 합당하게 20세기의 서구 사회복지사를 서술하는 작업은 별도의 저서를 필요로 하는 방대하고 복잡한 작업이라는 판단을 했기 때문이다. 그럼에도 불구하고 영국을 중심으로 사회보험과 복지국가의 탄생 과정을 간략하게나마 서술한 것은 이 책에서 다루어진 여러 가지 빈민정책이 역사적으로 어떠한 의미를 가지는지, 또한 역사 발전과정에서 어느 정도의 좌표상에 위치하는 것인지 가늠해보기 위한 것이다.

이 책은 7개의 장으로 구성되었다. 서론이라고 할 수 있는 제1장 '역사 속의 빈곤'에서는 상대적이고 가변적인 성격을 가지고 있는 빈곤을 어떻게 정의해야 하는가에 관한 문제를 다루었다. 또한 빈곤에 대한 사회적 인식과 빈민에 대한 사회 일반의 집단적 태도, 즉 경멸, 경계(공포), 동정, 경제적 효용 등 이질적이고 복합적인 태도, 그리고 빈민들의 자기인식 등을 역사적인 맥락에서 어떻게 읽어야 하는가에 대한 문제를 기술하였다. 제2장 '기독교와 자선'에서는 서양의 복지정책 발달사 전반에 걸쳐 지속적인 영향력을 발휘한 기독교적 전통을 분석하였다. 로마 말기의 교부들과 중세의 교회법학자들이 빈민의 지위를 어떻게 규정하였는가와 기독교의 구원 프로그램 안에서 자선이 어떤 의미를 가지는지 이해하려고 노력하였다. 제3장 '중세 빈곤과 자선의 실제'에서는 앞 장에서 논의된 중세의 기독교적 전통과 교회의 역할론이 천년의 세월 동안 현실적으로 어떻게 적용되고 변화되었는지를 살펴보았다. 제4장에서 제 6장까지는 서양의 중세, 근대 초기, 19세기 전반기의 빈곤과 복지의 문제를 시대별로 각각 다루었다. 여기에서는 제3장에서와 마찬가지로 빈곤의 원인과 정도, 빈곤에 대한 인식과 사회적 태도, 그리고 사회정책에 대한 문제를 인구, 가격, 생산성 등의 경제적 상황과 사회 질서의 측면과 결부시켜 살펴보았으며 정책사상의 역할을 추정해보았다. 이 중에서 제 4장과 제5장은 튜더 빈민법의 제정 배경을 크게 경제적 상황과 입법 환경의 두 부분으로 나누어서 살펴보았는데 결과적으로 상당히 많은 지면이 할애되었다. 제5장은 학위논문과 국내에서 발표된 몇몇 논문을 약간 손질한 것인데 근대적 사회정책의 형성과정을 살펴보는 의미가 결코 작지 않다는 생각에서 크게 줄이지 않았다.

마지막 결론 부분인 제7장에서는 주는 자와 받는 자 사이에 형성되는 관계가 정책결정 과정에 어떠한 영향을 미치는가를 살펴보고, 또한 이 책에서 다루는 각종 사회적 자선과 복지제도가 사회복지 발달사에서 차지하는 의미가 무엇인지에 대한 결론을 얻고자 하였다.

원고를 출판사에 넘기고 나니 여러 가지 아쉬운 감정이 남는 것을 어쩔 수 없다. 그중 하나는 자질구레해 보이는 사건 설명이나 경제적 분석을 줄이는 대신 큰 줄기 몇 개를 중심으로 잡아 글을 조금 더 간결하고 명확하게 쓸 수가 없었나 하는 점이다. 그렇게 하면 서양사에 대해 그리 많은 지식이 없는 사람들도 쉽게 이 책의 주제에 접근할 수 있지 않을까 고민을 해보았다. 그러나 본 주제에 대한 본격적인 연구가 우리나라에 소개된 바가 없음을 고려하여 그렇게 하지 않았다. 또한 가능하면 많은 정보를 수록하는 것이 사회복지의 발달사를 공부하는 학생들에게 도움이 될 수 있을 것이라는 생각도 있었다.

이제 이 책이 나오기까지 물심양면으로 도와주시고 힘이 되어주신 분들께 감사의 말씀을 드려야겠다. 그 기나긴 유학시절 동안 못난 아들이 뜻한 바를 이룰 수 있도록 늘 애간장을 태우셨던 어머니에게 우선 감사의 마음을 전해드리고 싶다. 늘 물질적으로 부족했던 나를 위해 적어도 몇 년은 더 일을 하셨던 분이다. 사랑하는 내 아내에게도 할 말이 없다. 사십 중반을 훌쩍 넘어가는 이날 이때까지 정기적인 소득이 없는 나를 대신해 집안의 경제 살림을 도맡아 하는 것도 안쓰럽기 짝이 없지만 매주 서울-부산을 비행기로 오가며 학생들 가르치랴 서울에 있는 막내아들 걱정하랴 수심이 떠날 때가 없는 것을 내 어찌 모르랴. 사랑하는 두 아들에게도 아비의 소홀함에 대한 용서를 바란다.

이 책의 상당 부분은 수년에 걸친 서강대학교 '문명과 역사' 수업을 비롯하여, 서강대학교 공공정책대학원의 '사회복지발달사', 단국대학교 사학과의 '자료로 본 서양사'와 '서양중세사', 한성대학교의 '기독교와 유럽문명' 등의 수업에서 다루어졌으며 그렇게 하는 동안 많이 다듬어지고 수정되었다. 학생들이 보여준 관심과 열의는 큰 보탬이 되었다. 수많은 학생들과 또 그들과 만날 수 있게 해주신 서강대학교 김영한 선생님을 비롯한 많은 분들께도 감사드린다.

봉사와 희생의 정신으로 사회에 보탬이 되고 있는 여러 친구들, 특히 참여연대 박원순 변호사와 정병호 한양대학교 문화인류학과 교수, 그리고 서강대학교 교양과정부 정유성 교수는 나에게 큰 자랑인 동시에 자극제의 역할을 하고 있다. 배우는 데에서 그치지 않고 그것을 꾸준히 실천하는 것이 얼마나 어려운 일인가. 이 책을 내는 것을 계기로 누군가에게 빚을 지고 있다는 생각, 나는 그동안 무얼 하고 있었나 하는 자괴감을 마음에서 지울 수 있도록 지금이라도 무언가를 시작해야지 하는 생각을 해본다.

끝으로 이 책의 잠재적 독자가 얼마 되지 않을 것을 충분히 예상하면서도 졸고를 흔쾌히 출판해주시기로 한 도서출판 한울에 감사의 말씀을 전하고 싶다.

2002년 8월
허 구 생

차례

제1장 역사 속의 빈곤

빈곤이란 무엇인가? 빈곤의 원인은 무엇인가? 어떻게 하면 빈곤의 문제를 해결할 수 있을까? 동서고금의 수많은 사람들이 이러한 물음들을 제기해왔고, 나름의 해답을 찾기 위해 고심하고 노력해왔다. 특히 근대에 들어서는 빈곤문제에 대한 정치적·사회적 인식이 크게 증가하였다. 빈곤을 진보의 대가로 생긴 필요악으로 보는 시각이 나타났는가 하면, 자본주의의 모순 때문에 발생한 현상으로 인식하는 경향도 생겨났다. 그러나 빈곤문제에 대한 인식이 증가했다는 것이 문제의 해결을 의미하지는 않았다.

미국의 저명한 경제학자 갤브레이스(John Kenneth Galbraith)는 그의 저서 『풍요로운 사회(The Affluent Society)』(1958)에서 빈곤문제가 궁극적으로는 잘 해결될 것이라는 낙관적 전망을 제시하였다. 그러나 그로부터 40여 년의 세월이 흘렀지만 세계의 유일한 최강대국이며 자본주의 세계의 맹주라고 자처하는 21세기의 미국에서도 빈곤의 문제는 해결되지 못했다. 흑인 등 소수 인종을 중심으로 빈곤이 재생산되고 있으며, 제3세계로부터 새로이 유입되는 이민자들의 대부분이 곧바로 빈곤층에 편입되는 동시에 다양한 사회복지제도의 주요 수혜 계층으로 지목받고 있는 형편이다.

또한 자본주의의 모순을 극복하고 계급과 사유재산이 없는 사회를 건설하고자 했던 20세기의 현실 사회주의 국가들의 시도 또한 성공적이지 못했다. 체제 내부의 경제적 불평등은 해결했을지 몰라도 절대적 빈곤의 문제는 해결하지 못한 채 미완의 실험으로 끝나고 말았던 것이다. 그러므로 빈곤에 대한 연구는 앞으로도 계속되어야 할 운명이다.

현대 학문에서의 빈곤에 대한 연구는 빈곤의 원인, 사회적 불평등의 문제, 부의 재분배 문제, 하위문화로서의 빈곤과 일탈, 그리고 사회보장 제도의 효율성에 대한 논의에 초점이 맞추어져왔다. 역사 속의 빈곤을 연구한다는 것, 다시 말해서 빈곤이 가지고 있는 다양한 문제를 통시적 (通時的)으로 살펴보는 작업도 이러한 범위를 크게 벗어나지는 않을 것 이다. 그림에도 불구하고 이러한 작업의 의미는 결코 사소한 것이 아니 다. 작게는 계량적, 분석적 작업을 위주로 하는 공시적(共時的) 학문들 의 방법론적 한계를 보완해주는 의미가 있으며, 크게는 아날학파의 역사 가들이 주장했듯이 제각기 따로 노는 이들 관련 학문들의 작업을 하나로 통합하는 중심적인 역할을 할 수도 있다. 이러한 역할을 제대로 수행하 지 못한다 해도 최소한 역사적 사례와 논쟁거리를 제공할 수 있는 것은 확실하다.

통시적 연구가 왜 필요한가에 대한 이해를 돕기 위해 '빈곤이란 무엇 인가'라는 물음으로 되돌아가보자. 근대 초기 영어에서 빈곤(poverty)이 란 단어는 ① 재물을 조금 또는 아예 가지지 못한 상태, ② 바람직한 또 는 욕망하는 만큼의 사회적 지위를 가지지 못한 상태, ③ 생활필수품의 품귀(dearth) 또는 부족(scarcity), 그리고 ④ 영양 부족 등에서 비롯되는 신체상의 허약이라는 네 가지 의미를 가지고 있었다.[1] 이들은 근대초기 라는 사회적 맥락에서 빈곤이 가지고 있었던 여러 가지 직접적, 함축적 의미들을 보여주고 있는 것이다.

그런가 하면, 중세에서의 빈곤은 기독교의 전통과 교리 안에서 해석되 면서 특별한 성격을 부여받기도 하였다. 자신의 재물과 사회적 지위 등 모든 기득권을 포기하는 자발적 혹은 정신적 빈곤(spiritual poverty)은 높은 정신적 가치의 표상과 사회적 존경의 대상이 되었다. 심지어는 자

---

1) Robert Jütte, *Poverty and Deviance in Early Modern Europe*, Cambridge University Press, 1994, p.9.

신의 물질적 빈곤을 하나의 운명처럼 받아들이고 순종한 보통사람들에게
도 일정한 정신적 가치가 부여되기도 하였다. 또 자선이 구원의 수단으
로 간주되면서 빈곤은 기독교의 구원 프로그램 안에서 독특한 지위를 차
지하였다.

현재는 어떠한가? 아직도 이 지구상에는 매일 수만 명이 굶어 죽고
있다는 통계가 있을 정도로 빈곤은 여전히 극복되지 못한 문제로 남아
있다. 지역적으로 심각한 편차가 존재하는 것도 큰 문제이거니와 선진
산업화국가들이라 해서 빈곤의 문제가 사라진 것은 결코 아니다. '물리
적 생존'이 위협받을 정도의 절대적 빈곤 상태에 있는 사람들은 크게 줄
어들었으나 상대적 빈곤의 문제는 해결되지 않았다. 이렇게 볼 때 빈곤
의 개념은 결코 절대적이거나 고정적인 것이 아니다. 빈곤이란 때로는
사물의 상대적 관계 속에서 규정되기도 하고, 때로는 정신적 가치의 영
역 속에서 평가되기도 하는 것이다.

빈곤에 대한 절대적인 의미를 규정할 수 없다는 것은 빈곤에 관한 연
구에 있어서 커다란 약점이다. 빈곤이 가지고 있는 모든 속성들을 만족
시킬 수 있는 정의를 끌어내는 것이 불가능하다면 우리는 차선책을 모색
할 수밖에 없을 것이다. 그것은 아마도 빈곤을 단순한 '물질적 결핍 상
태'로 한정하는 것이 될 것이다. 다시 말하면, 사람들의 물질적 삶에 어
떠한 계량적 값을 적용하여 물질적 결핍 상태를 그렇지 않은 상태와 구
분하는 절대적이고 객관적인 빈곤선(poverty line)을 설정하는 일이다.

원시시대에는 대부분의 사람들이 동물적 필요에 대한 충족마저 이루
기 힘든 궁핍한 상황에서 살았다. 농경생활이 시작되면서 생존에 필요한
기본적인 조건들을 점차 갖추게 되었고, 근대에 들어서는 산업화와 대량
생산체제가 가져온 괄목할 만한 생산성의 향상으로 보다 많은 사람들이
물질적 풍요를 누리게 되었다. 이러한 식의 이야기를 우리는 일반적인
사실로 무심코 받아들인다. 그러나 과연 근대에 접어들면서 빈곤의 정도
가 줄어든 것은 확실한 것일까? 그것을 증명할 수 있는 객관적인 데이터

는 존재하는가?

곡물이나 빵의 가격, 또는 섭취하는 음식물의 칼로리의 양을 계산하고 대입함으로써 시·공간을 넘나들며 사람들의 경제적 생활을 추정하고 비교해보고 싶은 것은 비단 경제학자들이나 역사학자들만의 꿈은 아닐 것이다. 실제로 20세기의 어느 저명한 경제학자는 1세기 로마의 전형적 자유장인의 실질소득을 추정해내고, 이것이 1850년의 영국의 전형적 공장노동자나 1929년의 이탈리아의 노동자의 그것과 비슷한 수준이라고 하였다.[2] 일견 그럴듯해 보이지만 이러한 시도에는 너무나 많은 개념적인 문제와 통계학적 함정이 도사리고 있다.

빈곤선 설정의 기술적 하한선은 개인이나 가족의 육체적 생존 자체가 위협받는 소득 수준이라고 할 수 있다. 로운트리(B. S. Rowntree)는 '육체적 효율성(physical efficiency)'을 유지시킬 수 있는 소득 수준이 가장 기본적인 빈곤선이 될 수 있다고 생각했다.[3] 다시 말하면, '생존' 그 자체가 기준이 된 빈곤선을 설정할 수 있다는 발상이었다. 이렇게 하면 인간다운 삶을 어떻게 규정할 것인가 하는 골치 아픈 문제를 비켜나갈 수 있다는 장점 외에, 잘하면 시·공간에 구애받지 않고 보편적으로 적용이 가능한 표준화된 수치를 얻게 될 가능성도 보았을 것이다.

그러나 현실에서의 문제는 그리 간단하지만은 않다. 지난 수백 년 동안 물질적 결핍 상태를 객관적으로 규정하기 위한 다양한 시도가 행해졌지만 여전히 만족할 만한 결과를 이끌어내지 못하고 있다는 사실이 단적으로 그 어려움을 증명해주고 있다. 예컨대 중세 말기와 근대 초기 유럽의 당국자들이 세금의 면제자나 구제대상 빈민을 결정하기 위해 사용한 핵심적인 개념이 바로 '생존'이었다. 로운트리의 그것과 별로 다를 게 없는 것이다. 그러나 이 시기의 기록들을 살펴보면 지역적, 시대적 특수성

---

2) Rondo Cameron, *A Concise Economic History of the World*, Oxford University Press, 1989, p.40.

3) Rowntree B. S., *Poverty and Progress; A Second Social Survey of York*, London, 1941, p.102.

을 넘어 일관적이고 지속적으로 적용된 빈곤의 기준을 찾기 어렵다. 세
금면제자 또는 최저 세금납부자의 명부가 담긴 각종 세금 관련기록, 빈
민센서스, 빈민복지 수혜기록 등의 사료는 빈곤문제를 역사적으로 읽는
데 매우 소중한 자료임에도 불구하고 우리가 이를 객관적이거나 절대적
인 기준으로 받아들일 수 없는 것도 이 때문이다.

　더구나 생존이 곧 삶을 의미하는 것은 아니다. 경제나 사회 발전의 단
계에 따라 '기본적인 삶'을 구성하는 요소들은 점차 증가하게 되어 있다.
새로운 기호와 욕망이 발생하고 그것은 생활의 일부로 자연스럽게 편입
되게 마련이다. 이를테면 미국에서는 자동차가 기본적 삶을 가능하게 하
는 생활 필수품이지만 아시아, 아프리카의 후진국에서는 이것이 사치품
으로 인식될 수 있다. 또 다른 예를 들어보자. 1830년대 초반 세계에서
가장 먼저 산업화를 이룩한 영국이 전체 국민의 15퍼센트나 되는 빈민복
지 수혜자를 가지고 있었던 반면, 당시 유럽에서 가장 가난한 나라였던
포르투갈에서는 전체 국민에 대한 빈민의 비율이 불과 1~5퍼센트 사이
로 집계된 사실은 무엇을 의미하는가? 이를 두고 영국 하층민의 생활이
포르투갈 하층민의 그것보다 열악했다고 해석할 수 있을까?

　일인당 국민총생산(GNP)이 경제 생활의 중요한 지표로 사용된 지 이
미 오래다. 그럼에도 불구하고 이러한 통계자료만으로는 빈곤문제가 안
고 있는 여러 가지 다양한 현상을 충분히 반영하지 못한다는 것이 일반
적인 인식이다. 세계 모든 나라에 보편적으로 적용할 수 있는 표준화된
경제지표는 적어도 현재까지는 존재하지 않는다. 가장 큰 이유는 기본적
삶의 조건이 문화적 차이, 또는 필요(needs)와 소비의 패턴에 따라 달라
지기 때문이다.

　빈곤을 단순한 물질적 결핍 상태로만 정의하더라도 객관적 기준치를
설정하기 어려운 또 하나의 이유는 교육 수준, 직업의 전망, 자격증의 종
류 등과 같이 외견상으로는 삶의 물질적인 측면과 명확하게 분리되어 있
지만 실제로는 현재 또는 미래의 물질적 삶에 크고 작은 영향을 미치는

요소들이 존재하기 때문이다. 이를테면 현재의 한국 사회를 학벌주의(credentialism)로 규정하는 것이 얼마나 타당한지 모르지만, 학벌이 부를 재생산하는 도구의 역할을 어느 정도 수행하고 있는 것만은 사실이다.

결국 빈곤을 물질적 결핍 상태로 한정해도 빈곤의 상대적, 가변적 성격은 정도의 차이일 뿐 본질적 부분은 그대로 남는다는 이야기이다. 빈곤선의 설정은 특정 사회의 경제발전 단계, 문화와 관습, 지배적 가치, 그리고 역사적 경험 등에 따라 달라질 수밖에 없기 때문이다. 더구나 빈곤선을 설정하는 문제는 또 다른 위험을 안고 있어 조심스럽게 다루지 않으면 안 된다. 이 문제는 빈곤에 대한 사회정책과 결부되고, 많은 경우에 있어서 빈곤선이 설정되면 그 상부 영역에 위치한 사람들의 삶은 보호대상에서 제외되는 결과를 낳기 때문이다.

상대적 빈곤 또는 경제적 불평등의 문제 또한 빈곤에 대한 연구에서 큰 비중을 차지하는 분야이다. 인류가 농경 생활을 하고 사유재산이 발생하면서 경제적 불평등이 생겨나기 시작했다는 상대적 빈곤의 기원은 일반적으로 받아들여지고 있는 가설이다. 사유재산이 존재하는 한 경제적 불평등의 문제는 지속될 것이라는 전망 또한 그렇다. 역사적으로 볼 때, 한 집단의 경제적 풍요는 다른 집단의 희생을 바탕으로 이루어진 경우가 많았다. 고대 그리스의 철학과 민주주의, 그리고 로마 시민의 사치와 여유가 현대인의 눈에도 경이롭게 비치는 것이 사실이지만 실상은 이 모든 것들이 전체 인구의 3분의 1을 넘는 노예라는 생산활동 전담인구가 있었기에 가능한 것이었다. 도시를 중심으로 한 상업사회에서 농경사회로, 거기에서 또 산업사회로 서양의 경제 구조가 전환되었지만 역사발전에 따른 수혜자와 피해자는 늘 있게 마련이었다.

빈곤은 역사적으로 사회적 지위(신분 또는 계급)와 밀접하게 관련되어 있다. 또한 사회적 지위는 그것을 유지하는 데 필요한 생계 수단(means of subsistence)의 보유를 전제로 한다. 예컨대 중세 기사 계급이 값비싼 무장을 하거나 말을 타고 창을 자유롭게 휘두르는 무예를 연마하기 위해서는 토지를 기반으로 한 경제적 여유가 필수적이었다. 마찬가지로 자본 없는 근대의 기업가들을 우리는 상상할 수가 없다. 그러므로 생계 수단을 잃는다는 것은 일차적으로 사회적 지위의 상실을 의미했다. 그러나 대개는 거기에서 끝나지 않았다. 다시 말하면 가진 자와 가지지 못한 자 사이에 형성되는 유형적, 무형적인 갈등 관계 또한 빈곤문제에 있어서 간과할 수 없는 부분으로 자리잡게 되는 것이다.

사회적으로 높은 지위를 가진 계층의 사람들이 자신들보다 낮은 계층의 사람들, 특히 빈민들에게 보였던 집단적 태도의 하나는 경멸이었다. 빈곤에 대하여 영적 가치를 부여했던 중세이지만 빈민에 대한 경멸적이고 때로는 적대적이기조차 했던 집단적 태도는 끈질기게 지속되었다. 사회 일각에서는 빈곤을 깨끗하고 가치 있는 삶으로 간주하는 청빈의 이상(ideal of pure poverty)이 추구되고 자선의 의무가 강조되었지만 빈민에 대한 뿌리 깊은 경멸적 태도를 없애지는 못했던 것이다.

근대에 들어서는 빈곤을 하나의 경제적 현실로 인식하면서 비자발적 실업의 존재를 확인하기 시작하였다. 완전고용의 허구가 드러났지만 이것이 빈민에 대한 부정적 태도를 근본적으로 바꾸어 놓지는 못했다. 19세기 영국에는 노동 능력이 있는 모든 빈민들이 부끄러워할 줄 모르는 뻔뻔스러운 집단으로 매도당하는 경향이 있었다. 특히 존 웨슬리의 뒤를 이은 복음주의자들과 맬서스의 인구론의 영향이 컸다. 걸핏하면 복지에 의존하는 빈민들이 일찍 결혼해 많은 자녀를 출산하는 것이나 오락을 즐기는 행태는 도덕적 불감증이라는 통상적 비판을 넘어 사회악으로 규정되기도 하였다.

20세기에 들어와서 빈민은 사고, 불운, 또는 적응상의 문제로 지배적인 경제 시스템에서 제외된 사람들로 규정되기도 하였다. 그것은 경제질서, 즉 생산 과정으로부터의 배제이며, 경제적 성장의 과실을 분배하는 과정으로부터의 배제를 의미하였다.

그런가 하면 마이클 해링턴이나 오스카 루이스 같은 사람들은 빈민들의 일탈적 행위양식에 주목하면서 그들이 그러한 특징을 보이게 되는 이유를 문화적 원인에서 찾았다. 즉 여러 세대에 걸쳐 물려받은 가치와 문화적 전통, 그리고 낮은 사회적, 경제적 지위가 한데 맞물려 빈민집단 특유의 독특한 하위문화(subculture)가 형성된다고 보았다.

게토(ghetto) 이론, 또는 격리집단론은 하위문화론과 마찬가지로 빈민들의 행위 양식에 주목하지만, 빈민집단 내의 내부적 요인을 중요시하는 것이 아니라 외부적 요인을 중시하는 입상이다. 이런 입장에 찬농하는 사람들은 빈민들에게 나타나는 특정한 행위 양식이 있다면 그 원인은 빈민들이 놓여진 사회 구조상의 특별한 상황에서 찾아야 한다고 주장한다. 다시 말해서 빈민들의 특정한 행위 양식이나 사회적 태도는 그들 내부의 독특한 가치 체계나 문화적 전통의 산물이 아니라 그들에게 불리하게 조직되고 그들을 주변화시킨 지배적 사회 구조에서 비롯되는 상황적 결과라는 것이다.4)

하위문화론이나 게토 이론이 각기 주장하는 바의 타당성은 논외로 하더라도 이들 논쟁에서 확인할 수 있는 것은 이들 모두가 20세기의 빈민집단이 가진 일탈적 행위 양식의 존재 자체는 인정하고 있다는 점이다. 다시 말해서 빈민들에 대한 부정적인 사회적 태도는 현재까지 지속되고 있는 것을 확인할 수 있는 것이다.

빈민들에 대한 주류 사회의 또 다른 집단적 태도는 이들을 경계와 공포의 대상으로 삼았다는 점이다. 화폐경제와 도시의 발달로 자급자족적, 친족 중심적인 전통적 농촌사회가 변화를 맞게 되고 도시사회의 익명적 특성이 확산되면서 이러한 경향은 더욱 뚜렷해졌다.

앞에서 이야기한 하위문화론의 이론이 전개되면서 주목받기 시작한 빈민집단은 중세 말과 근대 초기의 부랑빈민(vagabonds 또는 vagrants)이었다. 일부 역사가들 사이에서 이들을 동료애를 바탕으로 끈끈하게 조

---

4) Bronislaw Geremek, *Poverty*, trans. Agnieszka Kolakowska, Oxford, UK and Cambridge, Massachusetts, 1994, pp.4-8.

직된 전문적인 집단으로 간주하는 경향이 생겨났다. 여러 명이 몰려다니면서 조직적인 범죄를 저지르고 사기성 놀음을 벌이며 위조화폐를 사용하는 범죄집단으로서의 이들의 정체성을 확인하는 작업도 수행되었다.

반론도 만만치 않았다. 부랑빈민들의 응집력을 보여주는 사례나 일부 지하 세계의 존재를 증명하는 사례가 없는 것은 아니지만, 이들이 조직적 전문집단을 형성하여 범죄를 저지르고 더구나 내부에 독특한 문화, 즉 반문화(contra-culture)나 비밀결사문화(crypto-culture)의 성격을 띤 하위문화를 형성했다는 주장은 과장된 것이며 사실보다는 상상력에 기초한 문학적 전통을 지나치게 신뢰한 결과라는 비판이 제기되었다.

현대의 역사가들이 이들 빈민집단의 정체성을 어떻게 규정하든 그것이 동시대인들이 이들에게 보여준 사회적 태도를 부정하지는 못한다. 예컨대 부랑빈민집단에 대한 16세기 영국인들의 경계적 태도는 당대의 다양한 문학적 전통 속에서 빈번하게 표현되었으며 정부의 각종 포고령과 의회입법에서도 쉽게 확인할 수 있는 사실이다. 일반인들은 이들이 언제 어떻게 저지를지 모르는 범죄를 두려워했으며, 정부는 정부대로 이들이 가진 높은 이동성(high mobility)을 경계하였다. 정부는 이들이 나라 전체를 돌아다니면서 각종 불온한 루머를 퍼뜨려 치안을 교란하는 역할을 하거나 반정부세력에 이용될 수 있다는 것을 우려하였다.

거기에다 빈민들의 비위생적인 생활 조건 때문에 이들을 온갖 전염병의 온상으로 간주하는 경향이 있었다. 길거리에서 자고 길거리에서 아이를 낳아 기르는 뿌리 없는(rootless) 부랑빈민들은 특히 우려의 대상이었다. 이들은 전염병의 발병뿐 아니라 잦은 이동으로 인해 이를 확산시키는 주범으로서 인식되었다.

도덕적으로 타락한 집단, 또는 잠재적 범죄집단으로서의 빈민의 부정적 이미지는 빈민에 대한 억압적 또는 낙인화(stigmatization) 정책의 심리적 동기로 작용하였다. 주류 사회의 규범에 합당하지 않은 주변집단의 행위 양태를 부정적으로 보고 법적 제재나 집단적 경멸의 대상으로 규정

<그림 1>

RÉGLEMENT
CONCERNANT
LE DÉPÔT ROYAL
DE MENDICITÉ DE LYON,

Lu & arrêté au Bureau d'Adminiſtration dudit
Dépôt Royal de la Quarantaine, le 4 Dé-
cembre 1783;

ET rendu exécutoire par Ordonnance de M. L'INTENDANT
de cette Ville & Généralité, du même jour.

A LYON,
DE L'IMPRIMERIE DU ROI.

M. DCC. LXXXIII.

18세기 프랑스 리용의 빈민수용소 통제 규정의 표지. 프랑스 정부는 빈민수용소
내부의 위생 문제에 각별히 신경을 썼다. 이는 빈민들을 전염병의 온상으로 간주
하는 전통적 인식과 무관하지 않았다.

하는 전통은 최소한 중세 말기로 거슬러 올라가는 뿌리 깊은 전통을 가
지고 있었다. 도둑질을 한다, 남을 속인다, 성적으로 헤프다, 게으르고 일
을 싫어한다, 배우는 것을 좋아하지 않는다, 스스로의 삶을 향상시키려는
의지가 없다는 것 등으로 대변되는 빈민에 대한 부정적 이미지들은 중세

말기 이후 빈민차별화 정책의 심리적 동기로 작용했으며 억압적 정책을 합리화하는 명분으로 포장되었다.5)

빈민들에 대한 사회적 태도는 경멸과 경계(공포)뿐만이 아니었다. 이와는 전혀 다른 차원의 사회적 태도가 있었으니 그것은 동정이었다. 언제부터 서양에서 빈민이 동정과 자선의 대상으로 인식되었는지는 확실하지 않다. 그러나 빈민들과 더불어 자발적인 빈곤을 받아들였던 예수의 삶이 기독교인들의 모델로 자리 잡으면서 보다 확산된 것은 확실한 것 같다.

중세 혼란기에 주춤했던 자선은 중세 전성기에 이르러 자선의 의무가 체계적으로 강조되고 자선이 구원의 수단으로 간주되면서, 가진 자의 사회적 의무로 인식되기에 이르렀다. 비록 자선이라는 '이타적 행위'에 자신의 구원이라는 '이기적 동기'가 개입되었다 하더라도 그것이 가난한 이웃에 대한 사랑과 동정심 없이 이루어졌을 리는 없다. 자선이라는 행위 자체보다 주는 자의 영혼의 순수성을 더욱 강조한 교회의 끊임없는 가르침도 어느 정도 영향을 미쳤을 것이다.

종교개혁 이후 합리적이고 세속적인 사회 질서가 자리잡고 영국 등지에서 정부가 주도하는 강제적이고 법적인 빈민구제 시스템이 구축된 뒤에도 자발적인 행위로서의 사적 자선의 전통은 현재까지도 남아 있다. 사적 자선은 사회복지라는 공적 자선제도의 사각 지대를 담당하는 역할을 훌륭하게 수행할 수 있다. 예를 들면, 미국 사회에는 불법체류자, 유학생, 신참 이민자들 등 공적 자선의 수혜 자격이 없거나 있다 하여도 미래의 불이익을 예상해 복지 신청을 꺼리는 다양한 주변집단이 존재하고 있다. 곤경에 빠진 이들에게 크고 작은 도움을 주는 것은 바로 사적 자선단체들이라고 할 수 있다.

그러나 모든 빈민들이 동정과 자선의 대상이 된 것은 아니었다. 대체로 무차별적인 자선이 행해진 중세 전성기에도 진짜 빈민(deserving poor)과 그렇지 않은 빈민(undeserving poor)을 차별화하려는 시도는 있었다. 중세 말

---

5) Jütte, op. cit., 1994, pp.158-177.

과 근대 초기에 이르러 장애인, 나환자, 노약자, 과부 등 노동 능력이 없
는 빈민(impotents)과 노동 능력이 있는 걸인들(sturdy beggars)을 구분하
려는 움직임은 한층 뚜렷해졌다. 이후 전자를 동정과 보호의 대상으로
규정하는 사회적 태도는 현재까지 흔들림 없이 지켜져왔으며, 동시에 후
자를 동정과 자선의 대상에서 제외하려는 태도 역시 확고해졌다. 이러한
차별적 태도는 세속정부에 의한 합리적 빈민정책의 영향을 받은 탓도 있
었지만 반대로 일반인들의 심난석 태노가 성부의 성잭에 압력으로 작용
하기도 하였다.

  빈민들 중에 노동 능력이 있는 빈민의 비중이 얼마였는지 정확하게 알
도리가 없고, 그것은 시간을 거슬러 올라갈수록 현실적으로 더욱 어려워
진다. 그러나 18세기 후반 독일의 경우, 빈곤의 원인 중 가장 큰 요인은
질병이라는 통계가 있다. 이 통계에 따르면 그 다음으로 노령, 낮은 임
금, 부양가족의 숫자 등이 또 다른 원인이며, 실업으로 인한 빈곤은 무시
해도 좋을 만한 수준에 머무르고 있다.[6] 또한 노동 기피자들의 징벌 및
교화 기관으로 활용되었던 16세기 런던의 교화소(correction house) 입소
자들의 숫자는 전체 빈민수에 비해 미미한 비중을 차지했음을 알 수 있다.
  노동 능력이 있는, 다시 말해 건장한 신체를 가진 빈민들이라고 해서
동정과 자선의 대상에서 완전히 제외되지는 않았다. 우리는 그 이유를
비자발적 실업의 경제적 현실에 대한 사람들의 이해가 증진되었다는 측
면에서 찾을 수도 있겠지만, 이들에게 노동의 의무를 규정한 빈민법을
실제로 운영하고 적용한 영국의 지방관리들이 빈민들에게 보여준 온정주
의적 태도에서도 찾을 수 있다. 서양의 경우에도 최소한 19세기까지의
인간관계를 지배한 것은 전통적 농업사회의 인정과 관습이었지, 엄격한
법률이나 차가운 이성이 아니었던 것이다.
  마지막으로 지적할 수 있는 빈민에 대한 사회적 태도는 이들을 경제적

---

6) Hans-Christoph Rublack, *Gescheiterte Reformation*, Stuttgart, 1978; Norbert
  Finzsch, *Obrigkeit und Unterschichten*, Stuttgart, 1990; Jütte, op. cit., 1994, p.41.

<표 1> 빈곤의 원인

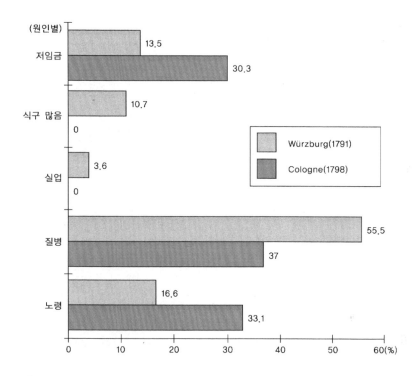

자료: Hans-Christoph Rublack, *Gescheiterte Reformation*, Stuttgart, 1978, p.153; Norbert Finzsch, *Obrigkeit und Unterschichten*, Stuttgart, 1990, p.304.

효용성의 측면에서 인식하였다는 것이다. 사회를 유기체적인 존재로 인식하는 전통은 서양의 경우 적어도 플라톤까지 이어지는 오래된 것이다. 중세와 근대 초기에 걸쳐 생산을 담당하는 노동자 계층의 경제적 기능은 중요시되었고 이러한 인식을 바탕으로 계층간 상호주의적인 협력과 조화가 강조되는 경향이 있었다. 그중에서도 노동 능력이 있는 빈민의 경우에는 생산을 담당하는 경제적 기능이 강조되곤 했다. 예를 들면 중세의 영주들이 경제적 어려움에 처한 농노들을 위해 취했던 보호행위는 궁극적으로 자신 소유의 노동력을 보호하려는 경제적 인식이 작용하였다는

<표 2> 빈곤의 주기

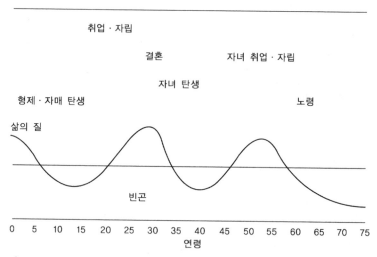

자료: Robert Schwartz, *Policing the Poor in Eighteenth-Century France*, Chapel Hill, 1988, p.106.

해석이 있다.

경멸, 경계(공포), 동정이 빈민들에 대한 사회의 집단적 태도였다면 빈민들 스스로는 자신들의 빈곤 상황을 어떻게 이해하고 받아들였을까? 빈곤의 개념을 다루는 데 있어서 이 문제는 사회일반이 빈민들에게 보인 집단적 태도 못지않게 중요하다. 그러나 대부분의 역사적 기록은 기득권층에 의해 작성되었으며 기록된 내용은 그들의 관심 사항이었다. 빈곤의 문제는 그들의 주요 관심 사항도 아니었으며 일부 사람들이 관심을 가지고 기록을 남겼다 해도 그것은 어디까지나 그들의 주관적 시각에 의해 기록된 것일 뿐이었다. 다시 말해서 대다수가 글을 읽을 줄도 쓸 줄도 몰랐던 빈민들 자신의 생각은 거의 남아 있지 않은 것이 현실이다. 이러한 근본적인 한계를 전제하고서 우리가 추정해낼 수 있는 빈민들 자신의 빈곤에 대한 태도는 부끄러움과 상대적 박탈감, 또는 있는 자들에 대한 적개심이나 분노가 될 것이다. 자신과 가족의 생계를 남에게 의존하는 상황은 누구에게나 자랑스러운 상황은 아니다. 또한 자신이 사랑하는 가족들이 헐벗고 굶주리고 죽어가는 상황에서 자신에 대해 부끄러움을 느끼지 않을 사람은 별로 많지 않을 것이다.

역사적 기록을 보면 자신의 빈곤에 대해 부끄러워하는 태도는 같은 빈민이라도, 상대적으로 과거에 높은 지위에 있던 사람들 중에서 특히 심하게 나타난 것으로 보인다. 4세기 로마의 교부(敎父) 성 암브로시우스(Ambrose)는 지원을 필요로 하는 빈민들이 많을 경우 우선적으로 구제할 대상에 이러한 유형의 사람들을 포함시켰다. 중세에는 실제로 이러한 사람들이 우선적으로 구제되기도 하였다. 탁발승단(托鉢僧團; mendicant orders)을 설립한 성 도미니쿠스(Dominic)가 몰락귀족을 도운 일은 유명하다. 이들 '부끄러워하는 빈민'에 대한 배려는 그들이 느끼는 고통의 크기가 일반 빈민에 비해 상대적으로 더 클 것이라는 생각 때문이었다.

그러나 자신의 가난을 부끄러워한 사람들은 귀족이나 젠틀맨 등 사회 지배층에만 국한된 것은 아니었던 것 같다. 도시의 부르주아 계층에서 농촌의 농부에 이르기까지 부끄러움 때문에 집안에서만 전전긍긍하는 소위 '비밀빈민(secret poor)'에게는 남모르는 은밀한 지원이 동료들로부터 제공되었다. 받는 자의 체면을 살려주기 위한 이웃의 자상한 마음가짐이었다.

반대로 빈민들이 도무지 부끄러워할 줄 모른다는 주장이 제기되기도 하였다. 18세기 막판에 빈민들에게 최저 생계비를 보장하는 소득보조제도가 영국에 도입되어 전역으로 확산되자 19세기 초반 자유주의자들을 중심으로 이에 대한 비판론이 강력하게 제기되었다. 빈민들의 생계가 법으로 보장됨에 따라 빈민들은 이를 남으로부터 도움을 받는다기보다는 하나의 당연한 권리로 받아들임으로써 자신의 가난을 더 이상 부끄러워야 할 대상으로 여기지 않게 되었다는 주장이었다. 주장하는 바가 전혀 일리가 없는 것은 아니지만 과연 얼마나 많은 빈민들이 그러한 생각을 했는지가 의문으로 남는다.

　빈민들이 자신의 빈곤에 대해 느꼈을 또 다른 감정은 상대적 박탈감, 또는 절망적 분노 등이다. 상대적 박탈감(relative deprivation)이란 자신의 경제적 소득이나 사회적 지위, 또는 정치적 권력에 관한 기대치와 현실 능력의 차이를 말하는 것이다. 이렇게 볼 때, 상대적 박탈감이란 누구에게나 생길 수 있는 것이지 꼭 빈민집단에게만 국한된 것은 아니라고 할 수 있다.

　사신이 처한 현실 상황이 악화되어 다른 집단과의 격차가 확대되었을 때 상대적 박탈감은 그만큼 커질 것이다. 그러나 박탈감의 크기는 현재의 상황이 과거에 비해 물리적으로 악화되었을 때만 커지는 것이 아니다. 어떤 경우는 현재의 상황이 과거보다 나빠지지 않았거나 개선되었다 하더라도 박탈감의 크기가 커질 수는 있다. 기대치가 증가된 경우가 바로 그렇다. 오랫동안 상황의 호전이 지속되어 그러한 추세가 계속될 것이라고 믿거나, 교육이나 새로운 이데올로기의 전파, 다른 지역의 예를 보고 들으면서 자신의 지위나 소득이 향상되어야만 한다는 당위성을 믿는 경우에도 기대치는 커질 수 있다.

　가진 자들에 대한 빈민들의 분노나 적개심은 상대적 박탈감이 커질수록 표출될 가능성이 높아진다. 그러나 박탈감의 크기와 상관없이 처해있는 상황이 너무나 절망적이어서 죽기 아니면 살기라는 심정으로 폭력적 수단을 사용하는 경우도 있다. 중세와 근대를 막론하고 농민과 노동자들이 경제적·사회적 불만을 폭동과 반란이라는 폭력적 상황 속에서 표현한 사례는 일일이 열거할 수 없을 정도로 많다.

　14세기에 일어난 사건들은 흑사병 이후의 노동력 감소현상에서 비롯된 빈민들의 상황 호전이 앞으로도 계속될 것이라던 기대가 무너진 데에서 비롯된, 소위 발전성 박탈감(progressive deprivation) 때문에 일어난 사건들이라 할 수 있다. 반면에 프랑스혁명 이후에는 문자 해독률과 교육 기회의 증가, 사회변혁에 관한 이데올로기의 전파 등으로 빈곤 상황에 대한 인식이 늘어나고 변혁에의 기대치 증가에서 비롯된, 소위 기대

박탈(aspirational deprivation)에 의한 민중 저항이 늘어난 것으로 보인다. 그러나 민중 반란이라는 불리는 사건들도 대개는 엘리트 계층이 자신들의 이익을 위해 배후조종하거나 선동한 것으로 판명되었던 것을 고려하면7) 이 문제를 다루는 데에는 세심한 주의가 필요하다 할 것이다.

이 책은 빈곤에 대한 집단적 태도가 서양의 역사발전 과정에서 어떻게 형성되고 어떻게 변화해가는지에 초점을 맞추고자 한다. 이러한 태도는 특정 사회가 가진 가치체계와 관련이 있고, 또 가치체계는 경제·사회적 변화와 밀접한 관련이 있다. 빈곤문제에 관한 사회적 태도에 대한 연구는 결국 사회적, 경제적, 사상사적, 문화적, 사회심리학적, 그리고 생태학적 관심이 서로 만나는 곳에서 이루어진다고 할 수 있으며, 빈곤에 관한 연구는 이러한 종합적인 관점에서 접근해야 한다고 본다.

또한 빈곤과 빈민에 대한 인식의 변화는 사회 정책의 변화로 이어진다. 사회 정책은 빈곤에 대한 집단적 태도를 반영하는 것인 동시에 반대로 집단적 태도의 변화를 가져오게 만들기도 한다. 중세의 교회중심의 사회적 자선과 근대적 복지제도의 형성과 발전 과정은 물론 빈민에 대한 처벌과 억압정책에 대한 연구는 이런 의미에서 중요하다.

---

7) Anthony Fletcher and Diamond MacCulloch, *Tudor Rebellions*, 4th edn, 1977.

제2장 기독교와 자선

1. 기독교와 빈곤

1) 서양 고대의 빈민정책

그리스 도시국가에서는 부유한 사람들이 도시국가나 사회단체의 재정에 기여하는 전통이 있었다. 많은 재산이 있는 데도 기부를 회피하는 사람에게는 유형, 무형의 압력이 가해졌고 기부자에게는 일정한 명예가 주어졌다. 그러나 그리스시대의 기부는 수혜 계층으로 특별히 빈민을 지목하지 않았다. 오히려 '필요'보다는 '시민'이라는 신분의 확보가 수혜 여부를 결정지었다. 경제적으로 곤경에 빠진 엘리트 시민이 자선의 주요 대상이었으며 실업자나 거지는 '게으름'을 조장한다는 이유로 대상에서 제외되었다. 기독교가 전파되기 이전의 로마도 그리스의 경우와 크게 다르지 않았다.

그리스와 로마의 문화를 서양문명의 원류로 이야기하지만 빈곤과 복지의 문제에 관한 한 고대문화의 전통은 생각보다 중요하지 않다. 그것은 서양의 고대 사회가 가진 특수성 때문이다. 아테네와 스파르타 등 대부분의 그리스 도시국가들과 기원전 2세기 이후의 로마에는 모든 생산활동을 거의 떠맡다시피한 대규모의 노예들이 존재하였다. 이들의 숫자는 시대에 따라 달랐지만 전체 인구의 30~40퍼센트에 달했던 것으로 추정되고 있다. 문제는 이러한 노예와 외국인들은 자선의 대상에서 제외되어 있었다는 점이다.

아테네를 비롯한 그리스 도시국가에서는 경제 위기시에 식량을 배급하는 공공 정책이 존재하였으며 로마에서도 그러한 정책이 계승되었다. 또한 기원전 2세기 그라쿠스 형제는 토지 보유에 상한선을 설정하고 곡물 가격의 안정화를 꾀하기 위한 개혁을 추진하였다. 제정하에서는 공적부조제도가 활성화되고 많은 시민들에게 식량이 공급되었다. 서기 2세기경에는 북아프리카와 이집트에서 생산된 곡물을 20만 가구의 빈민들에게 무상으로 분배하기도 하였다. 정치적 동기가 개입되었다는 이유로 이들 정책의 순수성을 의심하는 시각도 있지만 우리는 이러한 일련의 정책들을 빈민정책이라고 규정할 수 있을 것이다. 그러나 이들 정책은 생산을 담당하는 노동력으로서의 경제적 효용만으로 평가되었을 뿐 인간으로 인정받지 못했던 노예들과는 무관한 정책이었다. 생존에 매달려 허덕이던, 전체 인구의 3분의 1이 넘는 진짜 빈민층은 그대로 놓아둔 채 특권층인 시민만을 상대로 한 정책은 그 의미가 축소될 수밖에 없는 것이다.

2) 중세의 중요성

서양의 복지 정책 발전에 있어서 좀더 직접적이고 지속적인 영향은 로마제국 말기와 중세에 형성된 기독교적 전통으로부터 나왔으며 특히 성 아우구스티누스(Augustine, 354~430)와 성 암브로시우스(Ambrose, 340~397)를 비롯한 교부(敎父)들의 가르침은 지속적이고 심대한 영향을 끼쳤다. 그러나 서양의 복지 정책 발전에 있어서 가장 중요한 시기는 중세라고 할 수 있다. 중세는 기독교적 신앙과 게르만적인 생활 요소, 그리스와 로마의 합리적 우주관이 상호 영향을 주고받는 가운데 '유럽'이라는 새로운 문명으로 융합되는 시기라고 할 수 있어 그 중요성이 매우 크다.

중세란 알다시피 로마제국의 멸망에서 서기 1500년에 이르는 천 년 가량의 시간을 우리가 편의상 지칭하는 서양 역사의 한 부분이다. 그 긴 세월 동안 크고 작은 경제적, 사회적인 변화가 없었을 리 없다. 도시경제

가 농업경제로 전환되었는가 하면, 자급자족적 농업경제를 기반으로 했
던 봉건주의경제는 도시 중심의 상업 활동과 화폐경제가 확산됨에 따라
기반을 잃게 되었다. 이러한 변화 과정 속에서 기존의 지배적 사회 구조
나 이데올로기를 정당화하려는 세력과 부정하려는 세력 사이에 끊임없는
갈등이 불거져 나왔으며 가치체계와 행위규범의 변화가 요구되었다. 빈
곤에 대한 인식과 논의에서도 새로운 관점이 제기되었다.

　이러한 변화에도 불구하고 우리는 중세 유럽이 가지고 있는 보편적 성
격을 규정하는 데 도움이 되는 지속성의 측면 또한 발견할 수 있다. 어
떤 사회가 가진 가치체계의 변화나 특정 사물에 대한 집단적 태도의 변
화란 대개 오랜 시간에 걸쳐 서서히 진행되는 속성을 가지고 있다. 또한
중세 유럽은 기독교 신앙을 중심으로 통일된 하나의 문화공동체였으며,
성경과 초기 기독교 공동체가 만든 삶의 모델은 중세의 오랜 기간 동안
모든 이념적 논의의 중심에 서 있었다. 인간과 우주에 대한 성서적 해석
과 구원의 약속에 대한 믿음을 통해 기독교는 중세 역사에 보편성과 연
속성을 부여하는 역할을 충실하게 수행하였던 것이다. 이런 점에서 볼
때, 빈곤에 대한 중세적 개념의 특성을 기독교를 중심으로 규정하는 작
업은 분명히 타당성이 있다.

　3) 빈곤의 가치: 베드로형 빈민과 나사로형 빈민

　초기 기독교 사회에서 빈곤(pauperitas)은 겸손(humilitas)과 동의어였
다. 기독교 전통에 따르면 신의 아들인 예수는 그가 바라기만 한다면 세
상의 그 무엇도 가질 수 있었으나 스스로 빈민의 삶을 살아갔다.[1] 그를

---

1) 이리한 해석은 바울의 고린도서(書)에서도 찾아볼 수 있다. 즉 그는 여기에서
　그리스도는 원래 부자이나 너희들을 위하여 가난을 감수하였으니 그의 가난함
　으로 인하여 너희들은 부자가 되리라(though he was rich, yet for your sakes
　he became poor, that ye through his poverty might be rich)고 말하고 있다.
　II Corinthians 8-9.

따르는 이들도 기꺼이 자신들이 가진 세상의 권력과 재물을 버렸다. 그러므로 초기 기독교 사회에서 남루한 의복, 탈속적인 생활, 낮은 사회적 지위의 수용 등 '겸손'의 외부적 징표들은 자연스레 존경의 대상이 되었다. 그러나 예수 사후, 시간이 점차 경과되고 기독교 사회가 공간적으로 확장됨에 따라 공동체 내의 결속과 유대 관계가 느슨해지면서 빈곤의 의미가 다소 퇴색된 것이 사실이었다.

중세 초기에 이르러 사람들은 빈곤 그 자체에 내재하는 어떤 가치가 있다고 생각하지 않게 되었다. 오히려 세속적인 권력과 부(富)는 신의 은총을 받은 일부 사람들에게만 주어지는 것이고 그밖의 사람들은 힘없고 가난한 삶을 자신의 운명으로 받아들여야 한다는 것이 더 일반적인 생각이었다. 프랑크왕국 전반기의 메로빙거 왕조 시대의 사람들은 빈민에 대한 경멸적이고 적대적인 태도를 공공연히 드러내기도 하였다. 중세 사람들이 빈곤이 지닌 영적 가치를 인식하기 시작한 것은 11세기 이후라고 할 수 있다. 빈곤의 확산으로 이에 대한 사람들의 관심이 증가하였으며 때마침 동로마 교회로부터 전해진 수도원 사상과 교부(敎父)들의 가르침이 먼 세월을 뛰어넘어 사회 전반에 다시금 영향력을 발휘하기 시작했던 것이다. 이러한 과정에서 빈곤과 자선의 의미가 되살아나게 되었다.[2]

그러나 모든 빈곤이 똑같은 가치를 가진 것은 아니었다. 가진 것을 다 버리고 스스로 빈곤한 삶을 선택하는 '자발적 빈곤'과 어쩔 수 없이 어려운 삶을 살아가야 했던 '비자발적 빈곤' 사이에는 큰 차이가 존재했다. 12세기 이후 신학자들 사이에는 빈민을 베드로형 빈민(paupers cum Petro)과 나사로형 빈민(paupers cum Lazaro)으로 구분하는 경향이 생겨났다. 첫번째 유형은 베드로로 대표되는 성직자들이었다. 이들은 자신들의 신분적 특성상 가난한 삶을 살아가는 자발적, 주체적 빈민들이었다. 이들의 빈곤은 신과 인간 사이에서 중재 역할을 수행하는 데 따르는 이

---

2) Michel Mollat, *The Poor in the Middle Ages: An Essay in Social History*, trans. by Arthur Goldhammer, Yale University, 1986, pp.20-23.

들의 권력에 정당성을 부여하는 정신적 가치로서 가늠되었다. 이에 반해 성서상의 병든 거지 나사로는 세속적, 물질적 빈곤을 상징하였다.

12세기의 후구치우스(Huguccio)는 빈민을 세 가지 유형으로 분류하였다. 가진 것 없이 가난하게 태어나 신에 대한 믿음과 사랑으로 이 고통을 묵묵히 받아들이는 사람들이 있는가 하면, 예수의 삶을 모델로 삼아 자기가 가진 것을 모두 내놓고 스스로 빈민으로 살아가는 사람들이 있다. 후구치우스에 따르면 이 두 유형의 사람들은 자발적 빈민에 속한다. 세 번째 유형은 세속의 재물에 대한 끝없는 욕구를 가졌으나 이를 채우지 못해 어쩔 수 없이 가난한 삶을 이어가는 사람들로서, 이들은 비자발적 빈민이라는 것이다.[3] 빈곤의 상태를 자발적으로 받아들이는 사람들에게는 그것이 어떤 정신적 풍요를 가져다줄 수 있지만 그렇지 못한 사람들에게는 불유쾌한 고통이라는 것이 그의 생각이었다.

빈곤이 오직 정신적 가치에 의해서만 이상적 상태(apotheosis)에 이를 수 있다는 후구치우스의 생각은 빈곤에 대한 중세인들의 일반적인 에토스에서 그리 멀리 벗어나 있었던 것 같지 않다. 비자발적인 물질적 결핍은 결코 찬양 받지 못했으며 오히려 굴욕적 상황으로 인식되는 것이 보통이었다. 그러나 사회의 엘리트가 기득권을 모두 버리고 완벽한 금욕생활을 통해 구원을 지향했을 때의 상황은 완전히 달랐다. 자발적 빈곤이 존경받고 때로는 신성시되는 분위기에서 금욕주의자들의 의도적인 초월적 삶은 존경심을 불러일으켰고 때로는 맹목적 숭배의 대상이 되었다.[4]

11세기 은둔과 고행, 그리고 방랑의 삶을 자진해서 택했던 사람들은 기독교적 삶의 이상을 되살리려 했다. 그들의 외형적 빈곤은 예수의 삶을 모방하는 것인 동시에 과거의 삶으로부터 스스로를 단절하는 수단이기도 하였다. 이들은 결연하게 문명을 떠나 숲과 사막으로 들어갔다. 중

3) Brian Tierney, *Medieval Poor Law: a Sketch of Canonical Theory and Its Application in England,* University of California Press: Berkeley and Los Angeles, 1959, p.11.
4) Geremek, op. cit., 1994, pp.31-33.

세의 숲과 사막은 범죄자나 야수들이 할거하는 영구적인 어둠의 영역이
었으며 기독교 사회의 주변부이기도 하였다. 고기나 생선을 먹지 않는
소박한 식생활과 거의 벗은 것과 진배없는 남루한 의복, 그리고 영양실
조로 추정되는 허약한 육체가 이들 은둔자들에 대한 가장 전형적인 묘사
였다.

은둔자들은 사회와 격리된 삶을 살았다. 그러한 격리는 본질적으로 이
들의 선택에서 비롯되었지만 사회에 의해 더욱 공고화되기도 하였다. 왜
냐하면 많은 사람들이 이들의 외모나 삶의 방식을 낯설어하였고 심지어
는 두려워하였기 때문이다.

은둔자나 금욕주의자들이 모두 높은 사회적 지위나 부를 누렸던 사람
들은 아니었다. 사실상 이들의 출신 성분은 매우 넓은 스펙트럼을 형성
하고 있었다. 자신들이 가진 모든 지위, 재산, 특권을 버리고 걸인의 삶
을 살아가는 엘리트 계급 출신들이 있었는가 하면, 도둑, 창녀, 부랑 걸
인 등 밑바닥 인생을 경험한 사람들도 있었다.[5] 이들이 과거에 어떤 삶
을 살았건 이들의 상징적 지위는 상승하였다. 외형적 삶의 모습은 여느
빈민들과 다름없었으나 그것의 의미는 달랐던 것이다. 이들에게 빈곤은
단지 정신적 삶이라는 목적을 달성하기 위한 수단이라고 할 수 있었다.
그러므로 과거와의 단절로 표현될 수 있는 이들의 자발적이고 의도적인
포기는 '버림으로써 올라가는' 역설적 행위였던 것이다.

그러나 기독교인들의 이상적 삶의 방식이라고 할 수 있는 '자발적 빈
곤'은 소수의 엘리트들에게나 가능한 일이었다. 자선은 자발적 빈곤이라
는 혁명적 삶을 선택할 수 없었던 대다수의 기독교인들에게 차선책으로
주어진 구원에 이르는 길이었다. 그들은 자신이 가진 모든 것을 포기하
는 대신, 자신이 가진 재산의 일부만을 교회와 빈민을 위해 사용함으로
써 자신들의 죄를 씻는 방식을 택했던 것이다. 이러한 관점에서 볼 때,
중세 기독교 사회에서 빈민의 존재는 신의 구원 프로그램의 일부였다.

---

5) Ibid. pp. 31-33.

2. 구원의 수단으로서의 자선

1) 구원과 빈민의 지위

빈곤은 덕(virtue)인가? 아니면 신이 내린 저주(curse)인가?[6] 빈곤이 덕이라면 빈곤 그 자체가 덕인가, 아니면 자기완성을 위한 수단으로서의 부차적 가치인가? 초기 기독교 사회에서 예수와 제자들이 살았던 빈곤한 삶의 진정한 본질은 무엇인가? 중세 사람들은 이러한 물음을 스스로 던지고 대답하면서 예수와 초기 기독교 공동체의 사람들이 보여준 기독교적 삶의 모델을 끊임없이 변화하는 사회적 현실에 적응시키려고 노력하였다. 그렇게 하는 과정에서 물질적 부에 정당성을 부여하고 이를 사회 구조의 일부로 인정하는 방향으로 빈곤의 윤리를 정립해나갔으며, 이러한 과정에서 부자와 빈민 간에 구원의 수단을 사고 파는 제도로 자선이 자리잡게 되었다.

자선을 구원의 중요한 수단으로 간주하는 프로그램은 하나의 사회 안에 부자와 빈민이 공존하는 것을 전제로 한다. 어느 한쪽이라도 존재하지 않는 경우 이러한 프로그램은 기능할 수 없는 것이다. 신은 전지전능하므로 모든 사람을 부자로 만들 수도 있고 반대로 모든 사람을 가난하게 만들 수 있지만 그렇게 하지 않은 이유가 바로 여기에 있는 것이라고 중세인들은 이해하였다. 그런데 여기에서 우리가 먼저 짚고 넘어가야 할 것은 구원 문제에 있어서 과연 빈민이 부자에 비해 유리한 위치에 있었는가 하는 점이다.

성경의 몇 군데 대목을 보면 빈한한 삶을 산 사람이 부유한 사람에 비해 더 쉽게 구원에 이를 수 있음을 시사하고 있다. 예를 들면 누가복음

---

6) 기독교의 신약은 빈민들에게 희망을 주었으나 빈곤을 여전히 징벌로 보는 구약적인 시각도 존재하였다. 다시 말해 부정직한 상인의 자식들이 그 부모가 행한 죄악의 징벌을 받게 된다고 보는 것이 그것이다.

의 한 대목도 그러하다.

> 예수께서 눈을 들어 제자들을 보시고 가라사대
> 가난한 자는 복이 있나니 하나님의 나라가 너희 것이오.
> 이제 주린 자는 복이 있나니 너희가 배부름을 얻을 것이오…….
>
> 그러나 화 있을진저 너희 이제 부요(富饒)한 자여 너희는 너희의 위로를 이
> 미 나 받았도다.
> 화 있을진저 너희 이제 배부른 자여 너희는 주리리로다.[7]

마태복음에도 비슷한 이야기가 있다.

> 예수께서 제자들에게 이르시되
> 내가 진실로 너희에게 이르노니 부자는 천국에 들어가기가 어려우니라.
> 다시 너희에게 말하노니
> 약대가 바늘귀로 들어가는 것이 부자가 하느님의 나라에 들어가는 것보다
> 쉬우노라 하신대.[8]

또한 중세의 설교자들이 자주 인용한 우화 중에는 은둔성자 마카리우스(Macarius)에 대한 것이 있었다. 그는 여행중 어느 도시의 광장 바닥에서 홀로 누워 죽어가는 빈민(hominem pauperrimum)을 보았다. 그의 행색이 초라하고 궁색해 보인 탓인지 아무도 그를 돌보지 않았다. 그러나 은둔성자는 이 죽어가는 사람의 주위에 많은 천사들이 모여 있는 것을 보았다. 은둔성자는 또 이 도시의 한 부잣집에서 흘러나오는 즐거운 웃음소리를 들었다. 그러나 그는 그 집의 주위를 둘러싸고 있는 악마의 무리를 보았다. 이 우화는 물질적 부 자체보다는 부자가 얼마나 많은 죄악의 위험에 노출되어 있는가를 깨우쳐주기 위한 것이었다.[9]

그렇다면 구원의 문제에 관한 한, 빈민은 부자에 비해 우월한 지위를

---

7) 누가복음, 6장, 20-21, 24-25쪽.
8) 마태복음, 19장, 23-24쪽.
9) Geremek, op. cit., 1994, p.35.

가지고 있는 것이 확실한 것일까? 빈곤을 둘러싼 신학적 논쟁을 보면 기독교 교리가 주로 관심을 둔 대상은 자선의 주체였지 자선의 대상인 빈민이 아니었으므로 중세의 신학자들이 이 문제에 대해 어떤 견해를 가지고 있었는지에 대해서는 명확하게 알 수 없다.

그러나 모든 사람들이 빈곤 그 자체가 구원과 관련하여 특수한 지위에 있다고 생각하지 않은 것만은 분명하다. 예컨대 10세기 이탈리아 베로나의 신학자 라테리우스(Ratherius)는 빈곤 그 자체가 가지고 있는 가치는 아무것도 없으며 가난하다는 이유만으로 구원이 보장되는 것도 아니라고 결론지었다. 아무리 가난한 삶을 살았다 하더라도 죄를 지었으면 지옥으로 떨어질 수밖에 없다는 것이다.[10]

13세기 들어 빈번하게 논의된 빈곤의 '타락 효과(degrading effect)'도 라테리우스와 같은 견해를 반영하고 있다.[11] 타락 또는 떨어진다(fell)는 것은 첫째로 물질적인 조건을 이야기하였다. 사회적으로 빈곤은 자신의 신분을 잃어버리는 것을 의미했으며, 이는 곧 노동의 수단이나 사회적 상징을 상실하는 것을 의미하였다. 농부가 농토나 농기구를 잃어버리는 것이나 상인이 가게를 잃는 것, 귀족이 말과 무기를 잃는 것은 모두 이들이 사회적 생존을 유지할 방편을 잃어버렸다는 것을 뜻했다.[12]

타락의 두번째 의미는 윤리적인 면이었다. 빈곤은 남을 시기하거나 남

---

10) 노동능력이 있는 모든 사람들은 노동을 통해 자신의 생계를 해결해야 한다는 것이 라테리우스의 생각이었다. 그는 심지어 노동이 불가능하고 별도의 생계수단이 없다 해도 병자를 돌본다거나 죽은 자를 매장하는 일을 돕는 등 자선적인 일을 수행하는 것이 신에 대한 의무를 다하는 것이라 생각했다. Geremek, op. cit., 1994 pp.27-28; Mollat, op. cit., 1986, pp.45, 72-73.

11) 그 단초는 탁발승집단과 같은 자발적 빈곤을 실천하는 성직자들에 대한 이념적 공격에서 비롯되었지만 그 효과는 빈민에 대한 억압적 정책으로 이어지기도 하였다. 교황 인노첸시우스 3세는 탁발이 성직자의 품위를 떨어뜨리는 행위라고 생각하였다. 이러한 생각은 교황뿐 아니라 교회 일각에서 널리 받아들여졌는데 구걸은 그 자신뿐 아니라 그 자신이 속한 사회적 집단이나 신분적 유대관계에 의해 그와 연결된 모든 사람들에게도 수치를 주는 행위로 간주되기도 하였다.

12) Mollat, op. cit., 1986, pp.6-7.

의 물건을 탐내게 만드는 등 윤리적 죄를 조장하는 효과가 있으며 빈곤
과 관련된 여러 가지 죄악들, 예컨대 게으름, 방탕, 난봉, 무절제, 음주,
불법 거래, 절도 등은 신의 뜻에 역행하는 행위라는 비판적 태도가 확산
되었다. 아예 일할 생각은 없이 빈둥대면서 구걸로 기껏 벌어들인 돈을
술이나 도박에 탕진하는 빈민들은 비난과 경멸의 초점이 되었다. 또한
자신들의 궁핍한 상황을 순종적으로 받아들이지 않고 불평하거나, 가진
자들의 재산을 시기하는 행위는 죄악으로 간주되었다. 심지어 빈곤은 죽
음보다 못한 상태로 묘사되기도 하였다. 죽음은 인간으로부터 품위, 존엄
성, 덕성, 자긍심 등을 송두리째 앗아가지 않지만 빈곤은 사람을 부끄럽
고 수치스럽게 만들기 때문이라는 것이다.13)

결국, 빈곤의 찬양이라는 종교적 가르침이 수행하는 역할은 그것을 듣
는 사람이 누구냐에 따라 달라지는 것이었다. 즉, 빈민에게는 구원의 희
망과 함께 그들의 처지를 겸허하게 인정하라는 메시지였고, 부자에게는
자선을 통해 그들의 죄를 씻도록 권유하는 것이었다. 이 세상에서의 죄
는 '가진 자'나 '가지지 못한 자' 모두에게 일어날 수 있는 것이었다. 가
진 자의 죄는 부나 권력, 특권의 남용에서 비롯되는 것이며 그렇지 못한
자의 죄는 그가 처한 물리적 상황을 겸손하게 받아들이지 못하기 때문에
생기는 것이었다. 육체적, 혹은 물리적 빈곤은 분명히 정신적 빈곤과는
구별되었음을 여기에서 다시 한번 확인할 수 있으며 빈곤을 범죄와 동일
시하는 중세 말기 정책의 뿌리가 여기에 있음을 알 수 있다.

  2) 신은 사유재산을 인정하였는가?

초기 교회 지도자들의 가르침을 보면 모든 사유재산을 부정한다고 여
길 정도로 재산권의 남용을 혹독하게 비판하고 있다. 실제 초기 기독교
공동체에서는 이 세상에 존재하는 모든 것들은 공동의 재산이라는 원칙

---

13) Geremek, op. cit., 1994, pp.27-31.

아래 각자의 필요에 따라 사용하였다. 이들은 공기나 햇빛에 대한 소유
권을 주장할 수 없듯이 어떤 물건이 자기 혼자만의 것이라고 주장하는
것은 죄업이며 사람들 사이에 반목과 분열을 일으키는 원인이라고 여겼다.

중세의 교회법 학자들도 자연법 이론에 친숙했다. 그들은 신이 이 세
상을 창조하면서 모든 사물의 본질과 인간의 본성 속에 행위의 규범을
심어놓았고, 이것이야말로 인간이 만든 그 어느 법보다 상위에 있는 절
대적 법으로서 모든 사물을 구속한다는 믿음을 가지고 있었다. 기독교의
황금률, 즉 남이 나에게 해주었으면 하는 것을 남에게 행하고, 남이 나에
게 하지 말았으면 하는 것을 남에게 행하지 말라는 것도 자연법에 속하
는 것이다. 그러나 중세의 학자들은 자연법과 인간이 만든 법 사이에서
많은 갈등을 겪어야 했다.

태초에 신이 창조한 것은 예외 없이 이 땅의 모든 사람들을 위한 것이
지 어떤 특정한 사람들만을 위한 것이 아니었다. 그러므로 햇빛과 공기
와 물은 물론이고, 이 세상의 모든 과실을 세상 모든 사람들이 고루 나
누어 가지는 것은 자연스럽고 신의 뜻에 합당한 것이다. 여자와 남자가
만나서 대를 이을 아이들을 기르면서 필요한 것을 나누어 쓰는 삶이야말
로 자연의 본질에 합당한 일이다.

그러나 인간이 만든 관습이나 법은 내 것, 네 것을 가리고 그 결과 어
떤 사람은 많이, 어떤 사람은 적게 갖는 일이 생겨난다. 그런데 자연법은
인간이 만든 법보다 상위의 법이며 따라서 자연법에 어긋난 인간의 법은
무효이다. 그렇다면 사유재산을 인정하는 인간 세상의 법은 공동재산을
명령하는 자연법에 어긋나므로 무효라고 할 수 있는가? 초기의 일부 교
황들은 모든 기독교인들이 사유재산을 포기하는 것이 바람직하다고 권고
하기도 하였다. 신에게 봉사하고 사도들의 삶을 좇기 위해 사람들은 공
동의 삶을 필요로 한다는 것이었다. 더구나 공산적 공동사회는 빈곤문제
를 해결하는 하나의 대안이기도 하였다.

그러나 대부분의 중세 학자들은 중세라는 시스템하에 있는 한, 사유재

산의 폐지는 불가능하다고 생각하였다. 초기 기독교 공동체의 삶에 대해
서 모르는 바 아니었지만, 그것은 어디까지나 서기 1세기의 상황일 뿐,
만약 중세적 경제 구조하에서 사유재산이 폐지된다면 보편적 교회의 물
적 기반이 완전히 붕괴되고 말 것이라고 생각했기 때문이었다.

토머스 아퀴나스를 포함한 대다수 학자들은 자연법에는 두 종류가 있
다고 생각했다. 하나는 초시간적인 것으로서 시간의 흐름과 상관없이 절
대적으로 존재하는 법이며 다른 하나는 상황에 따른 변화가 불가피한 경
우이다. 이들은 절대적 의미의 공동 소유란 초기 기독교 사회의 경우에
만 해당되는 원칙이며 사회 변동에 따라 그에 맞는 원칙이 신축적으로
적용되어야 한다고 믿었던 것이다. 테우토니쿠스(Teutonicus)는 '공동
(common)'이라는 용어를 누군가가 '무엇이 부족할 때 나누어 쓰는 것(be
shared in time of need)'으로 해석하였다. 다시 말하면 재산의 소유권 문
제는 직접적으로 건드리지 않으면서 사용권의 문제로 논의를 옮겨 자선
을 의무화하는 방편을 택했던 것이었다.

그렇다고 해서 중세의 교회법 학자들이 재산을 나누어 쓰는 문제를 평
등주의적 시각에서 바라본 것은 아니었다. 중세 사회는 엄격한 위계질서
에 의해 조직된 신분 사회였으며 이들도 그것을 인정할 수밖에 없었다.
사람들은 자신의 신분에 어울리는 삶의 질을 가지고 있으므로 남는다,
또는 부족하다라고 하는 기준도 그에 맞게 결정되어야 하는 것이었다.
다시 말해 귀족은 귀족대로, 상인은 상인대로, 농부는 농부대로 각기 자
신의 사회적 신분에 맞는 경제 생활을 영위할 수 있으며, 그러고도 남는
것이 있다면 그것은 사회의 공동재산이며 빈민들은 이에 의해 보호받을
권리를 가지게 되는 것이다.14)

14) Tierney, op. cit., 1959, pp.27-38.

3) 정의의 실현으로서의 자선

나누어 쓰기 위해서는 두 가지의 조건이 필요하였다. 우선 누군가가
무엇을 필요로 한다. 즉, 누군가가 살아가는 데 무엇이 부족하다는 전제
가 따라야 한다. 다시 말해 남이 부족을 느끼지 않는 한 자신의 남는 것
을 포기할 필요가 없다는 것이다. 또 하나의 전제는 비록 남이 부족하다
하여도 자기 자신이 필요로 하는 것까지 희생할 필요는 없다는 것이다.
다시 말하면 남는 사람과 부족한 사람이 동시에 존재해야 하는 것이 자
선의 전제 조건이었다.

로마 말기의 교부(敎父), 성 아우구스티누스는 이 문제를 다루면서 정
의와 자선을 구별하지 않았다. 그러나 테우토니쿠스 등 중세의 일부 교
회법학자들은 정의(正義)와 자선을 구별하기도 하였다. 이들에 따르면
자신이 쓰고 남은 재산으로 남을 돕는 것은 정의의 실현이었다. 왜냐하
면 누군가의 남는 재산은 자신의 것이 아니라 이미 사회 공동의 재산이
기 때문이다.15) 반면에 자신의 필요를 희생해가면서 자기 것의 일부를
남에게 주는 것은 자선이었다. 그러나 이러한 구분이 일반적이었던 것
같지는 않다. 그럼에도 불구하고 잉여의 재산을 공동체의 재산으로 환원
하는 것을 사회적 정의로 보고 이를 이행하지 않는 경우에는 일정한 제
재 수단이 필요하다는 생각에는 상당한 공감이 있었던 것으로 보인다.

그것을 필요로 하는 사람들이 있는 데도 불구하고 남아도는 자기 재산
을 꼭 움켜쥐고 내놓지 않는 부자들이 있다고 하자. 과연 사회는 이들
부자들에게 자선이라는 사회적 의무의 이행을 법의 이름으로 강제할 수
있을까? 만일 가난한 자들이 부자의 남는 재산을 훔쳐 자신의 생존을 도
모한다면 이것은 강제적인 정의의 실현이라고 볼 수 있을까?

어떤 교회법 학자들은 절대적 결핍 상태에 있는 사람들이, 이를테면

---

15) 여기에서 정의란 엄격한 도덕적 의무를 말하는 것이라는 해석도 있다. Ibid.
   pp.37-38.

굶어 죽을 상황에 처한 사람들이, 남의 것을 훔쳤다면 그러한 행위는 범죄를 구성하지 않는다고 생각했다. 왜냐하면 이 사람들은 남의 것을 훔친 것이 아니라 원래 자신의 소유인 것을 스스로 취했을 뿐이라는 것이다. 우리는 이러한 의견을 극단적 견해로 간단히 치부할 수도 있을 것이다. 그러나 부자의 남는 재산은 가난한 자의 것이라는 생각은 기독교 내에서 상당한 이론적 전통을 갖고 있었고 따라서 어떤 형태로든지 부자의 잉여재산을 사회화할 방도를 강구하지 않으면 안되었던 것이 중세의 현실이었다.

테우토니쿠스는 부자의 잉여재산은 사회 공동체에 속하는 것이고 빈민은 이를 사용할 권리가 있음을 인정했으나 빈민이 이 권리를 자구(自救)적인 차원에서 직접 행사하는 것은 바람직하지 않다고 생각했다. 대신 그는 교회를 매개로 한 간접적인 방식으로 정의를 실현할 수 있다고 믿었다. 만일 부자가 자선을 거부하면 빈민은 이 문제를 교회에 호소할 수 있으며 교회는 권유, 압력, 그것도 통하지 않으면 파문이라는 사실상의 강제적 수단을 동원할 수 있다는 것이었다.16) 어쨌거나 부자의 잉여재산이 궁극적으로 빈민의 것이라는 개념은 주는 자와 받는 자 사이의 관계를 규정하는 데 큰 역할을 하였다. 이를테면 주는 자가 가질 수 있는 지나친 자부심을 억누르는 동시에 받는 자의 부끄러움을 줄여주는 효과를 발휘하였다.

중세의 자선도 여느 시대와 마찬가지로 이웃에 대한 사랑과 동정의 표현이었음은 틀림이 없다. 그럼에도 불구하고 자선이 구원의 수단으로서 간주되는 한 이기적 동기가 개입되는 것은 어쩔 수 없는 일이다. 중세 사람들은 자선을 베풀면서 이 일이 신을 즐겁게 할 것이며 그로 인해 자신은 신으로부터 은혜를 받을 것이라고 기대하였을 것이다. 그러나 이

---

16) 중세에는 이러한 방식이 널리 통용되었던 것 같지는 않다. 다만, 근대에 들어 16세기 중반 영국이 의회입법으로 이를 채택하여 엘리자베스 1세 말기 강제적 빈민세를 규정한 튜더 빈민법이 완성될 때까지 과도기적 방식으로 운영한 예가 있다.

기적 동기라고 해서 무조건적인 비판의 대상이 되어야 했는지는 의문이다.

기독교 공동체 안에서 사람에게 주어진 의무는 신의 뜻을 따르고 이웃을 사랑하는 것이었다. 대부분의 경우 사람들은 이러한 의무를 이행하면서 이것이 자신의 영혼에 무엇인가 좋은 영향을 미칠 것이라 기대하였다. 이 또한 이기적인 동기라 할 수 있으나 이 세상 모든 사람들이 그렇게 함으로써 세상이 보다 살기 좋은 곳이 된다면 분명히 긍정적인 측면이 있다고 할 수 있을 것이다.

3. 교회와 자선

1) 교회재산의 성격

기브 앤 테이크 룰에 기반을 둔 중세적 자선이 제도화되는 과정에서의 최대의 수혜자는 교회였다. 왕과 봉건영주들을 비롯한 권력자들은 일정 수의 빈민을 정기적으로 거두어 먹이고 여행자에게도 먹을 것을 제공하는 것을 보편적 의무로 받아들였으며, 고리대금업자와 같이 도덕적으로 비난받는 자들도 자선에 열심이었다. 그러나 이러한 직접 자선보다는 교회에 기부금을 바치고 교회는 이렇게 모아진 자선금을 배분하는 간접적인 방식이 더 일반적인 자선의 방식으로 자리잡았다.

일반적으로 교회의 재산은 교회에 부속된 토지로부터 나오는 수입, 십일조(tithe), 그리고 기부금으로 구성되었다. 기부금 중에는 세례, 혼례, 장례 등의 관행적인 것에서부터 개인의 자발적 기부금까지 다양했다. 개인들의 자발적 기부는 때로는 신앙심의 표현이기도 했으나 교회와 관련하여 영향력을 확보하려는 군주들이나 대영주들에 의해 행해지는 경우가 많았다.

수세기에 걸친 신자들의 기부로 중세 교회는 가장 큰 재산의 소유자가 되었다. 특히 주교가 직접 관장하는 교회나 수도원의 토지는 엄청난 규모에 달하여 고위 성직자들의 경제적 자원과 사회적 영향력이 강력한 봉건 귀족들과 맞먹을 정도였다. 그렇다면 교회가 가진 재산의 성격은 무엇일까? 교회에 속한 재산이 성직자든 그 어느 누구든 개인의 소유가 아닌 것만은 확실하다. 그러므로 성직자는 교회재산을 자기 가족들에게 주어서도 안되고 자신의 쾌락을 위해 써서도 안되었다. 자기 재산처럼 다룰 수 없으니 유언으로도 집행할 수 없었다. 개인이 아닌 십난으로서의 성직자 전체에게 귀속된다는 의견도 있었고 가난한 사람들에게 속한다는 입장도 있었다.

이러한 의견 차이에도 불구하고 교회에 주어진 돈은 곧 신에게 바쳐진 돈이라는 데에는 이견은 없었다. 이렇게 보면 모든 교회재산은 신에게 속하는 것이며 다만 성직자들은 소유자인 신의 뜻에 따라 관리하고 집행할 뿐이었다. 그러나 이 세상 존재하는 것 중에 신에게 속하지 않는 것이 어디 있겠는가? 그러니 이를 조금 더 구체적으로 정의할 필요가 있었을 것이고 교황 인노첸시우스 4세(Innocent IV)는 "교황과 교회는 (교회의 모든 재산을) 모든 사람들의 이름으로 소유하고 이것으로 부족한 사람들을 도와줄 수 있다"고 선언하였던 것이다. 성직자는 관리만 할 뿐 교회재산은 기독교 공동체 전체의 소유이며 빈민을 위해 사용되는 것이라는 견해는 13세기 이후 일반화되었다.

조금 다른 문제지만 성직자들이 사유재산을 소유할 수 있는가에 대한 논란도 제기되었다. 12세기 볼로냐의 수도승이며 『데크레툼(*Decretum*)』의 편저자인 그라티아누스(Gratian)는 별도의 빈곤 서약(vow of poverty)이 없었다면 성직자라도 재산을 소유할 수 있다고 보았다. 그러나 이미 많은 재산이 있음에도 불구하고 성직자가 치부의 방편으로 성직록(聖職祿)까지 챙긴다면 그것은 죄악에 다름아니라며 성직자의 탐욕을 경계하였다. 인노첸시우스 4세의 의견은 조금 달랐다. 그에 따르면 성직자가 아무리 많은 세속재산을 소유하고 있다 하더라도 성직에 봉사한 적절한 대가로서의 성직 수입은 보장되어야 한다는 것이다. 다시 말해 모든 성직자는 별도의 사유재산이 있더라도 자신이 봉직하는 성직에서 나오는 수입(성직록)으로 살아갈 확고한 권리가 있다는 것이었다.

교회의 재산이 기독교 공동체 전체의 소유이며 빈민을 위해 사용되는 것으로 정의가 내려졌다 하더라도 현실적으로 교회의 모든 수입을 모두 빈민구제에 쓸 수는 없었다. 교회 예산의 사용과 관련하여 많은 논란이 이어졌다. 『데크레툼』에 수록된 자료에 의하면 5세기경부터 교회 예산은 4개의 용처(用處)로 구분되었다. 주교의 생활비, 성직자들의 봉급, 교회 건물의 신축과 보수유지, 그리고 빈민구제 예산이었다. 때로는 첫번째와 두번째를 한데 묶음으로써 3개의 용처로 나누기도 하였다. 이러한 전통은 중세의 교회 법학자들의 해석과 역대 교황들의 교서에서도 반복 강조되었다.

그러나 이러한 용처 구분이 예산의 3분 내지 4분의 균등 분할을 의미했는지에 대해서는 많은 논란이 있다. 타이어니는 용처 구분을 담은 교황교서들의 본질은 대수적 균등 분할이라기보다는 교회 예산의 사용 목적을 강조하는 데 있었을 뿐이라고 주장했다.[17] 교회 법학자들이 정확하게 어느 만큼의 예산을 빈민구제에 배당해야 하는지에 대해 명확한 답을 제시하지도 않았고 인노첸시우스 4세의 경우에도 교회가 '적절하고 관행적인(due and customary)' 액수의 자선금을 빈민들에게 제공해야 한다는 원칙적인 교시에 그치고 있는 것을 볼 때 그의 주장은 어느 정도 설득력을 가지고 있는 것으로 보인다. 교회마다 처해 있는 입장이 틀렸을 것이고 거기에다 중세 교회가 조직과 활동 면에서 많은 변화를 겪었음을 상기해볼 때 균등 분할의 원칙이 있었다 하더라도 지키기가 어려웠을 것이다. 실례로 중세 말에 이르러 많은 교구교회가 예산의 수도원 전용(appropriation)과 부재 성직자의 성직록 지출 등으로 빈민구제 능력을 상실하였고 많은 수도원들이 전체 수입의 5퍼센트 정도만을 빈민구제에

---

17) Tierney, op. cit., 1959, pp.73-76.

사용하는 경향이 있었다.18) 13세기 말과 14세기 초 사이 파리 근교의 생
드니(Saint Denis) 대수도원의 경우는 겨우 3퍼센트의 예산을 빈민구제에
사용하였다.19)

2) 교회와 빈민

어쨌든 간접적 자선의 제도화와 함께 교회는 빈민구제와 빈민의 권익
보호에 대한 집단적 책임을 수행하는 역할을 맡게 되었다. 교회는 이미
오래 전부터 이러한 역할을 수행하고 있었으며, 자선의 제도화는 다만
교회의 그러한 기능을 보다 조직화시키는 계기를 제공했을 따름이었다.
중세 유럽에는 강력한 중앙집권적 정치권력이 존재하지 않은 대신, 장
원경제에 바탕을 둔 봉건제도에 의해 매우 분권적인 정치제도가 운영되
었다. 중세 초기의 극심한 혼란기에 사람들에게 유일한 안식처를 제공하
던 교회는 점차 세속적 권위까지 확보함으로써 오늘날의 정부 역할을 상
당 부분 수행하였다. 중세 교회는 지방 영주들의 권력에 휘둘려 사유화
되거나 세속화되는 위기를 겪기도 하였으나, 점차 긍정적인 발전을 하였
다. 8세기경 준조세 성격의 십일조를 제도화하고 나아가 로마시대부터
부여받았던 교회법정 운영권을 확대한 데 이어 중앙집권적, 관료주의적
행정조직을 갖춤으로써 다른 세속 권력보다 오늘날의 국가에 근접한 모
습을 갖추게 되었다. 중세 전성기(1050~1300)에 이르러 유럽 대부분의
지역에서 교회의 세속적 재물이 세속군주의 그것을 능가하였다.
일찍이 메이틀런드(F. W. Maitland)가 말했듯이 "중세 교회는 곧 국
가였다." 법을 만들어 집행하고, 세금을 걷어 교육과 빈민구제를 비롯한
여러 분야의 행정을 관장했으며 교회법정을 통해 현세의 삶까지 통제하
였다. 중세 유럽에는 오직 하나의 교회만이 존재했으며 모든 사람들이

---

18) R. H. Snape, *English Monastic Finances in the Later Middle Age*s, Cambridge,
    1926, pp.110-118.
19) Geremek, op. cit., 1994, pp.40-41.

그 교회의 구성원이었다. 교회가 보편적으로 인정되는 공적 권위를 가졌다면 교회의 법 또한 모든 사람들의 복종을 요구하는 공적 권위를 가지고 있었다.[20] 예를 들어 만약 교회가 징세를 결정하면 모든 사람들은 이를 따를 의무가 있었고 교회는 교회법을 제대로 집행시키기 위한 법정을 비롯한 여러 가지 강제적 수단을 가지고 있었다. 궁극적으로는 파문(excommunication)이라는 최후의 수단을 사용할 수도 있었다. 빈민구제에 관한 대부분의 교회법률은 『데크레툼』에 수록되어 있다.

12세기 유럽의 재조직과 더불어 교회도 새로운 활기를 띠게 되고 동로마 유스티니아누스 황제에 의해 체계화된 로마법이 새로운 질서의 창조에 일익을 담당하였다. 이러한 분위기 속에서 교회 주변에서도 인간 삶의 모든 영역을 합리적 원칙에 의해 재조직하려는 작업이 시도되었다. 그중에서도 1140년 그라티아누스에 의해 만들어진 『데크레툼』은 사도들과 교부들의 가르침, 역대 교황과 공의회의 칙령을 체계화한 것으로서 중세 교회 법전의 기초가 되었다. 『데크레툼』은 공식적인 법전은 아니었으나 교회법과 관련된 논쟁에서 공식 법전과 같은 권위를 인정받았으며 법정에서도 큰 영향력을 발휘하였다.

교회가 불쌍한 사람들(miserabilis personae)을 보호해야 할 의무가 있다는 것은 『데크레툼』에 나타난 로마 말기 교부들이나 중세 교회 법학자들의 일치된 견해였다. 미망인, 고아는 물론 모든 가난하고 억압받는 사람들이 보호의 대상이었다. 빈민에 대한 경제적 구제도 이들에 대한 교회의 중요한 책무 중의 하나였다. 중세 교회는 십일조와 개인들의 기부금을 모아 빈민들에게 나누어줌으로써 부자와 빈민 사이의 중재적 역할을 수행하였다. 빈민구제를 맡은 교회 조직은 크게 교구교회(parish church)와 수도원으로 나뉘어졌다.

4~6세기에는 주교가 빈민구제에 관한 예산을 직접 관할하였다. 그러나 점차 주교구(主教區, diocese) 내에 각기 분리된 경제 단위를 갖춘 교

---

20) *Roman Canon Law in the Church of England,* London, 1898, p.100.

구교회가 조직됨에 따라 각 교구교회의 성직자들이 자신이 봉직하는 교회의 예산을 직접 관장하고, 주교는 감독 책임만을 수행하게 되었다. 교구에 따라서는 빈민구제에 필요한 충분한 예산을 확보한 곳도 있었으나 그렇지 못한 곳도 있었다. 특히 봉건적 후견인 제도(patronage)에 의해 많은 교구교회의 예산이 국왕 등 대영주의 영향력하에 있었고 수도원이 후견권을 행사하는 교구교회도 적지 않았다. 국왕이나 영주들은 자신의 관리에게 봉급을 지불하는 대신 그들을 교구신부로 임명함으로써 교구교회의 예산을 편법으로 사용하였고, 수도원들은 교구교회의 예산을 수도원 예산으로 전용(轉用)하기도 하였다. 전자의 경우에는 교구교회에서 실제로 봉직하지 않았으므로 이들을 우리는 부재성직자(absentee)라고 부른다. 이 때문에 교구교회의 빈민구제 활동에는 많은 제약이 따랐을 것으로 보이지만 그렇다고 해서 교구교회의 빈민구제 기능이 완전히 상실된 것으로 보는 것은 지나친 주장이다.[21]

10세기 이후 자선 물자의 집단적 배분은 주로 수도원을 통해서 이루어졌다. 수도원은 소속 교단의 규칙에 의하여 정기적으로 자선을 베풀었으며 특정 축일에는 대규모의 자선 행사가 시행되었다. 각 수도원의 자선 시행 일자는 대개 고정되어 있었고, 소속 수도사의 장례식 등 특별하게 치러지는 자선 행사라도 날짜는 예고되었다. 큰 수도원들에 의해 행해진 자선은 상당한 규모에 이르렀다. 예를 들면 14세기 피렌체의 한 수도원(Or San Michele)은 5천 명이 넘는 빈민에게 일주일에 서너 차례 이상 급식을 실시하며 그들의 안녕을 지속적으로 돌보았다. 클뤼니 수도원의 축일 자선에도 2천 명 가까운 사람들이 몰려들었다.[22]

중세 교회는 빈민들을 법적으로 보호하는 책무도 함께 맡았다. 『데크레툼』 수록 문서 중에서 빈민에 대한 교회의 법적 보호 책무를 가장 명백하게 규정해놓은 것은 9세기 툴루즈 종교회의의 결정이다. 이는 권세

---

21) Tierney, op. cit., 1959, pp.95-109.
22) Geremek, op. cit., 1994, pp.37-38.

있는 자가 빈민을 약탈하면 교회는 이들을 소환하여 그러한 행위를 중지
하도록 요구하고 그래도 시정이 되지 않으면 파문이라는 고강도의 처방
을 하도록 주문하였다.

　테우토니쿠스는 교회와 세속법정 사이의 관할권 충돌을 피하기 위하
여 세속법정에서 정의가 실현되지 못했을 경우에 한하여 교회가 재판권
을 행사해야 한다고 생각했다. 그러나 이렇게 되면 교회가 빈민보호의
책무를 적극적으로 수행하지 못하는 결과를 초래할 우려가 있었다. 실제
교회가 재판권을 행사한 사례를 살펴보면 교회가 개입하는 근거는 크게
두 가지로 구분할 수 있다. 첫번째는 사건 당사자의 신분이 미망인, 고
아, 노인, 장애인, 병자 등 불쌍한 사람(miserabilis personae)에 해당하는
경우이고, 두번째의 경우는 사건의 성격상 사회적 강자에 의한 빈민의
권리 침탈에 해당될 때였다.23)

　교회는 또한 빈민들의 교육에도 많은 배려를 하였다. 12세기와 13세
기의 교황들은 교회가 부모의 노동으로는 교육의 혜택을 받지 못하는 빈
민자녀들에게 교육받을 수 있는 기회를 제공함으로써 이들이 교육을 통
해 얻을 수 있는 다른 혜택을 박탈당하지 않도록 배려해야 한다고 교시
하였다. 대성당(cathedral)은 물론, 재정적으로 여유가 있는 모든 교회들
이 읽기, 쓰기, 라틴어, 기초적 논리학에 대해 무료 교육을 실시하도록
권장되었다.

4. 자선의 시장

1) 로빈후드와 자선의 효과

앞에서 중세의 자선은 기독교적 구원 프로그램의 일부라는 이야기를

---

23) Ibid. pp.18-19.

하면서, 자선을 행한 사람 입장에서 보면 자선은 구원의 수단이었다는 점을 지적하였다. 그런데 모든 자선이 그 같은 효과를 얻을 수 있을까라는 의문이 생기게 된다. 예를 들면, 부자들의 것을 훔치거나 강제로 빼앗아 가난한 사람들에게 나누어준 의적(義賊) 로빈후드의 행동을 자선이라고 볼 수 있을까?

부자의 남는 재산은 사회 공동의 재산이며 부자는 이 잉여재산을 빈민들에게 나누어줌으로써 사회적 정의를 실천할 수 있다. 따라서 이러한 의무를 회피하는 자의 재산을 강제로 빼앗아 빈민들에게 나누어주는 로빈후드의 행위는 강제적 정의의 실천으로 볼 수 있다. 만약 이 또한 자선이고 구원의 수단으로서 효과를 발휘한다면 누구에게 그 은혜가 돌아가게 될까? 의적들이 실제 소유자의 의사와는 전혀 상관없이 재물을 취득했으므로 이 경우 이들의 행위는 어떠한 보상도 기대할 수 없는 것일까? 경위야 어찌됐든 결국 자선으로 인한 은혜는 재물의 원래 소유자에게 돌아가는 것이 합당한가? 그렇다고 하더라도 어디까지나 자발성이 결여된 마당에 자선의 온전한 효과를 기대할 수 있을까?

창녀의 자선은 어떻게 될까? 비록 몸을 팔아 번 돈이지만 어디까지나 자신의 재물이고 그것으로 자선을 행했으니 그녀의 영혼에 보답이 있기를 기대할 수 있을까? 중세에 가장 지탄받는 직업이었던 고리대금업자의 자선은 어떠한 결과를 가져올까? 적정 수가 이상의 변호사 수임료나 멀쩡한 환자를 속여 부당하게 부풀려 받은 의사의 진찰료, 부패한 관리가 받은 뇌물 등이 자선에 사용되었을 때 이들의 영혼은 은혜를 받을 수 있을까?

중세인들은 이상의 모든 경우에 대해 대체로 부정적 견해를 가지고 있었던 것으로 보인다.[24] 물론 창녀의 경우에는 일부 긍정적인 의견이 없지는 않았으나 재산 형성의 경위가 맑고 투명하지 않기는 마찬가지였다. 중세인들은 자선을 행하는 행위 그 자체보다는 행하는 사람의 영혼이 얼마나 맑고 순수한가를 더욱 중요시하였다. 어떤 의도가 개입되거나 자기

---

24) Mollat, op. cit., 1986, p.110.

과시의 욕심에서 비롯된 자선은 이웃에 대한 진정한 사랑으로 이루어진 자선과는 구분되었다. 성 아우구스티누스는 자선은 적정한 절차에 의해 이루어져야 하며, 우선 자신에게 베푸는 것이 순서라고 하였다. 사람들은 이를 주는 사람의 영혼부터 정화해야 한다는 뜻으로 받아들였다.

바이지오(Baysio)는 자선은 정의, 질서, 선의의 세 가지 원칙에 입각해서 행해져야 한다고 주장했다. 다시 말해서 정당하게 만들어진 재산으로 자선을 행하여야 하며, 자선을 행하기 전에 먼저 자신의 영혼의 순수성과 질서를 확립하여야 하고, 자선의 의도가 진정한 사랑이 아닌 칭찬을 받거나 자신의 부를 과시하거나 남으로부터 지탄받는 것을 면하기 위한 것이어서는 안 된다는 것이다.

2) 받는 자의 자격

자선이 구원의 수단으로서의 효과를 가진다고 할 때 이러한 효과는 받는 사람이 누구인지 상관없이 모두 효력을 발생하는 것일까? 중세의 기독교 교리가 주로 관심을 둔 대상은 자선의 주체였지 자선의 대상인 빈민이 아니었다. 그럼에도 불구하고 우리는 빈민을 유형화하여 우선적인 자선의 대상을 규정하려는 중세 사람들의 논의를 종종 발견할 수 있다. 다시 말해서 중세 사람들이라 해서 모든 빈민을 자선의 대상으로 차별없이 받아들이지는 않았다는 것이다. 이러한 사실은 중세의 기독교 전통 확립에 지대한 영향을 끼친 『데크레툼』을 통해 확인할 수 있다.

『데크레툼』에 실린 로마제정 말기의 기독교 교부(教父)들의 견해를 보면 무조건적인 자선을 권유하는 입장이 있는가 하면 차별적 자선의 필요성을 제기하는 의견도 있다. 예컨대 성 크리소스토무스(Chrysostom)는 무조건적인 자선, 즉 누군가 먹을 것을 요구하면 이것저것 따질 것 없이 지체 없이 도와주어야 한다고 한 데 반해, 성 암브로시우스(Ambrose)[25]

---

25) 4세기 밀라노의 주교이자 저명한 신학자였다. 특히 위대한 빈민구제 행정가로

는 자선을 요청한 사람들을 유형화하여 그에 따라 적절한 우선 순위를 부여할 것을 권고하고 있다.

암브로시우스에 의해 최우선적 순위가 주어진 사람들은 독실한 기독교인들이었다. 명색이 기독교 공동체라면서 이들이 생존을 위협받는 결핍상태에 빠진다는 것은 있을 수 없는 일이었다. 그 다음은 나이 든 노인들과 병든 자들이었다. 더구나 이들이 스스로의 노동으로 생계를 유지할 수 없는 상황이라면 우선적으로 구제됨이 마땅한 일이라고 생각했다.

한 가지 흥미 있는 것은 다른 조건이 같다면 원래부터 가난하게 살아온 사람보다는 원래는 부자였는데 여러 가지 상황에 의해 빈곤의 늪에 빠지게 된 사람들을 우선적으로 구제해야 한다는 것이다. 이들의 불운이 자신들의 잘못이 아닌 다른 이유 때문이라면 더욱 그러했다. 아마도 여기에는 이들이 느끼는 고통의 크기가 평생을 가난하게 살아온 사람들에 비해 더 클 것이라는 배려가 개입된 것으로 볼 수 있다. 물론 이들에 대한 암브로시우스의 배려에는 자신이 살고 있던 로마 사회의 전통도 작용하였을 것이다. 중세에 들어서 경제적으로 어려움에 처한 사회적 엘리트들에 대한 배려가 한층 강화되었는데 이는 암브로시우스의 영향과 함께 기독교의 형제애적 이상이 신분 사회의 계급적 유대감으로 표현되었기 때문이라는 해석도 있다.

암브로시우스의 생각 중에 또 한 가지 특이한 점은 자기 부모에 대한 우선적 배려였다. 그는 『데크레툼』에 실리지 않은 다른 글에서 부모, 자녀, 그밖의 식솔의 순으로 우선적 도움을 주는 것이 바람직하다고 하였다. 낯선 사람들은 그 다음이었다. 달리 말해 자선은 각자의 집에서부터 시작하여 점차 이웃과 사회 전체로 넓혀나가는 것이 옳다는 것이다. 교회재산이 성직자 개인의 재산이 아님에도 불구하고 교회 자선에서 성직자의 부모가 우선적 구원의 대상으로 받아들여진 관행에는 이러한 전통이 있었던 것이다.[26]

평가받고 있다.

『데크레툼』의 편저자인 그라티아누스는 성직자가 갖추어야 할 자질을 거론하면서 주교는 자선에 사용될 물품과 자선의 대상이 되는 사람들을 선정하는 데 있어서 적절한 원칙을 적용할 줄 알아야 한다고 강조하고 있다. 우선적인 원칙은 되도록 많은 사람에게 혜택이 돌아가야 한다는 것이다. 그 다음은 자선의 대상에 우선 순위를 두어야 한다는 것이다. 그에 따르면 자선은 정당한 삶을 살아온 사람들에게 먼저 돌아가야 하고 점쟁이, 검투사, 광대, 매춘부 등의 사악한 직업에 종사하는 사람들은 그 뒤라는 것이다.

그런데 만약 우선 순위가 겹쳐질 경우에는 어떻게 해야 될까? 예를 들면 독실한 기독교 신자와 성직자의 아버지가 동시에 도움을 필요로 한다면 누구에게 먼저 손길을 건네주어야 할까? 같은 조건이라면 아버지에게 우선적 배려를 해야 한다는 것이 중세 신학자들의 지배적인 생각이었다. 그러나 이 세상 모든 일이 그렇듯이 검은 칠판에 백묵으로 선을 긋는 것처럼 명확하게 시비가 가려지는 경우는 그리 많지 않다. 아닌게아니라 앞의 경우에 몇 가지 조건만 추가시키면 상황이 상당히 복잡해지는 것을 알 수 있다.

예를 들어보자. 그 가난한 기독교 신자는 참으로 신실한 사람인데 중병에 걸려 지독한 고통을 겪고 있다. 성직자의 아버지는 원래 상당한 부자였던 사람으로 현재의 경제적 상황으로 참을 수 없는 고통을 겪고 있다. 이 경우 우선 순위는 누구에게 주어져야 할까? 또 만약에 성직자의 아버지가 그다지 독실하지 않은 사람이라면, 그가 점을 치고 때때로 광대 노릇을 하는 등 '사악한' 직업에 종사한 경력이 있는 사람이라면 그의 우선 순위는 어떻게 달라지게 될까?

결국 구제의 우선 순위는 여러 가지 사정을 감안하여 결정될 일이지만 결국 누가 더 절망적인 상태에 놓여 있는가, 다시 말해 누가 더 도움이 필요한가라는 점이 가장 중요한 고려요인이었다.

---

26) Tierney, op. cit., 1959, p.58.

어쨌든 우리가 주목해야 할 부분은 대부분의 교부들이나 중세 신학자들이 그 어떤 유형이나 직업군의 사람들도 원천적으로 구제 대상에서 배제시키지는 않았다는 점이다. 그러나 일할 능력이 있음에도 불구하고 게으름 때문에 일부러 노동을 기피하는 사람들에게는 자선을 아예 거부하든지, 거부까지는 아니더라도 무언가 차별적 대우를 해야 한다는 소수의견도 상당히 있었다.

예컨대 볼로냐의 루피누스(Ruffinus)나 헨리쿠스(Henricus de Bohic)는 부정직한 자에 대한 자선은 다른 사람들의 경우와는 다르게 취급해야 한다고 생각했다. 특히 노동능력이 있으면서도 일할 생각은 하지 않고 구걸이나 도둑질, 노름을 일삼는 사람들은 자선의 대상이 아니라 교정의 대상이었다. 그러므로 굶어 죽기 직전의 상황이 아니라면 이러한 노동 기피자들에게는 무차별적인 자선을 행하면 안 된다는 것이 이들 신학자들의 입장이었다. 물론 구호물자가 충분하여 모든 정직한 사람들에게 충분한 양이 돌아가고도 남는 것이 있다면 이들에 대한 도움도 생각해볼 수 있는 일이었다.

이들의 주장을 다음과 같이 정리해볼 수 있다. 먼저 구호물자가 충분한 경우이다. 이때에는 구태여 자선 대상자들을 구분하고 차별할 필요 없이 도움을 필요로 하는 모든 사람에게 자선을 베푼다. 다만, 자선이 그것을 받는 사람의 영혼을 돕기보다 오히려 해치는 결과가 예상될 때에는 이들을 자선 대상에서 제외한다. 일을 기피하거나 사악한 짓을 일삼는 자들이 이러한 경우인데 자선이 이들의 게으른 생활을 부추겨 이들의 영혼을 더욱 사악하게 만들 우려가 있다는 것이다. 그러나 이들이 굶어 죽을지도 모르는 긴박한 상황에 놓여 있다면 불문곡직하고 도움을 준다. 두번째는 구호물자가 제한되어 있는 상황이다. 이 경우에는 암브로시우스 등이 제시한 구제의 우선 순위에 입각하여 자선을 시행해야 한다.[27]

---

27) Ibid., pp.58-60.

3) 자선의 시장

위에서 살펴본 것은 신학자들의 생각이다. 이들의 생각은 일반 대중과 다를 수 있다. 그렇다면 일반 대중이 실제 자선을 행하면서 빈민을 유형화하고 그에 따라 차별을 했었는지가 궁금해진다.

앞에서 우리는 중세의 구원 프로그램 속에 빈민의 존재 이유가 있음을 살펴보았다. 즉, 부자는 빈민에게 자선을 행함으로써 구원의 수단을 살 수 있다는 것이다. 추호의 사심 없이 오로지 불쌍한 이웃을 돕고자 하는 자선은 일방적인 것이다. 그러나 죄를 씻기 위해서 하는 자선이라면, 그것도 자선을 받는 쪽에서 그에 대한 보답으로 자신을 위해 기도를 올려줄 것을 기대하는 경우라면 주는 쪽과 받는 쪽은 상호 밀접한 관계에 서게 된다. 더구나 자선을 받는 입장의 빈민들이 그 답례로 주는 자들의 영혼을 위해 기도할 책무를 떠안는다면 더욱 그러하다. 이렇게 볼 때 빈민은 구원의 수단(자선)을 파는 입장에 있고, 부자는 그것을 사는 입장에 있다고 할 수 있다.

자유시장에서 재화나 용역의 가격은 수요와 공급곡선에 의해 결정이 된다. 예컨대 자선을 살 사람(부자)은 많은데 팔 사람(빈민)이 적으면 자선의 가치는 올라가 소위 판매자의 시장(seller's market)이 된다. 다시 말해 사는 사람의 입장에서 이것저것 골라서 살 수 있는 형편이 못된다.

반대의 경우에는 구매자시장(buyer's market)이 되어 자선을 사는 사람들이 혹시 자신이 사는 상품이 불량품이 아닌지 요모조모 살피게 될 것이다. 그러므로 자선을 파는 사람들(빈민)은 자신의 빈곤을 잘 포장하고 수요자가 믿고 살 수 있도록 자기 상품의 가치를 설득해야 할 필요가 있다. 자선시장에서의 수요와 공급곡선, 즉 부자나 빈민의 많고 적음은 경제적 상황에 의해 결정된다고 할 때, '일반 대중이 빈민을 유형화하여 차별하고 안하고는 결국 경제적 상황에 달려 있다'는 가설이 가능해진다.

경제 상황이 좋아 부자가 많아지고 빈민의 수가 적어진다면 빈민들의 입장에서 자선을 얻기가 그만큼 수월해진다는 이야기가 된다. 반대의 경우에는 자선을 행하는 입장에서 가장 적합한 자선 대상을 찾기 위해 이것저것 따지게 된다. 이 경우에 사람들은 어떠한 기준으로 자선의 대상을 골랐을까? 사람들은 탁발승 집단을 가장 먼저 손꼽았던 것으로 보인다. 탁발승이나 은둔성자 같이 자발적 빈곤을 택한 사람들에 대한 일반인들의 존경심을 감안하면 너무나 자연스러운 일이다. 그러나 다른 이유도 있었다. 이들이야말로 자신들이 행한 자선에 대해 가장 확실한 보상을 가져다줄 사람이라는 믿음이 있었던 것이다.

13세기 이탈리아 피사 출신의 도미니쿠스교단 소속 성직자였던 지오르다노 디 리발토(Giordano di Rivalto, 1260~1331)는 일종의 '계약 관계' 또는 '교환 관계' 속에서 자선의 개념을 이해하였다. 물질적 자선의 수혜자가 시혜자의 영혼을 위해 기도해야 한다는 이러한 관계가 교회 법학자들에 의해 정립되기 시작한 것은 빨라야 12세기 무렵이지만 일반인들에게 그러한 심리적 동기 요인이 자리잡기 시작한 것은 훨씬 오래 전의 일이었다. 물질적이면서 동시에 영적인 자선의 측면은 사회적 분업 속에서 걸인의 위치를 규정하였으며, 여기에 개입된 심리 요인은 걸인들의 외모와 구걸 방식 등에 많은 영향을 미쳤다.

중세의 걸인을 묘사한 삽화들을 보면 이들은 대개 맨발이며 넝마조각을 걸치고 있다. 종종 벌거벗은 삽화들도 찾아볼 수 있다. 이러한 걸인의 외모는 이들이 도움을 받아야하는 현실을 반영하고 있을 뿐 아니라 직업적 테크닉이 곁들여진 것으로 볼 수 있다. 사람들이 이들 헐벗은 걸인들이 추위를 피할 수 있도록 외투와 그밖의 의복을 준다 하더라도 이들은 이것을 내다 팔고 원래의 헐벗은 모습으로 돌아가야만 했다. 이들에게 넝마 조각은 행인들의 동정심을 효과적으로 끌어내기 위한 분장이었기 때문이다. 부랑걸인(vagabonds)들이 늘 지니고 다녔던 지팡이와 동냥자루는 기능성과 함께 상징적인 역할을 하였다.

중세 걸인들에게 가장 효과적인 도구는 다름아니라 그들 자신의 몸이었다. 나이가 들어서 혹은 병이 들어서 남의 도움을 받을 수밖에 없음을 남에게 확인시키는 데 몸보다 더 확실한 것은 없었다. 그러므로 부러지거나 못쓰게 되어 고통 받는 몸은 반드시 사람들 앞에 노출되어야만 했다.

걸인들의 외모와 행태를 묘사한 동시대인들의 묘사나 관련 법률을 살펴보면 이들이 많은 트릭을 구사했음을 알 수 있다. 탁발승이나 은둔성자를 제외할 경우 자선의 우선 순위가 병자와 장애인 등에게 주어졌음을 고려할 때 걸인들이 자신들의 약점을 강조하거나 그렇게 보이도록 꾸미는 것은 어찌 보면 너무나 자연스러운 일이었다. 그렇게 함으로써 자신들의 구걸을 정당화하는 동시에 사람들의 동정을 유발시킬 수 있었던 것이다. 오늘날도 그렇듯이 진짜 장애자와 일부러 그렇게 보이려고 꾸민 자를 구별하는 것은 쉽지 않은 일이었다. 오늘날 우리가 걸인들이 내세우는 '구걸의 이유'를 그대로 받아들이지 않듯이 중세 사람들도 이들의 진실을 의심하였다. 이렇듯 직업적 구걸에는 속임수와 의심이라는 서로 상반되는 두 요소가 늘 따라다녔던 것이다.

모든 빈민들이 구걸을 했던 것은 아니었다. 걸인들은 오히려 소수에 해당했다. 구걸 빈민들은 연속되는 불운이나 가족의 해체로 인하여 조상 대대로 살아오던 삶의 터전을 떠난 사람들이었다. 다른 유형의 빈민들이 친척이나 이웃 등 가까운 지인(知人)들의 도움을 받을 수 있었던 데 비해 이들은 낯선 곳에서 낯선 이들의 도움에 의지할 수밖에 없었다. 그렇기 때문에 이들은 자신의 불행을 한껏 포장해야 했고 역설적으로 낯선 곳이기에 트릭이 통할 수 있었다.

많은 수의 가족을 먹여 살리기 힘들다는 것은 빈민들이 가장 흔하게 사용한 구실이었으며, 직업적 걸인들은 이를 강조하기 위해 가족들을 시위하듯 길거리에 줄 세우기도 하였다. 특히 어린아이들은 사람들의 동정심을 불러일으키는 데 매우 효과적이어서 이 경우에는 구걸을 합리화하기 위한 다른 구실, 즉 병이나 장애를 구태여 가장할 필요가 없었다. 걸인과 방랑예인의 삶의 방식은 확연하게 구분하기 어려운 점이 많았다. 방

<그림 2>

부양할 가족이 많다는 것은 전통적 빈곤의 주요한 요인이었으며, 사회적으로도 동정과 자선의 대상으로 인식되었다.

랑예인들은 실로 다양한 악기를 다루었고 노래를 불렀으며 이야기를 구연하기도 했다. 이들은 고유의 어법과 관용어구를 사용하였는데 여기에는 행인들의 동정심을 유발시키기 위한 다양한 애원과 호소가 담겨져 있었다. 맹인들도 안내견(案內犬)의 도움을 받아서 이 마을 저 마을을 다니면서 노래를 부르기도 하였는데 종교적인 노래가 많았다.[28]

---

28) Geremek, op. cit., 1994, pp.47-51.

5. 중세 빈민의 안정성

중세에는 대부분의 사람들이 농업에 종사하였으며 이들 중 절대다수
는 조그마한 땅에 농사를 지어 식구들 끼니를 이어가는 영세농들이었다.
중세 농업의 낮은 생산성에 비추어볼 때 영세 농민들은 언제나 기근에
대한 공포에서 벗어날 수 없었을 것이다. 거기에 흉년이라도 들면 생존
자체가 위협을 받는 처지가 되었다. 더구나 11세기의 인구증가 속도는
농업 생산성의 향상을 훨씬 웃돌았고[29] 중세의 봉건적 착취까지 겹쳐서
빈곤의 일상화현상이 초래되었다. 그럼에도 불구하고 여기에서 '안정적'
이라는 용어를 사용하는 이유는 무엇인가? 이것은 어디까지나 비교적인
개념일 뿐이다. 중세 말기 화폐경제의 확산이 농촌 지역에 몰고 온 지
극히 '불안정'한 상황이나 근대 초기 가격혁명이 몰고 온 경제·사회적
격변기와 비교해볼 때 중세의 오랜 기간 동안 빈민들의 생활은 '비교적'
안정적이었다고 말할 수 있다는 것이다.

안정성의 첫번째 요인은 앞에서 이야기했듯이 중세의 구원 프로그램
속에 빈민이 포함되어 있었고 따라서 활발한 자선 활동이 전개되었다는
점일 것이다. 두번째는 농민들 대다수가 농사지을 땅을 가지고 있었던
점에서 찾을 수 있다. 이 점에서는 그들의 신분이 농노이건 자유농이건
마찬가지였다. 농노(serf, villein)는 엄밀히 말해서 노예는 아니었으나 장
원에 묶여 거주 이전의 자유가 없었으며 영주(seigneur)를 위해 다양하게
규정된 일정 시간의 강제 노역을 할 의무를 지고 있었다. 또한 영주들은
농노에 대하여 사법권까지 행사할 수 있었다. 그러나 이들은 스스로의
생계를 영위할 수 있는 토지를 배정받았고 이 토지에 대해 상속권을 포
함한 일정한 권리를 가지고 있었다. 이것은 이 책의 제3장과 제4장에서
기술된 중세 말과 근대 초기, 특히 16세기 가격혁명의 결과로 많은 농민
들이 토지를 잃고 임금 노동자가 된 상황과 비교하면 큰 차이가 있음을

---

29) 서유럽의 인구는 1050년과 1300년 사이 약 3배로 증가하였다.

알게 될 것이다.

중세 농민들이 가진 것이라고는 고작 3 내지 4헥타르에 불과한 작은 땅과 수레나 쟁기 등의 농기구, 몇 마리의 소나 말, 그리고 다음 추수 때까지 연명할 수 있는 곡식 재고가 고작이었지만 정상적 상황이라는 전제 하에서 식구들의 기본적인 필요는 충당시킬 수 있었다는 이야기이다.

물론 이들에게도 위기는 언제든지 닥칠 수 있었다. 천재지변 등의 불가항력에 의한 경우도 있었다. 특히 중세 농업의 기술 수준을 고려할 때 농촌 민중들의 삶의 터전은 홍수, 가뭄은 말할 필요도 없이 조그마한 이상기후에 의해서도 얼마든지 위협받을 수 있는 취약한 것이었다. 한 가지 다행인 것은 자연재해로 말미암은 흉작과 기근이 전국적인 규모로 발생하는 경우는 극히 드물었고 대개는 국지적인 현상에 머물렀다는 것이다.

개인적 불운에 의해 위기에 처할 수도 있었다. 선천적 또는 사고로 인한 질병이나 장애로 노동력을 상실할 수도 있고 노동력을 가진 가장이나 장성한 아들이 갑자기 죽어버리는 경우도 있다. 이러한 개인적인 불운으로 생존을 위협받거나 소규모의 국지적 기근 현상이 발생하는 경우 빈민들은 어떻게 위기를 넘길 수 있었을까?

중세적 안정성의 세번째 이유는 공동체적 유대에 바탕을 둔 인간관계였다. 중세 농민들의 결속이나 유대 관계는 오늘날 우리가 생각하는 것보다 훨씬 끈끈하고 질긴 것이었다. 이들은 대부분의 농삿일을 협동 작업으로 수행했으며 자급자족에 바탕을 둔 촌락 공동체 내부의 오랜 관행들은 법률적 효력을 가지고 있었다. 그러므로 공동체의 일원이 생존의 위협을 받게 되는 경우 가장 가까운 친척이나 이웃이 지원에 나섰고, 그것이 여의치 않을 경우에는 공동체 전체가 개입하였다. 그뿐 아니라 교구교회(parish church)의 재원 중 일부는 원래 빈민구제에 쓰도록 규정된 것이어서 교구교회는 2차적 구호 기관으로서의 역할을 수행하였다. 중세 전성기의 대부분 기간 동안의 중세의 경제생활은 장원제(manorial system)에 기반을 두고 있었고, 이는 영주가 소유하고 농노가 노동하는 형태로 운영

<그림 3>

중세와 근대 초기의 유럽사회에서는 가족, 친족, 그리고 공동체적 이웃사이의 상부
상조가 일차적인 생존 방식이었다. 그림은 16세기 한 농촌의 결혼식 풍경(Kunsthisto-
risch Museum).

되던 시스템이었다. 다시 말해 영주에 의한 농노의 노동력 수탈이 장원
제의 본질이었던 것이다. 농노들의 대부분은 진흙벽에 초가 지붕을 올린
움막 같은 곳에서 생활하면서 빵 또는 채소나 곡식으로 끓인 멀건 죽으
로 끼니를 이어가는 것이 고작인 비참한 생활을 하였다. 그러나 중세 빈
민에 대해 안정성을 부여한 또 다른 이유는 역설적으로 들릴지 모르나
바로 이 농노제도에 있었다.

보다 효율적인 노동력 수탈이라는 장원제의 본질에서 볼 때 죽은 농노
는 영주에게 아무런 도움이 되지 않았다. 그러므로 영주들의 수탈이라는
것이 대개는 농민의 생존까지 위협하는 정도에는 이르지 않았다. 기근의
위기에 처했을 때 대부분의 영주들이 자신의 농노들이 목숨을 부지할 수
있도록 보호하고 식량을 지원한 것도 기실 따지고 보면 기독교적 윤리
외에도 이러한 타산적 이유가 개입되었던 것이다. 농노들이 가지고 있던

상대적 안정성은 위기시에 적지 않은 자유농들이 스스로 농노가 되기를
자청한 기록에서도 발견할 수 있다. 농촌 공동체의 연대의식이나 교구교
회의 빈민구제 재원만으로 위기를 넘기기가 어려워진다면, 자유를 담보
로 영주에게 봉사와 복종을 맹세하고 몸을 맡기는 것이 생존 위기에 몰
린 농민들이 취할 수 있는 유일한 수단이었던 것이다.[30]

대부분의 장원에서는 농노나 그 가족들의 갑작스런 불행과 경제적 곤
궁을 관습에 따라 보호하였다. 예를 들면, 늙거나 병이 들어 노동력을 상
실하였으나 후사가 없는 농노들에게는 새로운 임차인에게 부양의무가 부
과되었다. 6에이커 정도의 임야에 대해 새로운 임차인이 노동력을 제공
하도록 하고 거기에서 나오는 소출로서 이들의 생활을 지원하도록 하였
다. 가장이 죽으면 미망인은 세금의 지불 없이 농토를 상속받아 개가(改
嫁) 또는 죽을 때까지 임차권을 소유하였다. 이 경우 미망인이 죽으면
토지의 임차권은 장남이 아닌 막내아들에게 상속되었다. 부모 모두의 사
망으로 가장 어린 아들이 경제적으로 가장 큰 어려움을 겪을 수 있다는
배려였다.[31]

중세 빈민의 안정적 측면은 도시 빈민에게서도 찾아볼 수 있다. 10세
기경 중세 도시에서는 상인길드(merchant guild)와 직인 길드(craft guild)로
대변되는 자발적 결사체가 출현하여 사회조직의 중추를 이루게 되었다. 같
은 업종에 종사하는 사람들이 자신들의 영업적 이익을 배타적으로 보호
하기 위하여 만든 길드들은 내부에 엄격한 규칙을 제정하고 회원 모두가
준수할 것을 강제하였다. 이들의 내부 규약 중에는 회원 상호간의 부조
에 관한 사항들도 포함되어 있었다. 이를테면 회원이나 가족의 질병, 사
망, 회원 자녀의 결혼시의 물적 지원 등이었다. 길드 조직의 상호부조는

---

30) G. Duby, 'Les Pauvres des Campagnes Dans l'Occident Medieval Jusqu'au
   XIIIe siecle,' *Revue d'histoire de l'Eglise de France,* LII, 1966, p.25; Geremek,
   op. cit., 1994, pp. 53-55.
31) F. M. Page, 'The Customary Poor Law of Three Cambridgeshire Manors',
   Cambridge Historical Journal, 3, 1929~1931, pp.125-133.

사회복지의 발전 과정에서 상당히 중요한 위치를 차지하고 있다.

그런데 중세의 길드는 상업이나 제조업에 종사하는 사람들에게만 국한되는 조직이 아니었다. 주로 도시에 머물며 구걸로 생을 연명하는 직업적 거지들도 산업별 길드와 유사한 조직을 갖추기도 하였다. 이는 이들 도시 빈민들이 도시 생활의 한 부분을 형성하였으며 사회가 이들의 존재를 어느 정도 인정하였음을 의미하는 것이었다.

이들 걸인 조직의 선구자적 역할을 담당한 것은 맹인들의 우애단체였다. 14세기 스페인의 바르셀로나와 발렌시아의 맹인단체들은 공동체의 유대 결속과 상호부조에 관한 규약을 만들었다. 이들은 규약에 따라 안내인이나 안내견을 공동으로 이용할 수 있었고 병중의 회원을 위문하였으며, 벌어들인 동냥은 규약에 따라 회원들에게 균등하게 배부하였다. 15세기 초 스트라스부르에도 맹인 우애단체가 조직되었는데, 20년 뒤에는 맹인뿐 아니라 모든 걸인을 포함하는 대규모 조직으로 확대되었다.

다른 길드나 종교적 우애단체들이 그랬던 것처럼 이들도 조직이 만들어지면서 회원들간의 접촉이 보다 활성화되고 자연스럽게 이들의 사회생활 또한 활발해졌다. 더구나 이들 조직이 중세 수공업 길드의 원칙이었던 조직독점주의와 반(反)경쟁주의의 원칙을 채택함에 따라 집단 행위에 수반되는 여러 가지 사회적 이점을 취할 수 있었으며, 한편으로는 도시의 직업 구조 내에서 걸인들의 역할을 정당화시키는 사회적 결과를 가져왔다.[32]

---

32) Geremek, op. cit., 1994, pp.50-51.

제3장 중세 빈곤과 자선의 실제

1. 중세 초기(600~1050년)의 빈곤

1) 유럽의 탄생과 빈곤의 지속

6세기에서 11세기에 이르는 600년 동안 서양은 많은 경제적·사회적 변화를 겪었다. 그 변화의 내용은 시간과 장소에 따라 크게 달랐다. 거기에다 토지의 소유나 임대 형태, 로마인과 게르만인들의 상대적 인구 비율, 인구 밀도, 기술 수준의 차이까지 포함한다면 각 지역의 모습은 그야말로 천차만별이었다. 그럼에도 불구하고 우리는 과거 서로마제국의 영토에서 공통적으로 일어난 변화 하나를 들 수 있는데, 그것은 로마제국의 경제를 상징했던 잘 발달된 도시 생활과 원거리 교역, 그리고 화폐경제를 그 어느 곳에서도 찾아보기 힘들게 되었다는 점이다.[1]

이제 사람들은 땅에서 생산되는 작물을 직접적인 생계의 수단으로 삼게 되었다. 그러므로 현금을 많이 가진 자가 부자이던 시대는 지나갔다. 이제는 토지, 노동력, 그리고 가축이나 농기구 같은 경작 수단을 어느 정도 보유하느냐에 따라 빈부가 결정되었다. 경작할 땅에 대한 권리가 없어 생계를 남에게 의존해야 하는 상태가 곧 빈곤으로 규정되었던 것이다. 메로빙거 왕조(500~750년)[2] 시기의 프랑크 왕국에 대한 역사 자료는

---

[1] 이탈리아의 경우 10세기 들어 도시문화가 크게 발달하였으나 이는 중세 초기 서유럽의 일반적인 상황에 비추어볼 때 매우 예외적인 현상이었다.

[2] 프랑크 왕국의 건설자인 클로비스가 속한 부족의 시조 메로베우스(Meroveus)의

대부분 교회 관계자들에 의하여 기술된 것이다. 빈곤문제에 대한 기록도 예외는 아니어서 성 마르티누스의 그레고리우스(Gregory of Tours)가 쓴 『프랑크 왕국의 역사』나 그레고리우스 대교황(Gregory the Great)의 『대화』 등은 중세 초기 빈곤에 대해 매우 유용한 자료를 제공하는 것으로 평가받고 있다. 이 기록들을 통해 본 중세 초기 빈곤의 실상은 다양하였으나 가장 큰 원인은 흑사병의 창궐이었다.

542~544년에 걸쳐 대규모 사상자를 낸 흑사병은 7세기 초까지 유럽 여러 지역을 덮쳤다. 천년지복설(千年至福設, millenarianism)[3]에 입각한 일부 예언가들의 선동에 넘어간 일부 빈민들이 폭동에 가담하기도 하였으나 대부분 민중의 선택은 행렬기도와 성지순례였다. 모든 괴로움과 고통은 궁극적으로 구원 또는 징벌로 이어지는 하나의 시험으로 간주되었기 때문이다.

흑사병만이 민중에 고통을 준 것은 아니었다. 이 시대의 유골 분석 결과에 따르면 전쟁이나 흉악 범죄에 의한 희생자들도 많았다. 또한 많은 유골들이 영양실조, 구루증(또는 骨軟化症), 비타민 결핍증 등의 증세를 보여주고 있음이 밝혀졌다. 이는 이들이 제대로 먹지 못해 영양결핍 상태에 있었거나 균형 잡힌 식사를 하지 못했음을 보여주는 것이다.[4] 중세 초기 극도로 낮았던 생산성으로 인해 대부분의 사람들이 생사의 기로에서 허덕였던 것을 감안하면 전자의 경우가 훨씬 더 그럴듯한 이유였을 것이다.

먹을 것이 떨어지면 사람들은 들판에서 먹을 것을 찾았다. 포도 씨, 개암나무 꽃, 고사리 뿌리 등은 이들이 즐겨 먹던 대용식품이었으며, 숯 굽는 사람들이나 돼지 치는 사람들과 같이 주로 숲속에서 생활하던 사람들은 야생과일을 먹을 수 있었다.

발굴된 유해 중에 어린아이의 것이 많은 것으로 미루어보아 영아(嬰

이름을 딴 것이다. E. M. 번즈 외 2인, 박상익 역, 『서양문명의 역사 II』, 331쪽.
3) 예수가 재림하여 천 년간 이 세상을 통치한다는 믿음을 말한다.
4) Mollat, op. cit., 1959, pp.26-27.

兒) 사망률도 높았을 것으로 보인다. 또한 부모로부터 버려지는 아기들을 위해 교회에 대리석 바구니가 마련된 경우들도 있었다고 하니 영아유기도 흔히 행해진 것으로 보인다. 남편으로부터 버림받은 여자들이나 과부들은 유괴와 강간의 위험 속에서 인간 이하의 생활을 감당하지 않으면 안되었다. 거기에다 풍토병이나 힘겨운 노동, 불충분한 수확, 빚 등에 쫓겨 거리를 헤매는 사람들이 늘어났다.

그러므로 구걸은 더 이상 낯선 것이 아니었다. 걸인들은 그 지역에 정주한 사람들도 있었지만 이곳 저곳으로 무리지어 떠돌아다니는 사람들도 있었다. 그러나 구걸은 대체로 환영받지 못했다. 중세 초기 걸인들은 성가신 존재로 인식되었으며 의심받는 존재였다. 585년 마콩의 종교회의가 주교들로 하여금 개들을 휘몰고 다님으로써 빈민들의 접근을 막고 있는 현실을 시정하도록 명령한 것은 개들이 얼마나 난폭하게 걸인들에게 달려들었나 하는 것을 보여주는 예이다.

7세기 들어 전형적인 빈민들은 자유농 출신이었다. 다시 말해 자투리 땅이라도 소유하고 있던 사람들이었다. 그러다가 불충분한 소출 그리고 세금징수 관리들의 가혹함과 빚 때문에 결국은 땅을 버리게 된 사람들이었다. 이렇게 땅을 잃고 걸인으로 전락하지 않으려면 자신을 보호해줄 후견인을 찾아 몸을 위탁하는 길밖에 없었다. 8세기 중반에 이르자 영구계약에 의해 강력한 후견인의 보호하에 스스로를 두고 충성과 봉사를 다짐하는 사람들이 늘어났다. 당초 경제적이던 농촌 빈민과 후견인의 관계는 사회적인 관계로 변화되었다. 어느새 농촌 빈민들은 후견인에 비해 경제적, 사회적으로만 열등한 것이 아니라 도덕적으로도 열등한 존재로 간주되기 시작하였다.[5]

---

5) 노동자, 농민, 걸인 사이의 정체성은 아직 분화되지 않았다. 이들에게 주어지는 암묵적인 문화적 의미는 교양 없고, 글을 읽지 못하며 잘못된 신을 섬기는 자(paganus)였다. 영어 'peasant'의 어원이 된 'paganus'의 뜻은 도시에서 멀리 떨어져 살기 때문에 기독교의 복음을 아직 접하지 못한 사람들이라는 뜻이다. 웹스터 사전에 실린 'peasant'의 한 의미는 "난폭하고, 촌스럽고, 배우지 못한 가난한 사람(a coarse, boorish, uneducated person of little financial means)"인데,

8세기 후반 샤를마뉴(768~814년)가 왕에 오르면서 카롤링거 왕조⁶⁾가 시작되었다. 그는 중부 유럽의 대부분을 평정한 데 이어 이탈리아 중부와 북부를 프랑크 왕국의 영토에 편입시키는 등 성공적인 영토 확장을 이루어냈으며 효율적인 행정 운영으로 국내의 질서를 확보하였다. 샤를마뉴는 또한 기독교 개종 사업을 의욕적으로 벌이고 아울러 학문을 부흥시켰으며 서기 800년에는 로마교황으로부터 황제의 칭호까지 받아내는 등 '유럽' 문명 발전의 획기적 기반을 마련하였다.

그럼에도 불구하고 유럽의 물질적 기반은 크게 달라지지 않았다. 유럽 전역의 농업 생산성은 크게 개선되지 않았다. 중세의 유일한 비료는 동물의 분비물이었는데 그 양이 턱없이 부족하여 토양의 질소를 회복시키는 방법은 경작을 멈추는 방법밖에는 없었다. 그렇게 해서 매년 경작지의 약 반만이 실제로 경작되고 나머지는 휴경지(休耕地)였다. 거기에다 씨를 심는 것이 아니라 여전히 흩뿌리는 방식을 취했기 때문에 새들이 먹어치우는 비율이 상당하여 그만큼 가용 작물의 양이 줄어들 수밖에 없는 현실이었다.⁷⁾

비록 샤를마뉴 치세의 평화가 농업 발전의 계기를 마련해준 것은 사실일지 모르나 샤를마뉴가 죽은 후 제국이 분열되고 내란이 초래됨으로써 지속적인 발전의 계기는 무산되었다. 거기에다 9세기와 10세기 바이킹족과 마자르족, 그리고 무슬림의 연이은 침략은 유럽의 농업 수준을 오히려 후퇴시키기까지 했던 것이다. 사회 불안과 무질서가 계속되자 사람들은 떼를 지어 농촌 지역을 휩쓸고 다녔으며 영주(magnates, potentes)들은 행여 주변의 빈민(paupers)들이 무질서에 가담하지 않을까 우려하여 통제의 고삐를 더욱더 죄었다.⁸⁾

여기에는 육체노동을 하는 민중을 바라보는 중세 이래 엘리트들의 시각이 반영되어 있다고 할 수 있다. Mollat, op. cit., 1986, pp.31-32.
6) 샤를마뉴의 라틴어 이름 카롤루스 마그누스에서 유래한 것이다. E. M. 번즈, 앞의 책, 335쪽.
7) 브라이언 타이어니, 시드니 페인터 공저, 이연규 역, 『서양중세사』, 1986, 집문당, 171-173쪽.

빈민들은 법적으로는 자유인 신분이었으나 이들은 어떤 형태이던지 영주에게 일정한 의무를 지고 있거나 의존적인 관계에 있었다. 그가 상당한 토지를 보유한 자유농이든 노동을 할 수 없는 장애인이든 이 점에 있어서는 마찬가지였다. 심지어는 상당한 지위의 성직자까지 영주의 영향력에서 자유롭지 못했다. 영주들은 군사 지휘권과 사법권을 자신들에게 유리한 방향으로 사용함으로써 자신들에 대한 빈민들의 법적 의존성을 강제하기 일쑤였다. 심지어는 영주들에 의한 재산의 강탈이나 강제 매각처분이 행해지는 경우도 비일비재한 것이 중세 초기의 현실이었다.9)

빈민들을 괴롭히는 것은 영주들의 횡포뿐이 아니었다. 고리대금의 횡포 또한 만만치 않았다. 어지간한 부자라도 겨우내 먹을 양식이 그리 충분하지 못한 실정이었으므로 많은 사람이 봄이 되면 먹을거리를 찾아 들판을 헤매야 했다. 그것도 여의치 않으면 고리대금업자(usurers)에게 의존할 수밖에 없었는데 고리대금업자들은 추수기에 빌려준 곡식의 3~4배를 받기도 하였다. 일부 빈민들은 소유 토지를 점차 늘리고 노동자를 고용하여 부를 이루어나가기도 하였지만 절대 다수의 농민이 점차 피폐해진 것은 바로 고리대금의 폐해 때문이었다. 흉년이라도 들면 생존 자체가 위협을 받을 수밖에 없는 상황에서 이들은 생존을 위해 남에게 손을 벌리는 부끄러움을 감수해야 했으며 운이 조금 더 나쁜 사람들은 걸인이나 부랑유민이 되었다.

이 시대 빈민들에게는 복음적이거나 영적인 의미가 부여되지 않았다. 그럼에도 불구하고 카롤링거 왕조의 시대는 왕과 성직자들이 빈민을 '보호의 대상'으로 자각하기 시작한 시기였다. 프랑크 왕국의 왕은 약자보호라는 자신의 책무를 영주들에게 위임하는 경향이 있었으며 지방 감찰

---

8) 영주(magnates)는 넓은 토지 이외에 군사적인 무력과 일정 범위의 공적 권한을 가진 사람들을 말하며, 빈민(paupers)은 땅이 없거나, 있더라도 사회적, 경제적으로 대지주에게 의존적인 사람들을 뜻한다. 마땅한 용어가 없어 빈민이란 말을 사용하였지만 그들 모두가 궁핍한 것은 아니었고 그중에는 상당한 경제적 능력을 가진 사람들도 있었다. Mollat, op. cit., 1959, pp.32-33.

9) Ibid, pp.32-37.

사(missi dominici)에게도 빈민들의 안전을 도모할 책무를 맡겼다. 그러나 이들은 태만과 무능력, 때로는 계속되는 내란과 전쟁으로 인하여 자신들의 의무를 수행하는 데 실패하였다.[10]

2) 교회와 빈민등록부

중세 초기 혼란의 시기에 그나마 사람들에게 영혼의 휴식처를 제공한 것이 교회였다. 특히 수도원은 북유럽의 이교도들을 개종시키는 데 주도적인 역할을 하는 동시에 그리스, 로마의 고전 문명과 초기 기독교 문화를 보존하여 유럽문명의 탄생에 커다란 영향을 끼쳤다. 6세기 초 이탈리아의 성 베네딕투스(Benedict of Nursia, c480~c550년)에 의해 창립된 베네딕투스 수도회는 청빈과 순결 그리고 복종의 이상에 따라 엄격한 삶을 살아갔는데 이들의 생활은 점차 중세의 지배적인 수도 방식으로 자리잡게 되었다.[11]

중세의 자선이 베네딕투스 수도회의 전통과 밀접한 관련이 있는 것은 부인할 수 없는 사실이나 이것의 의미를 너무 과장하거나 확대 해석할 필요는 없다. 베네딕투스 이전에 이미 수도원의 전통이 형성되기 시작하였으며 교회의 자선에 관한 규칙들이 만들어지고 있었다. 511년 열린 오를레앙 종교회의는 농촌 지역의 모든 교구교회가 수입의 3분의 1을 빈민들에게 사용하도록 결정하였다. 교회재산을 약탈하는 자는 곧 "빈민을 죽인 자"라는 암브로시우스(Ambrose, 340~397년)의 말은 이미 많은 사람들에 의해 되풀이 사용되는 경구가 되어 있었으며 주교들은 불쌍한 사람들을 도울 자신들의 의무를 공감하고 있었다. 또한 성직자와 일반인들에게 끊임없이 자선을 베풀도록 채근하는 것도 주교의 책무라고 인식되었다. 주교들은 '빈민들의 아버지'로 불렸으며 그들의 거처는 빈민구호소와

10) Ibid. PP. 32-37.
11) 타이어니, 앞의 책, 1986, 109-199쪽 또는 C. Warren Hollister, *Medieval Europe*, 7th edn., 1994, pp.61-70을 볼 것.

같은 뜻으로 사용되었다. 주교들은 자신들의 거처 문 앞에서 직접 빈민들에게 음식이며 옷가지를 나누어주기도 하였고, 빈민들과 같은 식탁에서 식사를 하기도 하였다. 교회재산과 주교 개인의 재산은 분리되었으며 교회재산은 빈민보호를 위해 엄격하게 통제되었다. 주교들 중에는 자신의 재산까지 빈민 구호에 쓰다가 빚더미에 빠지는 경우도 있었다.

수도원에 의한 빈민구제 제도가 정립되기 이전에도 빈민목록은 유지되었다. 디아코니아(diaconia)[12]나 마트리쿨라르(matricular)[13]는 교회의 재산으로 생존을 유지했던 빈민들의 목록이었다. 이탈리아 북부의 도시 라베나에서는 522년~532년 사이에 빈민목록을 유지하였고 그레고리우스 대교황(Gregory the Great, 재위 590~604)도 로마에서 같은 목적의 목록을 유지하였다. 로마의 빈민목록에는 밀, 와인, 생선, 오일, 야채, 치즈, 라드(돼지기름을 정제한 것) 등을 매달 공급받았던 로마와 근교에 거주하는 남녀의 이름이 기록되어 있다. 갈리아 지방에서는 랭스(Rheims)와 랑(Laon)에 각각 470년과 520년경에 빈민등록부가 만들어졌다. 6세기 대부분의 도시가 빈민등록부를 만들어 유지한 것으로 추정이 되고 있다.

메로빙거 시대에는 디아코니아 또는 마트리쿨라리(matricularii)라고 불리는 사람들이 교회 조직의 일부로 운용이 되기 시작하였다. 이들은 대개가 남자였으며 일정한 직업이 없는 사람들이었다. 개중에는 과부들도 있었고 환자나 장애인, 그밖에 전쟁, 기아, 역병의 희생자들도 포함되어 있었다. 이들은 주교의 거처 또는 빈민의 집(mansio pauperum)에서 살면서 교회의 예배를 비롯하여 성직자의 업무를 도왔다. 빈민들의 명부를 작성하는 일도 이들에게 맡겨진 업무 중의 하나였다. 이를 오늘날 교구위원(churchwardens)이나 부제(deacons) 제도의 효시라고 말할 수 있겠지만, 이들은 사회·경제적으로 일반 빈민과 별 차이가 없는 사람들이었다. 그러므로 이들 자선 업무를 담당한 사람들과 일반 빈민 사이의 경계 자

---

12) 원래 그리스어로 봉사라는 뜻이다. 여기에 해당하는 라틴어는 'ministerium'이다.
13) 명부, 명단, 등록, 등록번호라는 뜻의 라틴어이다.

체가 불분명하였다.14)

3) 교회의 위기와 개혁

도시가 날로 쇠락하고 빈곤이 또한 농촌의 문제로 대두되면서 농촌 지역의 수도원이 교회 자선활동의 중심이 되었다. 수도원도 도시의 교회들처럼 빈민명부를 작성하기 시작하였고, 숙박 시설은 순례자 모두에게 개방되었다. 그러나 8세기에 이르러 수도원의 빈민구호 활동은 큰 위기를 맞아야 했다.

8세기 동로마제국 황제 레오 3세의 우상파괴정책(iconoclasm)을 계기로 비잔틴과 로마 교회의 관계가 단절되고 로마 교회는 프랑크 왕국과 제휴하게 되었다. 프랑크 왕국은 이미 로마 교회, 특히 그레고리우스를 위시한 역대 교황들의 지원을 받아 영국과 독일에서 선교사업을 벌이던 베네딕투스 수도회와 유대 관계를 맺고 있었는데 이 사건으로 로마 교회와 프랑크 왕국의 유대 관계는 더욱 공고해졌다.15) 어쨌든 비잔틴과 로마의 결별은 결과적으로 '유럽의 탄생'을 가져온 중대한 사건이었음이 분명하지만 교회재산의 세속화 폭풍을 가속화시키는 결과를 가져온 것도 사실이었다.

교회재산의 세속화와 함께 교회 관리인들의 사회적 성분에도 변화가 왔다. 장애인이나 환자 등 빈민들은 제외된 대신 일할 능력과 어느 정도의 사회적인 위치를 갖춘 사람들이 교회 관리를 맡게 되었으며, 이들에게는 일정한 급료가 지급되었다. 이러한 과정에서 빈민명부 제도가 점차 사라지게 되었다. 그렇다고 해서 교회의 자선 활동이 중지된 것은 아니었고, 다만 교회의 빈민구호 활동에 관한 개혁이 요구되었다. 829년 파리 종교회의를 비롯하여 9세기 전반에 개최된 여러 차례의 종교회의에서

14) Mollat, op. cit., 1986, pp.38-41.
15) 타이어니, 앞의 책, 1986, 109-130쪽.

이 문제가 논의되고 베네딕투스회 소속 수도원들을 중심으로 개혁이 추진되었다.

9세기 종교회의의 논의 과정에서 주로 제기된 것은 포메리우스(Julianus Pomerius)가 주장했던 강자에 의한 약자의 권익 침해에 관한 것이었다. 포메리우스는 교회재산이 성직자의 생계 유지와 빈민구제의 두 가지 목적으로 사용되어야 한다는 주장을 넘어 성직자는 절제와 지혜를 가지고 교회재산을 관리하여 빈민의 권익에 손상을 주는 일이 없어야 한다고 주장하였다. 9세기 중반 부르스(Bourge)의 주교 라울(Raoul)과 랭스의 수좌 대주교 힝크마르(Hincmar of Rheims)도 약자의 권익에 대해 설파하였다. 특히 힝크마르는 빈민과 약자의 하소연을 들어주는 것이 군주의 의무라 주장하였는데 여기에서 '정의의 시혜자(distributor of justice)'이며 '약자의 보호자(protector of the poor)'라는 '선한 군주(good king)'의 신화가 형성되기 시작하였다.16)

4) 수도원과 빈민구제

초기 베네딕투스 수도회에서 빈곤은 자기 부정의 금욕적 수단으로 사용되었다. 그렇다고 해서 성 베네딕투스의 후계자들이 극도로 가난한 생활을 한 것은 아니었다. 이들에게 빈곤은 그 자체가 덕목이 아니라 '자기 부정'이라는 덕목을 얻기 위한 수단에 불과하였기 때문이었다. 베네딕투스 수도회가 빈곤을 인식하거나 수도승과 빈민과의 관계를 규정하는 데에도 이러한 관점이 작용하였다.

베네딕투스 수도회는 자선의 대상을 차별하지 않았다. 장애인이나 건장한 사람이나 누구든지 원하기만 하면 수도원으로부터 자선을 받을 수 있었다. 수도원의 정문에서 방문자들을 맞아들이는 사람들은 정문 관리인과 식품보관 관리인, 그리고 10여 명의 수급성직자들(prebendals)이었

16) Mollat, op. cit., 1986, pp.41-44.

다. 이들이 맡은 업무는 방문자들의 발을 씻겨주고 먹을 것을 주고 숙소를 배정하는 일이었다. 수많은 방문객의 필요를 맞추기 위해서 수도원 전체 예산의 약 10분의 1이 정문에 배정되었다.

대주교나 주교를 비롯한 고위 성직자로부터 수도사, 순례자, 여행자, 부랑걸인, 걸인, 병자, 장애인에 이르기까지 참으로 다양한 사람들이 수도원에서의 숙식을 필요로 하였다. 원칙적으로는 이 모든 사람에게 똑같은 처우가 행해져야 하지만 실제로는 방문자의 사회적 지위에 따라 어느 정도의 차별이 있었던 것으로 보인다. 예컨대 빈민들은 일반인들이 머무는 숙소가 아닌 별도의 빈민 숙소(hospitale pauperum)에 배정되었다. 빈민들 중에는 거의 영구적으로 수도원에 머물면서 수도원 자선에 기대어 삶을 살아간 사람들도 있었으나 대개의 경우 단기간 머물면서 일시적인 도움을 받았다.

수도원에서 제공되는 음식은 빵과 야채, 치즈, 맥주, 돼지 정제기름 등이었다. 크리스마스나 부활절 같은 중요한 축일에는 많은 양의 고기와 와인이 제공되었다. 이밖에 수도사들이 입던 옷과 신발, 덮을 것 등이 방문객의 필요에 따라 제공되었다. 난방이나 취사에 필요한 연료가 지급되었고 9세기부터는 현금이 지급되기도 하였다.

10세기 이후 수도원의 방문객이 늘어나고 그에 따라 정문 관리소의 업무가 폭증하였으므로 정문의 업무는 독립된 업무 영역을 가진 두 직책(custos hospitum, eleemosynarius)에 분장되었다. 전자는 부자들의 영접을 맡았으며 후자는 빈민들을 접대하며 자선품을 분배하는 일을 각각 담당하였는데 점차 빈민 관련 업무가 확대되는 추세에 있었으므로 후자의 비중이 커지게 되었다.[17]

수도원들은 소속교단의 규칙에 따라 정기적으로 자선금품을 나누어주었다. 수도원에 따라 특정 축일을 정해 대규모의 자선이 시행되었다. 수도원의 규모에 따라 자선의 규모도 달랐지만 클뤼니 수도원과 같은 큰

---

17) Ibid., pp.46-49.

수도원에서는 엄청난 규모의 자선이 시행되었다. 특정 축일에는 천 5백 명에서 2천 명의 사람들에게 자선이 베풀어질 정도였다. 축일이나 정기적 자선 날짜 이외에도 자선은 있었다. 죽은 사람을 위한 추모예식이나 유언장 집행과 관련된 비정기적인 자선이 그것이었다. 소속 수도사의 장례식이 거행되는 동안 최소한 천 명의 빈민들이 식탁에 앉아 식사를 할 수 있었다.18)

2. 중세 전성기(1050~1300년)의 빈곤

1) 사회적 갈등의 심화

10세기 이후 유럽에는 사회적, 경제적으로 여러 가지 크고 작은 변화가 불어닥쳤다. 인구가 다시 증가하기 시작하였으며 이에 따라 토지 수급에 불균형이 발생하는 지역이 많이 생겨났다. 게다가 도시가 발달하고 화폐경제가 농촌까지 확산되기 시작했다. 오랫동안 자리잡았던 가부장적 가족 제도에 균열이 생기고 기존의 사회질서에도 여러 가지 위협이 가해졌다. 새로운 이주자들이 계속 몰려드는 도시는 말할 필요도 없고 비교적 안정적이던 농촌 지역에도 질서가 깨어져 크고 작은 소요 사태가 끊이지 않았다.19)

10세기 말 노르만 농부들의 반란이 있었고 12세기에는 왈도파20)에 의한 이단운동이 일어나기도 하였다. 이러한 폭력 사태가 대부분의 빈민들

---

18) Geremek, op. cit., 1994, pp.37-38.
19) Hollister, op. cit., pp.153-179를 참고할 것.
20) 왈도(Peter Waldo)가 12세기 창시한 기독교의 한 종파이다. 이들은 신약에 적힌 예수와 사도들의 청빈한 삶을 살아가는 것을 목표로 삼았는데 사람들은 이들을 리용의 빈자(貧者; the Poor Men of Lyons)라고도 불렀다. 타이어니, 앞의 책, 1986, pp.361-372.

<그림 4>

때로는 물물교환과 화폐의 사용이 병행되었다. 그림은 두 농부가 신발과 비둘기를
서로 교환하고 있는 모습을 묘사하고 있다. 비둘기보다 신발의 가치가 더 높았기
때문인지 신발을 원하는 농부는 비둘기 외에 동전 한 개를 더 건네고 있다.

에게는 큰 영향을 미치지 못했으나 흉작이나 기근으로 생존을 위협받던
일부 빈민들은 배고픔을 해결하기 위하여 반란에 합류하기도 하였다. 직
접적인 폭력 가담 대신에 도시로 도망을 가는 것도 이들이 취할 수 있는
선택이었다. 영주들의 입장에서 보면 이는 노동력의 상실을 의미하였으
나 이를 물리적으로 막을 효과적인 방안을 강구하지 못했다.

국왕의 권한이 봉건영주들에게 분산되고 평민들의 영주에 대한 의존성이 심화되면서 사회적 분할과 갈등이 더욱 불거졌다. 기존의 영주들에 이어 무사 계급이 빈민 억압의 새로운 계급으로 등장하였다. 10세기 후반과 11세기 초에 걸쳐 교회는 '평화회복운동'을 일으켜 무장 기사들(milites)로부터 교회와 사회적 약자를 보호하고자 하였다. 빈민들도 질서회복운동에 적극적으로 참여하였다. 11세기 초 보베(Bauvais, 프랑스 북서부의 도시)에서 교회는 무장하지 않은 모든 사람들(inermes)에게 보호조치를 확대할 것을 주장하고 불법적인 폭력을 행사한 자들을 파문시켰다. 일부 주교들은 평화서약을 어긴 자들을 응징하기 위하여 비무장 군중집단을 동원하기도 하였다. 11세기 말부터 시작된 십자군원정은 힘을 앞세워 어린아이들을 억압하고 과부를 약탈하며 약한 자들의 권리나 짓밟던 일을 소일로 삼던 호전적인 사람들에게 갱생의 기회와 새로운 삶의 방식을 제공하였다.[21]

그러나 십자군원정이 처음으로 결정된 1095년은 경제적으로 매우 어려운 시기였다. 농작물의 수확이 전반적으로 빈약하여 잉글랜드와 앙주, 프랑스의 북부와 남부, 투르네이(Tournai), 리에즈(Liege) 등지의 수도원들은 빈민들이 필요로 하는 식량 공급을 제대로 할 수 없을 정도였다. 이틀 후 앙주에는 엎친 데 덮친 격으로 봄 홍수가 일어나 상당한 밀이 썩어버리는 사태가 발생했다. 그런가 하면 1099년에는 또다시 유럽의 광범위한 지역에 기근이 일어났다. 이러한 재앙은 1120년대와 1140년대를 비롯하여 12세기 후반까지 계속되어 헤아릴 수 없이 많은 빈민들이 기근과 질병에 시달리며 죽어갔다. 가뭄, 폭우, 홍수, 냉온, 긴 우기(雨期) 등 자연재해의 원인은 다양했다. 게다가 이러한 와중에서 자신의 이익만을 꾀하려는 사람들의 이기적인 탐욕으로 피해는 훨씬 커졌다. 매점매석, 즉 빈민들의 생명을 담보로 한 투기가 횡행하였던 것이다.[22]

---

21) Mollat, op. cit., 1986, pp.51-58.
22) Ibid., pp.59-62.

2) 빈곤의 원인

12세기 문학 작품 속에 묘사된 걸인들은 대부분 거의 벌거벗었거나 누더기를 걸치고 있다. 지팡이에 몸을 의지하고 있거나 작은 냄비를 가지고 있는 것도 이들에 대한 일반적 묘사이다. 숲속의 사람들처럼 수염과 머리를 길렀으며 많은 사람들이 신체적 장애를 지니고 있는 것으로 그려지고 있다. 이들은 개인이나 집단으로 빈번하게 이동을 하는 특징을 가지고 있다. 그중에는 자기가 속한 공동체의 도움을 받으며 살아가는 전통적인 빈민들도 있으나 매춘부, 범법자, 부랑걸인 등 자기 뿌리를 벗어난 빈민들도 이들 문학 작품 속에 등장하고 있다.

빈곤의 원인은 다양하였다. 과도한 출생률에 의한 경작지 부족, 이상기후, 전쟁 등은 그러한 다양한 원인 중의 일부일 뿐이었다. 상대적인 관점에서 빈곤을 규정한다면 그것은 귀족층에도 존재하였다. 장자상속제도 (primogeniture)의 영향으로 충분한 유산을 받지 못한 차남 이하의 귀족 자제들은 왕실 서비스, 십자군전쟁, 정략적 결혼, 친척의 도움 등으로 사회적 위치를 유지할 수 있었으나, 상당수는 포로가 되거나 빚더미에 몰려 파산할 수밖에 없었다. 평민들의 경우, 새로운 경작지를 개간함으로써 위기를 헤쳐나갈 방법이 있었으나 모든 개간 노력이 성공적인 결과를 보장해주는 것은 아니었다.

경작지증가가 인구증가를 따라가지 못하는 한 빈곤의 문제는 구조적인 문제로 남아 있을 수밖에 없었다. 경작지의 증가가 현실적으로 어렵다면 농업생산성을 비약적으로 높이는 것만이 문제를 해결할 수 있는 유일한 처방이었으나 이것은 상당한 세월을 요구하는 것이었다. 이러한 상황에서 상속에 의한 토지 분할로 많은 사람들이 농업 노동자가 되었다. 수도원의 건설도 빈번한 재산권 분쟁을 일으키는 가운데 기존의 소작인들이 쫓겨나갔다.

전통적으로 농촌 사람들을 빈곤의 나락으로 떨어뜨리는 가장 치명적

<그림 5>

고리대금업자의 탐욕을 풍자한 그림. 존 블랙스턴의 책『영국의 고리대금업자』(1634)의 표지 그림.

인 역할을 한 것은 빚이었다. 어떤 사람들은 보다 높은 수확을 얻을 요량으로 돈을 빌렸다. 가축이나 연장을 사거나 창고를 짓는 데 필요한 비용을 충당하기 위해서였다. 그러나 빚을 얻어 쓰는 보다 일반적인 경우는 가족의 생계와 관련된 긴박한 필요 때문이거나 세금을 내기 위한 것으로 단기 대출이 보통이었다.

원래는 수도원이 대출 기관의 노릇을 하였으나 점차 환전업자, 유태인, 롬바르드인 등이 직업적으로 금전대출업을 영위하였다. 12세기 후반에 이르러 금전대출은 서유럽 전체에 확산되었다. 교황 등 교회 지도부가 앞장서서 이를 비난하였으나 빚을 지는 것 이외에는 곤궁을 벗어날 수 있는 별 뾰족한 수가 없던 농부들이 존재하는 한, 교회의 가르침은 금전대출의 확산을 막는 데 역부족이었다.

대출업자는 무자비하고 강제적인 상환압력 수단을 행사하였다. 다음 해의 예상 수확을 담보로 돈을 대출했을 경우는 문제가 더욱 심각하였다. 다행히 풍작이라도 든다면 모를까 그렇지 못한 경우에는 사실상의 빚 상환이 어려워지고 농부는 가족과 땅을 버리고 미지의 세계로 떠나는 것밖에는 도리가 없었다. 이는 현존하는 사회질서와의 결별을 의미했으며 살기 위해 남의 것을 훔치거나 구걸로 살아가야 하는 운명이 그들을 기다리고 있었다.

중세는 어떠한 일탈도 용납되지 않는 엄격한 사회였다. 그러므로 가족의 생계를 위해 어쩔 수 없이 남의 것을 훔쳤다 하더라도 정상참작이 되지 않았다. 이들이 교수형을 면하기 위해서는 도시나 숲속으로 도망가는 수밖에 없었다.

3) 은둔자들의 길

12세기 전반 자발적 빈곤을 선택한 은둔성자 베드로(Peter the Hermit)의 영향은 프랑스 서부, 툴루즈, 노르망디, 독일 남부, 폴란드, 보헤미아, 헝가리 등 광범위한 지역에 미쳤다. 잉글랜드와 스페인 북부, 포르투갈에서는 9세기 수도원 사상이 재현되는 양상으로 나타났다. 은둔운동은 빈곤을 깨끗한 상태로 인식하는 청빈의 이상(ideal of pure poverty)이 개입된 것이었다. 은둔 수도자들의 의복과 언행에는 거침이 없었으며 외견상 이들을 부랑걸인과 구별하는 것은 쉽지 않았다. 머리와 수염을 기르고 몸에는 누더기나 양가죽을 걸쳤으며 맨땅에 누워 잠자기가 일쑤였다. 이곳저곳에서 사람들에게 쫓겨다니기도 하고 부패한 성직자들의 개에게 물리기도 하였다.

중세적 이미지의 세계에서 삼림이나 사막은 악의 세력이나 사나운 야수들이 할거하는 영구적인 어둠의 영역이었다. 그러므로 이곳에서의 삶이라는 것은 예수의 삶을 모방하려는 의도인 동시에 과거의 삶으로부터 자신을 완전히 단절시키겠다는 의지의 표현이었다.

은자들의 사회적 출신 계급은 매우 다양한 스펙트럼을 형성하고 있었다. 상당수의 은자(隱者)들은 교육받은 기사 계급 출신이었고 일정 기간의 수도 생활을 거쳐 은둔 생활을 받아들인 경우였다. 이들은 육체노동을 통해 일용할 양식을 마련했다. 땅을 갈고 가축을 돌보았으며 나무를 잘랐다. 고기나 생선은 거의 먹지 않았으며 조그만 텃밭을 가꾸어 거기에서 나오는 야채를 주로 먹었다. 가난한 농부들과 마찬가지로 빵과 약간의 우유, 달걀, 야생과일, 꿀 등이 이들이 섭취할 수 있는 음식물의 목록이었다. 이러한 모습은 단순히 완벽한 빈곤의 모습일 뿐 아니라 버림의 사상 속에서 이해되었다.

은자들은 나병환자와 매춘부 등 사회적 주변인간들(social outcasts)과 이웃하여 지내면서 이들에게 자긍심을 불어넣어 주었으며, 공동체 생활로 복귀하는 것을 도왔다. 이들이 제시한 삶의 방식은 성스러움이 귀족적 태생에서 연유한다는 일반적 믿음이 잘못되었음을 온몸으로 질타하고, 가난한 자들에게 고통 받는 예수의 이미지를 투영함으로써 사회적 퇴출자들의 인간적 존엄성 회복에 이바지하였다. 그러나 이들의 사회적 메시지는 광범위한 파장을 가져오지는 못했다.[23]

4) 빈민 속으로

수도원들은 상당한 금액을 빈민구호에 할당하여 빈민들을 수용하고 정기적으로 식량과 의복을 분배하였다. 그러나 빈민구호의 부담은 결코 가볍지 않아서 클뤼니 수도원과 같은 큰 규모의 수도원에서도 총예산의 3분의 1이 빈민구제에 사용되어 재정적인 파탄까지 감수해야 했다.

그러나 중세 전성기 수도원 자선의 문제는 재정적자만이 아니었다. 더 큰 문제는 수도원 자선의 본질과 관련된 부분이었다. 수도사들은 원내에

---

23) Geremek, op. cit., 1994, pp.32-34.

서 엄격하게 통제된 삶을 살아가던 사람들이었다. 그러므로 이들은 사회
로부터 격리되어 있었고 이들이 접촉하던 사람들은 스스로 수도원을 찾
는 사람들에게 한정되어 있었던 것이다. 자선도 그랬다.

수도원 자선을 받는 사람들은 스스로 수도원을 찾은 사람들이었고 수
도원은 이들을 무차별적으로 받아들였다.[24] 그러나 이들이 중세 빈민의
전부는 아니었다. 숲속에는 사회로부터 버림받은 사람들이 살고 있었고,
농촌에는 영주들의 착취 속에 허덕이는 농부들이 있었다. 도시에는 수많
은 장애자와 매춘부 고아 등이 삶을 이어가고 있었다. 이들은 대부분 수
도원의 구빈(救貧)체계 바깥에 있었다. 결국 수도원을 방문하는 제한된
범위의 빈민들만이 수혜 대상이 되고 있는 것이 베네딕투스 수도회의 영
향 아래 행해지고 있는 중세 수도원 자선의 현실이었다.

이에 비하면 은둔자들이나 순회 설교사들(itinerant preachers)은 적극
적으로 사회적 약자들을 찾아 나서서 그들과 삶을 공유하는 자선을 실천
하였다고 할 수 있다. 또한 12세기 이후 복음적 가르침에 바탕을 둔 실
천적 자선이 부활함에 따라 빈민 자선에 대한 베네딕투스 수도원들의 독
점적 지위가 흔들리기 시작하였다. 여기에 도시의 부흥이라는 새로운 사
회·경제적 환경의 영향을 받은 새로운 개념의 자선이 출현하게 되었다.[25]

1140년경 『데크레툼』의 편찬으로 교회 수입의 4분의 1은 빈민에게
속한다는 원칙이 명시적으로 확인되었다. 또한 초기 기독교인들의 삶에
보다 가까이 다가가 엄격한 청빈 규율에 따르는 공동생활을 하려는 일단
의 승단들이 나타났는데, 카르투지오 교단(Carthusian order)이나 시토
교단(Citeaux order) 등이 이들이다.[26] 이들은 기존 수도원에 비해 빈곤
에 대해 훨씬 직접적이고 긍정적인 의미를 부여하였다.

---

24) 클뤼니 수도원에서 외부빈민을 방문 구제하기도 하였다고 하나 이들 빈민들은
　　모르던 사람들이 아니라 심신상의 이유로 더 이상 수도원을 방문하지 못하게
　　된 사람들이었다.
25) Mollat, op. cit., 1986, pp.82-89.
26) 이들 교단에 대해서는 타이어니, 앞의 책, 1986, 299-304쪽을 참고할 것.

이들 새로운 수도승 집단의 영향으로 12세기 들어 수많은 율수사제단(律修司祭團, canons) 또는 수사(修士)사제단이라는 불리는 새로운 성직자집단이 생겨났다. 이들 사제단에는 도시 출신들이 많이 참여하였다. 또한 이들은 기존의 수도원과 달리 외부 세계로부터 고립되어 있지 않았고 이들의 분회(分會)들은 도시를 중심으로 발전하였다. 그러므로 이들은 격리된 삶을 살아갔던 기존의 수도사들에 비해 변화하는 세상의 실상을 보다 소상하게 파악하고 있었고 부랑걸인은 물론 여행자와 순례자들이 필요로 하는 것들에 대한 정보를 많이 가지고 있었다. 이렇게 볼 때 자선 활동이나 병원을 운영하는 일에서 이들이 수도승들에 비해 나은 여건을 가지고 있다는 점은 자명하였다.

율수사제단의 도시 분회는 도시의 대규모 병원과 관련된 경우가 많았는데 이들 사제단의 도서관에서 상당수의 의약 관련 수기본(手記本)이 아직도 많이 남아 있는 것으로 보아 당시 이들의 지적 영향력은 의학에까지 미쳤으리라는 추정이 가능하다.

5) 민간 자선단체들의 발흥

서방 기독교 세계에서 자선단체들이 하나의 붐을 이루며 설립된 시기는 12세기와 13세기 사이였다. 예를 들면 파리 지역의 대부분 병원들은 1175년에서 1300년 사이에 세워졌다. 이러한 자선단체 설립 붐은 당시 율수사제단이나 뒤에서 설명할 탁발승 교단에 의해서 불이 지펴진 '복음주의적 각성'과도 관련이 있었다.[27]

또한 12세기 중반 이후, 속인들은 자선을 더 이상 성직자들에게만 맡겨놓으려 하지 않았다. 화폐경제의 성장은 많은 수의 상인들로 하여금 영주들이나 수도원에 필적하는 자선사업을 벌일 수 있는 능력을 가져다 주었다. 자신의 생명을 오로지 불쌍한 빈민들의 보호에 바치겠다는 기사

---

27) Geremek, op. cit., 1994, pp.24-26.

단이 설립되기도 하였다.

사회의 모든 계층이 자선에 참여함으로써 병원 등의 자선 기관 설립이 엄청나게 늘어났다. 자선은 개인적으로 이루어지기도 하였으나 우애단체 (fraternities) 등을 통해 집단적으로 이루어지기도 하였다. 규모가 큰 병원과 나환자 진료소, 그리고 일반 진료소(infirmaries) 등이 도시와 같은 인구 밀집지역을 중심으로 세워지고 환자의 보호는 우애단체 등의 자선 기관에 맡겨지기도 하였다. 로마법의 영향 확산으로 유언장을 남기는 관습이 점차 증가하였는데 사람들은 특정한 유형의 사람들을 지정하여 유산의 일부를 위탁하였다. 보통 걸인이나 장애자, 나환자, 전쟁포로, 또는 나이가 꽉찼으나 경제적인 이유로 혼기를 놓친 처자들이 수혜자가 되었다.

빈민이나 병자, 버려진 아이들뿐만 아니라 여행자들도 속속 설립된 속인(俗人) 자선단체들의 수혜 대상이 되었다. 순례자들의 주요 여행루트를 따라 순례자들의 숙소가 늘어서게 되었기 때문이었다. 모든 여행자가 가난한 것은 아니었으나 순례자들은 영적인 충전을 위해 일시적인 빈곤을 선택한 사람들이었으며 이들의 숫자는 극적으로 증가하였다. 또한 산을 넘고 물을 건너는 데는 많은 위험이 따랐다. 그러므로 길을 닦거나 다리를 놓는 일은 이들 여행자들을 위한 자선사업의 일환으로 간주되기도 하였으며 이러한 일을 한 사람들에게는 면죄부가 부여되기도 하였다. 12세기와 13세기에는 순례자 숙소 이외에도 많은 병원과 구빈원(救貧院)이 세워져 부랑걸인과, 순례자 그리고 일반 여행자들에게 숙소와 먹을 것이 제공되었다.

전쟁포로들도 속인(俗人) 자선단체들이 많은 신경을 썼던 집단이었다. 이슬람과의 경계 지역에서는 특히 그러했다. 이곳 사람들은 광범위한 기독교 지역을 대상으로 이들의 구출에 필요한 기금을 모금하기도 하고, 이들에 대한 몸값을 흥정하기 위해 적진으로 뛰어드는 것도 마다하지 않았다. 만약 협상이 제대로 이루어지지 못하면 전쟁포로 대신에 자신의 몸을 인질로 할 것을 자청하는 사람들까지 생겨날 정도였다.[28]

6) 12세기 빈민의 지위

도시의 발달과 함께 빈곤의 양상이 달라지자 자연히 빈곤에 대한 사회적 관심이 커졌다. 빈곤에 대한 논의는 단순한 경제적 인과관계를 넘어서서 영적인 측면과 윤리적·도덕적인 측면도 동시에 가지고 있었다. 사회적 병리 현상에 관심이 컸던 성직자들은 교회의 교리를 통해 빈곤이라는 사회현상을 바라보았다. 그러나 빈곤에 대해 관심을 가진 사람들은 성직자들에 국한된 것은 아니었다.

12세기의 논의 또한 과거와 마찬가지로 가진 자의 의무와 가지지 못한 자의 권리에 대해 집중되었다. 부의 남용이나 투기, 매점매석에 대한 격렬한 비판도 이어졌다. 빈곤에 대한 논의에는 성경과 기독교 문헌은 물론 키케로, 세네카, 호라티우스 등의 생각까지 동원되었다.

빈민이 가진 사회적 위치에 대한 논의도 이루어졌는데 파리 성 빅토르(St. Victor) 수도원의 위그(Hugh)는 사회는 사람의 몸과 같이 통일되고 조화된 하나의 전체이며, 육체노동자들은 이 전체를 받치고 서 있는 다리와 같은 존재라고 보았다. 영국 솔즈베리(salisbury)의 존(John)은 노동자와 장인이 정당한 대우를 받지 못하면 그 사회는 맨발로 서는 것이라 하였다. 이러한 생각은 육체 노동자들의 사회적 기능에 초점을 맞춘 것으로서 전통적인 세속 신분 질서의 개념과는 다른 것이었다. 이렇게 본다면 농부가 빈곤의 나락에 떨어져 농사를 짓지 못하는 것은 그가 자신에게 주어진 사회적인 기능을 다하지 못하는 것이다. 노동의 효용성 측면에서 본다면 자선은 이들을 사회의 정상적 질서 안으로 다시 편입시키는 효과가 있는 것이다.

영적인 측면에서 볼 때 빈곤은 잠재적인 정신적 가치를 지니는 것으로 간주되었다. 빈민들은 때로 예수를 상징하였으며 신의 대리인으로서 심판관의 역할을 하거나 하늘나라의 문을 지키는 수문장으로 받아들여지기

---

28) Mollat, op. cit., 1986, pp.90-100.

도 하였다. 13세기에 들어서는 가진 자들의 탐욕, 폭력, 오만과 대립되는 성격을 가진 선한 존재로서의 빈민상(象)이 부각되기도 하였다. 그러나 이것은 어디까지나 신학자들의 논쟁이나 설교 속에서의 이야기일 뿐 현실은 달랐다.

많은 사람들은 물질적 빈곤이 어떠한 내재적 가치를 가지고 있는 것으로는 생각하지 않았다. 오히려 빈민이란 신체적 능력이 없는 허약한 인간이며, 교육도 받지 못했고, 오로지 기민하고 약삭빠른 잔꾀만 가진 자들로 인식되는 것이 보통이었다.[29] 12세기의 문필가들은 사회 계급의 안정성에 대한 흔들리지 않는 믿음을 가지고 있었으므로 빈곤은 항상 농부들의 몫이라고 생각하였다. 어떤 사람이 주인이 되고 어떤 사람이 하인이 되는 것은 신의 뜻이었던 것이다. 그러므로 빈곤이 비정상적인 상태라고 인식되지 않은 것은 어떻게 보면 당연한 일이었다. 빈민들은 여전히 교회 현관 앞에서 추위를 견디며 잠을 자야 했으며 가진 자들의 자선을 기다려야 했다. 현실적인 빈민은 여전히 미천한 사회적 존재이며, 경멸의 대상이었던 것이다. 그럼에도 불구하고 12세기 이후 빈민의 지위는 많이 향상되었고 구원을 사는 수단으로서의 자선의 개념은 보다 명확해졌다. 롬바르드(Peter Lombard)가 죄를 씻어내는 수단으로서의 자선의 기능을 강조한 것도 이때였다.

빈곤이 빈민이나 부자에게 정화의 수단을 제공한다는 생각은 오래된 것이었다. 다만 이러한 생각이 보다 광범위하게 받아들여진 것이 12~13세기의 현실이라는 표현이 옳을 것이다. 빈민이나 부자나 모두 신에 의해 창조되었다. 그럼에도 불구하고 어떤 사람들은 부자로 살아가고 어떤 사람들은 빈곤이라는 운명을 받아들이거나 항거하는 삶을 살아간다. 12세기의 사람들은 이 문제를 신의 구원 프로그램 속에서 이해하면서 빈민은 부자의 구원을 위해 이 세상에 존재하는 것으로 파악하였다. 그러므

---

29) 성지순례에 부자와 가난한 자의 구분이 있을 수 없지만 십자군 원정에 참여한 빈민은 집단적 차별을 감수하여야 했으며 최대의 희생자가 되었다. Mollat, op. cit., 1986, pp.72-73을 볼 것.

로 주는 것은 부자의 의무였으며 빈민이 하는 사회적 기능은 받는 것이었다.[30]

기사 계급에 의해 행해진 자선의 규모는 상당한 금액에 이르렀다. 앞에서도 이야기했지만 자선에 따르는 행위 동기가 아무리 자기중심적인 이익 실현에 있다 하더라도 자선은 이들의 빈민에 대한 억압적이고 무자비한 일상적 행위를 어느 정도 상쇄시키는 긍정적인 효과가 있었음을 부인할 수 없다.[31]

12세기는 중세 사회의 공동체적 특성이 강하게 나타난 시기라고 할 수 있다. 새로운 수도회와 율수사제단이 속속 설립되어 종교적 공동체가 강화된 것은 물론, 도시에서는 길드가 등장하였다. 구성원들의 공동된 이익을 목표로 하는 길드는 상인과 수공업자들뿐만 아니라 걸인과 창녀들까지 길드를 형성할 정도로 도시 사회구조의 핵으로 자리잡았다. 그뿐 아니라 수많은 우애단체와 대학도 중세 전성기의 공동체적 성격을 말해준다.[32]

12세기의 자연적 공동체 이론과 맥을 같이하는 것은 공유(共有)의 개념이다. 중세의 봉건적 토지 소유 관계는[33] 하나의 재산에 대하여 하나 이상의 법적 소유권이 있을 수 있다는 개념을 낳았다. 공동 소유의 개념

30) Ibid, pp.103-106, 112, 119.
31) Ibid., pp.69-72.
32) 중세도시의 공동체적 성격에 대해서는 Marc Bloch, *Feudal Society: Social Classes and Political Organization*, The University of Chicago Press, 1961, pp.352-355를 참고할 것.
33) 봉건제도는 주군(lords)과 봉신(vassals) 간에 맺어지는 개인적인 계약관계에 기초하는 것이다. 즉, 봉신은 주군에게 군사적 의무를 포함한 충성과 봉사를 맹세하고 주군은 그에 대한 대가로 토지를 하사하는 것이다. 이 경우 봉신이 하사받은 토지가 많다면 그는 다시 하위 봉신(subvassal)들과 계약관계를 맺어 그들의 주군이 된다. 이 같은 주군과 봉신의 관계는 봉신의 지위가 최하위 기사계급에 이를 때까지 봉건적 계약관계의 단계적 피라미드를 형성해나가는 것이다. 그러므로 봉신들의 조건부 토지 소유권은 배타적 또는 절대적 개념의 것이라 할 수 없었다. Norman Zacour, *An Introduction to Medieval Institutions*, 2nd edn., New York, 1976, pp.69-93을 참고할 것.

은 다시 재산의 소유권과 사용권 사이의 경계를 희미하게 만드는 측면이 있었다.

만약 재산의 소유권이 사용권의 개념으로 이해된다면 그 재산을 어떻게 사용하는 것이 타당한가 하는 문제가 대두되는 것은 자연스러운 일이다. 중세에서 부의 남용이 비판을 받고 빈민이 부자의 잉여재산에 대한 권리를 주장할 수 있었던 것을 이러한 측면에서 이해하는 것은 흥미로운 일이다. 이렇게 해서 12세기의 사상가들은 가진 자와 가지지 못한 자 사이의 상호적인 권리와 의무를 명확하게 규정하는 데 주목할 만한 성과를 올렸다. 자선은 일반적인 의무였으며 빈민들 사이에서도 상호부조의 의무가 강조되었다.[34]

만약 가진 자들이 자선의 의무를 다하지 않는다면 빈민 스스로가 이에 대한 권리 행사를 주장할 수 있을까? 전통적으로 빈민들은 자신들이 부정한 공권력이나 폭력의 희생자라고 생각되면 주교에게 찾아가 고발(evangelical denunciation)할 수 있었다. 그러나 부자의 잉여재산이 빈민에 속한다는 것은 어디까지나 도덕적 개념이었지 법적인 주장이 아니었다. 그러므로 주교 앞에서의 고발 행위도 법적 행위가 될 수 없었다. 따라서 주교가 그 빈민을 위해 어떤 행동을 취하고 안취하고의 여부는 오로지 주교의 판단에 달려 있었다.

그렇다면 도둑질을 빈민의 직접적인 권리 행사라고 볼 수 있을까? 12세기 이후 중세 전성기에는 가진 자가 그렇지 못한 자에 대해 자선의 의무를 다하지 않을 때 이것을 강제할 수 있도록 규정하여야 한다는 의견이 종종 대두되었다. 특히 기근이나 어려운 시기에 모든 재산은 공동의 소유이고 모든 사람이 예외 없이 사용하여야 한다는 의견이 많았다. 그럼에도 불구하고 남의 물건을 가로채려한 의도는 정당화되지 못했다. 단지 굶어 죽는 절박한 상황에서 저지른 도둑질은 범죄가 될 수 없다는 의

---

34) 성 베르나르(Bernard)는 "어떠한 직위에 있건, 남자이건 여자이건, 자신이 어떠한 상황에 처해 있건, 나이가 얼마가 되었건 자선의 의무로부터 면제받지 못한다"라고 설교하였다. Mollat, op. cit., 1986, pp.107-109.

견이 11세기경부터 어느 정도 인정을 받고 있다가 13세기 이후에는 일
반화되기 시작하였다.[35]

7) 부끄러워하는 빈민에 대한 배려

빈민들 중에는 자신들이 빈곤의 나락에 떨어졌다는 사실을 특별히 부
끄러워하는 사람들이 있었다. 이들은 빈곤의 고통을 감수하는 한이 있더
라도 공개적인 자선의 대상이 되는 것을 원하지 않았다. 사회의 엘리트
들은 바로 이 부끄러워하는 빈민들을 최우선적 구제 대상으로 생각하는
경향이 있었다. 그 배경에는 똑같이 궁핍한 상황에 놓여 있다 하더라도
그것을 느끼는 크기는 박탈감의 크기, 즉 과거와 현재의 생활 수준의 차
이에 따라 달라질 것이라는 생각이었다. 따라서 이들 '부끄러워하는 빈
민'들은 사회 엘리트 계층의 우선적 자선 대상이 되었다.

여기에서 우리는 중세의 자선이 기독교적 '형제애'뿐만 아니라 '계급
적 유대감'에도 바탕을 두고 있다는 것을 알 수 있다. 중세 세계가 기독
교 세계인 동시에 계급 사회였다는 걸 생각해보면 이러한 현상은 어찌
보면 당연한 일이라 할 수 있을 것이다. 길드나 상호부조단체의 활동 역
시 이러한 계급적 유대감 없이는 설명할 수가 없다. 도시의 부르주아와
장인, 심지어는 농촌의 농부들에 이르기까지 곤궁에 빠진 동료들을 방문
하여 이들에게 비공개적인 지원을 함으로써 이들의 체면을 살려주었다.
바깥에서 구걸하지 않고 집 안에서 동료들의 지원을 받는 이들을 우리는
'비밀빈민(the secret poor)'이라 부르기도 한다.[36] 자기의 친지나 가까운
이웃이 곤궁에 빠졌을 때 이를 도와주는 행위는 덕스러운 행위였다. 특
히 사회적으로 높은 지위에 있던 사람들에게는 수혜자의 체면을 살려주
는 방식의 지원이 일반적이었다. 교회나 병원 등의 자선단체를 매개한

---

35) Geremek, op. cit., 1994, pp.24-26; Mollat, op. cit., 1986, pp.110-111.
36) Ibid. pp.156-157.

자선을 '사회적 자선'이라고 할 수 있다면 이러한 방식의 자선, 즉 공여
자와 수혜자가 서로 잘 아는 사이에서 이루어지는 보다 직접적인 자선은
'개인적 자선'이라 부를 수 있을 것이다.

8) 탁발 수도교단의 출현: 프란체스코 교단과 도미니쿠스 교단의 활동

13세기의 빈민운동은 프란체스코와 도미니쿠스에 의해 설립된 탁발승
단(托鉢僧團)이 주도했다고 말할 수 있다. 돈 많은 상인의 아들로 태어
난 성 프란체스코(Francis, 1182~1226)는 혼란과 방황의 젊은 시절을
거쳐 절대적 청빈과 무소유(無所有)의 삶을 계율로 하는 새로운 교단을
설립하였다. 프란체스코 수도회는 급격히 성장하여 카톨릭교회 내의 가
장 큰 교단으로 성장하였다. 거의 같은 시기 이베리아 반도의 카스티야
출신인 성 도미니쿠스(Dominic, 1170~1221)는 이단자들과 이교도들을
설법할 목적으로 새로운 교단을 설립하였다. 도미니쿠스 교단 또한 청빈
한 삶을 계율로 삼았으나 프란체스코 교단에 비해서는 덜 엄격한 편이었
다. 우리는 이들을 탁발 수사들(修士, friars)이라 부른다.[37]

탁발 수도교단은 율수사제단과 마찬가지로 수도원의 높다란 울타리
안에 자리잡아 바깥 세상과 스스로를 격리시키려는 중세 초기의 태도를
받아들이지 않았다. 이들은 세상을 등지거나, 숲속이나 사막으로 들어가
지도 않았으며, 속세를 경멸의 눈빛으로 바라보지도 않았다. 농노에서 해
방된 농민들이 맞닥뜨리게 된 농촌의 새로운 상황을 외면하지도 않았으
며, 보다 확고해진 화폐경제의 영향과 황금만능의 풍조가 만연한 도시인
들의 삶에서 눈길을 거두지도 않았다. 영주들의 자의적인 권력 사용, 판
사들의 불공정한 재판, 상인들의 탐욕과 투기는 물론, 가족과 사회의 화
합과 평화를 가로막는 온갖 갈등과 증오의 세력과 맞서 싸웠던 것이다.

---

37) 이 부분에 대해서는 타이어니, 앞의 책, 1986, pp.372-379를 참고할 것. 1270
년 경에 이르러 프랑스의 경우만을 보더라도 프란체스코 교단과 도미니쿠스 교
단은 각각 200여 개와 90여 개의 분회(分會)를 유지하였다.

그러나 그들이 맞서 싸운 것은 인간 세상 그 자체가 아니라 세상에 가
득 찬 오만, 탐욕, 폭력이었다. 그들에게 세상은 원래 아름답고 조화로운
곳이었다. 신이 창조한 세상은 모든 인간이 필요로 하는 것을 얻을 수
있는 놀라운 작품이었다. 프란체스코가 세상의 모든 자연, 하늘을 나는
새들이나 들판에 피어난 풀 한 포기에까지 깊은 애정을 표현한 것은 잘
알려진 사실이다.

하루 끼니를 벌기 위해 육체 노동을 하거나 구걸을 해야 했던 탁발 수
사들에게는 어떠한 형태의 소유도 허락되지 않았다. 신발도 없이 맨발로
걸어다니기도 하였고 제대로 된 잠자리도 가질 수 없었다. 그러나 프란
체스코 교단의 수사들은 수도원의 수도사와 같이 세세한 규칙에 얽매인
삶을 살아가는 것이 아니라 세상을 떠돌아다니며 가난한 사람을 돕는 자
유롭고 자발적인 삶을 살아갔다. 교단의 규모가 커짐에 따라 점차 계율
이 강화되고 교황과 주교의 통제와 간섭이 심해진 것은 사실이지만 성
프란체스코의 이상이 완전히 사라진 것은 아니었다.

프란체스코의 눈에 비친 빈민은 부자가 구원에 이르는 데 필요로 하는
존재가 아니라 영적 존재로서 내재적 가치를 가진 빈민(pauperes Christi)
이었다. 스스로 빈곤의 삶을 선택한 자발적 빈민과 비자발적 빈민을 구
분하려 하지 않았다. 프란체스코와 도미니쿠스의 추종자들은 세상의 온
갖 가난을 몸소 경험하려 한 사람들이었다. 특히 혹독한 육체적 고통까
지 겪어야 했던 프란체스코 교단의 수사들은 스스로의 이름조차 버린 채
익명의 빈민집단 속에서 죽어가야 했다.[38]

탁발 수도교단을 과거 은둔성자들의 전통과 구별시키는 것 중의 하나
는 이들의 주무대가 사막이나 숲속이 아니라 도시였다는 점이다. 그러나
이들이 처음부터 도시에 근거지를 마련하려고 했던 것은 아니었다. 한
곳에 정착하여 활동하는 것은 정주지 없이 떠도는 일반 빈민의 삶과 일
치하지 않기 때문이었다.

---

38) Mollat, op. cit., 1986, pp.119-123.

그러나 도시가 발전하고 인구가 늘어남에 따라 도시 빈민의 수도 크게 증가하는 등 13세기 유럽의 사회·경제적 변화가 탁발 수도교단의 도시 정착을 가져왔다. 도시는 풍요로웠고 여전히 약속의 땅이었으나 모두가 성공하는 것은 아니었다. 도시의 부가 증가할수록 오히려 풍요 속의 빈곤은 커져갔던 것이다. 탁발 수도교단이 정착한 곳은 도시의 중심에서 벗어난 극빈층 거주 지역이었다. 이들은 그곳에서 가장 극렬한 형태의 빈곤을 체험하는 동시에 극단적 사회 퇴출자들의 사회 복귀에 희망을 불어넣었다.[39]

물질적 소유는 더 이상 정치적 권력과 그에 수반되는 특권이나 토지 소유권, 또는 군사적 정복 등 전통적인 수단에 의해서만 이루어지는 것이 아니었다. 상업의 발달로 이제 경제적 부의 축적은 화폐에 기반을 두게 되었던 것이다. 교회 또한 새로운 사회구조에 신속하게 적응해나갔다. 도시문명의 탄생은 새로운 도덕적 문제를 야기하였으며 구원과 빈곤의 문제에 관해서도 새로운 방향의 제시가 필요하였다.

이러한 측면에서 본다면 탁발수사들의 금욕적 생활은 교회와 성직자들에 의해 축적된 세속적인 재물에 대한 항의였으며, 부와 권력의 지배 구조 속에서 헤아려지는 교회와 성직자의 지위에 대한 반감의 표시로 해석할 수도 있을 것이다. 거기에다 새로운 양태로 전개되는 부의 축적 현상이 내포하는 도덕적 타락에 대한 우려도 있었다.[40]

어쨌거나 수직적·계서적(階序的)인 전통적 성직자 집단의 제약을 벗어나 민중들에게 보다 체험적으로 다가선 탁발 수도교단은 과거의 어느 성직자집단보다 활발한 빈민 권익 운동을 벌였다. 도미니쿠스 수도회의 지오반니(Giovanni of Vicenza)와 프란체스코 수도회의 지라도(Girado of

39) Ibid. pp.119-123.
40) Geremek, op. cit., 1994, pp.35-36; 게레멕은 탁발 수도교단의 배경에는 자발적 빈곤운동의 파급을 일정수준 내에서 묶는 동시에 이들을 기존체제 속으로 끌어들여 길들이려는 로마 교회 지도층의 암묵적 의도가 있었다고 보았다. 또한 교회의 이러한 대응은 결국 교회가 화폐경제에 기반을 둔 도시사회를 윤리적, 종교적으로 인정한 것이라는 주장이다. Ibid. p.22.

Modena)는 대중 설교를 통해 도시의 공동 규약을 개혁하면서 빈민들에게 유리한 조항들을 삽입시켰다. 이를테면 고리대금업자들이 채무자들을 자의적으로 체포하는 것을 허용하는 법률을 폐지하는 것이 그것이다. 이 탈리아 지역에서 탁발승들은 분쟁 지역에 개입하여 평화회복운동을 벌이기도 했다. 언제나 무질서의 가장 큰 피해자는 빈민이었기 때문이었다. 국왕이나 제후들의 자문관이나 고해를 맡은 탁발 수도교단의 수사들은 보다 직접적으로 빈민정책에 영향을 미칠 수 있었다.

13세기 프랑스의 위대한 군주 루이 9세(Saint Louis, 1226~1270)는 탁발 수도교단의 수사들을 빈민정책 개혁에 적극적으로 활용하였다. 그는 이들 수사들로 하여금 왕실 재산관리인들(bailiffs)의 행실을 조사하도록 하여 그들의 잘못을 바로잡았다. 조사 과정에서 수집 기록된 주된 내용들은 과도한 세금, 잘못된 재판, 폭력 등에 대한 농부, 과부, 노인들의 민원이었다. 군주들이 탁발 수도교단에 이러한 일을 맡긴 것은 아마도 빈곤을 스스로 체험하고 빈민 보호에 관심을 표명해왔던 이들이야말로 이러한 일에 제격이라고 판단했기 때문일 것이다.

1215년 로마에서 열린 제4차 라테란 종교회의(The Fourth Lateran Council)[41]에서는 교회와 성직자의 목자(牧者)적 사명이 강조되었다. 보다 진실된 고해성사가 요구되었고 정의(正義)와 자선에 대한 권유에 중점이 주어졌다. 탁발 수도교단은 이들의 조직과 성격상 이러한 임무를 수행하는 데 나름의 이점을 가지고 있었다. 특히 13세기의 기독교인들의 자선은 상당 부분 이들의 영향 아래 이루어졌다. 탁발 수도교단에게는 여행을 통해 보다 많은 대중들을 대상으로 빈곤의 본성에 대해 설교할 수 있는 이상적 기회가 있었다. 이들의 설교문에는 빈민의 고통에 대한

---

41) 400여 명의 주교와 800여 명의 수도원장 그리고 대부분의 세속군주들의 대표들이 참석한 엄청난 규모의 회의였다. 여러 가지 개혁법령이 제정되었는데 대표적인 것이 화체설(化體說, transubstantiation), 즉 성체성사에서 빵과 포도주가 예수의 살과 피로 변한다는 카톨릭의 기본교리가 재천명된 것이다. 타이어니, 앞의 책, 1986, 357쪽.

진정한 공감이 묻어나는 동시에 대중의 동정을 불러일으키는 강력한 테 크닉도 곁들여져 있었다.[42]

탁발 수도교단에 의해 만들어진 고해지침서에는 자선이 죄를 씻는 기 능을 하며 받는 자는 주는 자에게 구원의 수단을 제공한다는 전통적 개 념이 반복되었다. 그러나 13세기 말 이후부터 변화하는 도시 사회의 현 실이 반영되면서 점차 수정되기 시작하였다. 특히 신체건장 걸인, 부랑 걸인 등 소위 '가짜 빈민(false paupers)'에 대해서는 중세 초기의 억압적 태도가 부활하는 경향이 있었다. 그러나 전체적으로 볼 때 탁발 수도교 단의 가르침은 전통적인 견해에 바탕을 두고 있었으며 혁신적인 내용은 드물었다. 다만, 직접적인 빈곤 체험에 바탕을 둔 이들의 호소가 자선 운 동의 광범위한 확산에 자극제 역할을 한 것은 사실이었다. 예를 들면 회 원 상호간의 부조단체로 출발한 우애단체들이 외부인을 상대로 한 자선 단체로 탈바꿈하게 된 데에는 탁발 수사들의 영향이 적지 않았을 것으로 보인다.

9) 스콜라 신학과 자선

중세 유럽의 가장 위대한 사상가로 꼽히는 토머스 아퀴나스(Thomas Aquinas, 1225~1274)는 비자발적 빈곤의 참상과 부의 심각한 불평등 속에 내재한 불의(injustice)를 간과하지 않았다. 그는 빈곤 상태가 사람의 영적, 육체적 균형을 무너뜨릴 우려가 있다고 지적하였다. 중세의 다른 지식인들과 마찬가지로 스콜라 신학자들도 자신의 '남는 것(superfluity)' 을 고통을 겪고 있는 이웃들에게 베푸는 것은 기독교인들의 의무라고 생 각하였다.

---

42) Mollat, op. cit., 1986, pp.126-130; 13세기의 이름이 알려지지 않은 프란체 스코 수도회의 한 수사는 인간세상을 홍해에 비유하였다. 큰 고기가 작은 고기 를 잡아먹듯 세상의 부유하고 권세 있는 자들이 가난한 자들을 핍박함으로써 그 희생자들의 피로 인해 세상이 홍해처럼 붉다고 하였다.

여기에서 남는 것이란 자신이 '필요로 하는 것(things in need)'을 제외한 나머지 부분이다. 그런데 어디까지가 자신이 필요로 하는 것인가 하는 물음에 대한 답은 그리 간단치가 않다. 신분제 사회이므로 이는 물론 자신의 신분을 유지하는 데 필요한 모든 것들이 포함될 것이다. 그러나 필요에는 절대적인 것이 있을 수 있고 부차적인 것이 있을 수 있다. 구원에 대한 자기 기여를 인정하는 스콜라 신학이라 하여 전통적인 입장과 크게 달랐던 것 같지는 않다. 정상적인 경우에는 부차적인 필요분이라 해도 희생할 필요가 없으나 자신의 이웃이 겪는 참상이 클 경우에 한하여, 절대적으로 필요로 하지 않는 모든 잉여분을 자선에 사용해야 한다는 것이 이들의 생각이었던 것 같다.[43]

이들은 또한 자선의 수혜 자격에 대해서도 제한을 가해야 한다는 입장이었다. 자선이 사악함이나 게으름을 조장해서는 안 된다는 것이 스콜라 신학자들의 일반적인 생각이었다. 이들은 병자, 어린이, 노인, 비자발적 실업자, 환경에 따른 예외적 빈민들만이 자선의 대상이 될 수 있으며 어떤 경우에나 일을 찾으려는 노력이 뒷받침되어야 한다고 생각하였다. 이는 당시 무차별적 구제 원칙에 입각하고 있었던 수도원 자선과는 구분되는 태도였다.[44]

10) 점차 줄어드는 수도원 자선의 비중

우리는 중세 자선제도의 중추적 기능을 담당했던 수도원의 빈민구호 기능이 중세 말기에 약화된 것으로 알고 있지만 사실 이 영역에서의 수도원의 영향이 쇠퇴한 것은 훨씬 전의 일이었다. 아마도 이것은 도시의 발달과 함께 빈민이 대거 도시로 유입된 상황과 무관하지 않을 것이다. 우리는 이미 율수 사제단이나 탁발 수도교단이 이러한 상황에 맞추어 도

---

43) Ibid., p.133.
44) Ibid. pp.126-130.

시 중심의 활동을 벌인 것을 살펴보았다.

주교들도 관할 도시들의 각 구역마다 자선 금품의 수집과 배분을 담당하는 관리(almonry)를 임명하는 경향이 두드러졌다. 13세기 말 아라곤(Aragon)45)의 발렌시아 주교관구에서는 각 교구에 빈민 관리인(father of the poor)을 임명하여 매주 토요일 일정액의 현금을 빈민들에게 나누어 주었다. 또 휴일에는 현금 이외에 약간의 고기와 곡물을 배급하였으며, 특정한 축일에는 담요와 의복이 자선 품목에 포함되었다. 또한 교구교회에는 빈민의 탁자(the poor table; the poor plates)라고 불리는 자선품 분배소가 생겨나 프랑스, 독일, 이탈리아, 스페인과 저지대 지역(Low Countries)의 도시는 물론 농촌 교구에까지 확산되었다. 지역에 따라 이 분배소가 일정 규모의 토지를 소유하거나 임대함으로써 정기적인 자체 수입원을 갖추기도 하였다.

14세기 아비뇽 교황청46)에는 빈민구제를 전담하는 공식적인 기구가 설치되었다. 이 기구는 교황 직속의 예산관리 부서로부터 직접 필요한 예산을 타서 집행하는 권한을 부여받았다. 그뿐 아니라 병원 등의 자선 기관에도 교황청 예산의 일부가 배당되었다.

세속군주들의 정치적 권력이 강화되는 것과 비례하여 이들의 자선도 눈에 띌 정도로 늘어났다. 맹인과 나환자들을 위한 숙소와 병원을 건립하거나 필요한 예산을 지원하는 일이나 걸인과 장애인을 불러 정기적인 식사를 제공하는 일이 그것이었다. 그런데 세속군주들에 의한 자선은 개인적 차원의 행위와 정책 또는 행정적 차원의 통치행위가 혼재된 형태로 나타났다. 프랑스 루이 9세 시대의 왕실 자선금 분배소(royal almonry)는 그가 죽은 뒤에도 왕실 기구의 일부로 존속되어 장애인 수용소와 병원의

---

45) 이베리아 반도의 동쪽에 있었던 왕국이다. 1469년 서쪽의 카스티야 왕국과 통합하여 근대 스페인의 기반을 이루었다.

46) 세속군주와 교황권의 대립이 심화되는 상황에서 교황 보니파키우스 8세와 베네딕투스 11세가 연달아 죽은 뒤 교황청이 아비뇽으로 옮겨가고 대체로 친(親)프랑스 성향의 교황들이 선출되어 프랑스 국왕의 영향력 아래 놓이는 시대가 계속되는데, 우리는 이를 바빌론 유수(1305~1378)라 부른다.

관리와 예산통제, 빈민구제 관리의 임면 등에 관한 업무를 관장하였다. 카스티야의 페르디난드(1217~1252), 영국의 헨리 3세(1216~1272)나 에드워드 1세(1272~1307)도 왕실 직속의 자선금 배분소를 설치하여 빈민구제 업무를 맡게 하였다.[47]

자선 기관에 기부하거나 빈민들에게 거처할 숙소를 내주고 종종 그들을 식탁으로 함께 불러 식사하는 형태의 자선 의식은 수도원과 궁중에만 국한된 것이 아니었다. 많은 세속 영주들이 이러한 관행을 모방하였으며 심지어 도시의 부르주아들도 이러한 방식의 자선을 했다. 이렇게 의례화되고 제도화된 형태의 자선은 부와 권력 속에 스며든 죄를 씻는 유용한 수단으로 인식되었다. 여기에서 직업적 거지집단은 이러한 의식을 치르는 데 안성맞춤의 존재였다.[48]

14세기 중반 이후에는 도시의 자치정부가 운영하는 자선금 배분소(The poor table; The common Alms; The common purse)가 생겨났다. 대개 자치시(自治市의) 참사회의 통제 아래 일정 규모의 예산이 배정되어 운영되었다. 이러한 왕실 직속이나 자치시의 자선금 분배소는 최초의 세속적 빈민구제 기관임에는 틀림없으나 엄밀히 말해서 이들 기관들이 완전히 세속화된 것은 아니었다. 많은 경우 여전히 교회나 성직자의 통제를 받았으며 성직자들이 속인(俗人) 자선 기관의 관리들을 직접 임명하기도 하였던 것이다.[49]

12~13세기 이후 개인적 자선의 확대와 함께 도시 엘리트들도 자선 시혜자 대열에 합류하였다. 이와 함께 교회를 중재자로 하던 과거의 자

---

47) 적어도 16세기 이전의 유럽 어느 나라의 경우에도 왕실 살림을 맡아보는 부서(household departments)와 국가 살림을 맡아보는 부서(state departments) 사이에 분화가 일어나지 않았다. 그러므로 왕실 직속의 자선금 배분소를 근대적 의미의 국가 행정조직으로 보기는 어렵다. 왕실과 국가예산이 분리되기 시작한 것은 영국의 경우 16세기 중엽이었다. G. R. Elton, *The Tudor Revolution in Government*, Cambridge, 1953가 이에 대한 대표적 연구서이다.

48) Géremek, op. cit., 1994, p.41.

49) Mollat, op. cit., 1986, pp.136-141.

선 형태에도 변화가 초래되었다. 사람들은 교회를 통하지 않고 병원, 나환자 수용소, 장애인 수용소 등을 찾아가 직접적인 자선을 펼쳤던 것이다. 종교적 우애집단의 역할도 점차 증대되었다. 이러한 변화의 결과로 자선은 대중적인 현상이 되었다. 이러한 변화가 빈민의 고통 완화에 어떠한 영향을 미쳤는지에 대해 우리는 정확하게 알 수 없다. 그러나 한 가지 확실한 것은 수도원 자선의 비중이 현저하게 낮아졌다는 것이다.

수도원은 내부경비의 증가와 함께 빈민구제에 할당하는 예산의 비율을 점차 줄이고 있었다. 대규모 수도원의 경우 아무리 그 비율이 축소되었다고는 하나 여전히 조직적인 자선 활동이 가능했던 반면, 그렇지 못한 수도원들의 경우 빈민구제 활동은 크게 위축되었다. 전통적으로 교회가 맡아왔던 부자와 빈민 사이의 중재자 역할은 이제 끝나가고 있었던 것이다.[50]

3. 중세 말기(1300~1500년)의 혼란과 빈곤

1) 노동 빈민의 출현

흑사병이 창궐하기 직전의 산타 마리아 누오바 병원(Santa Maria Nuova Hospital)의 기록에 적힌 농장 노동자, 정원사, 건설 노동자 등의 명목임금을 당시의 식량 가격으로 환산하여 계산해보니 하루 섭취 가능한 일인당 칼로리의 양은 천 칼로리에 불과하였다. 이는 성인이 하루 필요로 하는 3천 5백 칼로리에 턱없이 부족한 양으로 당시 임금 노동자의 임금이 얼마나 열악하였나를 보여준다. 과거의 빈민이 장애인, 과부, 노약자, 병자 등의 노동능력 결핍자(the impotent poors)와 아예 노동할 의사가 없는 노동 기피자의 두 부류의 빈민으로 구성되었다면, 13~14세기 들어서

---

50) Geremek, op. cit., 1994, pp.40-41.

는 취업 상태를 유지하면서도 자신이나 가족을 제대로 먹여 살릴 수 없는 상당 규모의 새로운 빈민이 도시나 농촌 가릴 것 없이 나타난 것이다. 도시 빈민들이 도시 주변부에 빈민촌을 형성하기 시작한 것도 이 때였다.

농촌에서는 농업 부문의 고용이 불안정해지면서 영주에 대한 의존성이 다시 심해지고 고리대금에 의존하는 빈민이 많아졌다. 종자, 가축, 생필품을 위해 빌린 돈의 단기 이자는 최소한 30~40퍼센트에 이르렀으며 많은 농부들이 빚을 상환하지 못해 야반도주하여 부랑걸인집단에 합류하였다.

그럼에도 불구하고 성직자들은 빈곤은 필요악이며 빈민과 자선 공여자 모두에게 구원의 수단을 제공한다는 전통적인 가르침만을 되풀이하는 등 새로이 대두된 빈곤의 현실을 제대로 인식하지 못하는 경향이 있었다. 성직자들뿐만 아니라 당시 대부분의 사람들이 노동빈민을 빈민으로 인식하지 않는 경향이 있었다. 이런 면에서 볼 때 노동빈민들의 권익을 주장한 도미니쿠스 수도회의 디니(Taddeo Dini)는 예외적이었다. 그는 빈민은 수동적 피조물이 아니라 능동적 개인들이며 적정한 임금을 받을 권리가 있다고 주장하였다.[51]

2) 흑사병의 창궐

유럽의 14세기와 15세기 전반은 숨가쁘게 몰아치는 자연적 재앙의 연속이었다. 대홍수와 냉해 등 갖가지 이상기후에 의한 농업의 황폐도 적지 않은 시련이었으나 더 참혹한 결과를 가져온 것은 '흑사병(the black death)'[52]이었다. 1347년 이탈리아에 상륙한 흑사병은 짧은 시간내에 유

---

51) Mollat, op. cit., 1986, pp.170-171, 182-183.
52) 선(腺) 페스트와 전염성 폐렴의 복합증상이다. 주로 쥐에게 감염되며, 감염된 쥐에 기생하는 벼룩을 통해 사람에게도 균이 전염된다. 14세기에 유행한 것은 페스트의 변종으로서 아주 치명적인 증후를 가진 폐(肺) 페스트인 것으로 보이는데 전염성이 아주 높은 것으로 알려져 있다.

럽 전역으로 퍼져나갔다. 병마가 할퀴고 간 잔해는 참으로 참담했다. 1347년에서 1350년 사이의 3년 동안에만 무려 유럽 전체 인구의 3분의 1이 죽었다. 흑사병의 창궐은 그것으로 끝난 게 아니라 그후 약 100년간에 걸쳐 간헐적으로 유럽을 덮쳤다. 정확한 통계는 없지만 15세기 중반에 이르러 유럽의 인구는 흑사병 창궐 이전에 비해 적어도 절반 이상이 줄어든 것으로 학자들은 보고 있으며 심지어는 인구가 3분의 1로 감소했다는 주장도 적지 않다.

흑사병의 피해는 사회경제적 계층에 따라 달랐다. 가장 큰 피해자는 빈민들이었다. 흑사병이 돌기 전에도 빈민들은 수 차례에 걸친 기근으로 고통 받고 있었다. 흑사병 이전 유럽은 인구과밀 상태에 있었다. 중세 전성기의 농업 팽창은 14세기에 이르러 한계에 달해 더 이상 불어나는 인구를 따라가지 못했다. 거기에다 빈번하게 찾아오는 자연재해는 작황에 치명적인 타격을 가해 유럽 각 지역이 대규모의 기근에 시달리고 있었으며 빈민들은 굶주렸다.

빈민들은 살아가는 데 필요한 최소한의 칼로리도 섭취하지 못했다. 거기에다 불균형적인 영양 섭취도 문제였다. 단백질과 지방이 부족했고 칼슘과 비타민 A, C, D 등이 모자랐다. 기근이 들지 않더라도 사정은 크게 달라지지 않았다. 농부들은 고기 먹는 것이 쉽지 않았고 어쩌다 먹는다 해도 신선한 고기가 아니라 소금에 절인 고기가 고작이었다. 도시의 장인들은 충분한 고기와 치즈를 먹지 못했으며 우유와 야채를 제대로 먹지 못했다. 이들은 또한 비위생적인 환경 속에서 살고 있었다. 그 때문에 흑사병이 덮칠 즈음의 농민과 도시 빈민들은 질병에 대한 면역력이 현저하게 떨어져 있었다.

독일 뤼벡의 통계에 따르면 도시 전체의 사망률은 50퍼센트에 이르렀는데 일정 수준 이상의 재산 소유자들만 놓고 보면 사망률은 불과 25퍼센트에 머물렀다. 빈민들이 부자에 비해 최소 2배 이상의 사망률을 보인 것이다. 당시 프랑스의 의사 쿠뱅(Simon de Couvin)은 이렇게 기록했다.

"불충분한 식사를 하는 사람들이 먼저 죽어갔다. 극빈층에 속하는 사람들은 이러한 죽음을 기꺼이 받아들였다. 그들에게 삶과 죽음은 크게 다르지 않았기 때문이다. 그러나 잔인한 운명은 영주와 기사, 판사들을 존중했는지 이들을 비켜갔다. 그들에게는 이 세상의 안락한 삶이 있었다."[53)]

3) 흑사병의 사회·경제적 결과

역설적이지만 흑사병은 살아남은 빈민들에게는 큰 도움이 되었다. 노동력 감소로 인해 노동시장에서의 노동 가격이 그만큼 올랐기 때문이다. 도시 노동자들의 임금 단가는 150퍼센트가 상승하였고 농촌에서는 100퍼센트까지 올랐다. 도시의 높은 임금은 농노들을 유혹하여 이미 진행되고 있던 농노해방을 더욱 촉진시키는 긍정적 효과를 가져왔다. 고임금시대가 열리면서 여성들의 취업도 가능해졌다.

15세기가 시작되면서 식생활도 대폭 개선되어 빈민들도 양질의 곡식을 먹을 수 있게 되었고, 돼지고기와 닭, 거위 등 가금류(家禽類)의 고기도 충분히 먹을 수 있게 되었다. 이는 무엇보다도 식량 생산이 회복되었음에도 식량소비 인구는 여전히 늘지 않아 식량 가격이 그만큼 싸졌기 때문이다. 사람들은 모처럼 생긴 여유 수입을 가지고 육류와 질 좋은 와인을 즐길 수 있었던 것이다.

그러나 흑사병의 결과가 곧바로 빈민들의 경제적 지위 향상으로 이어진 것은 아니었다. 살아남은 사람들은 커다란 심리적 충격과 혼란에서 한동안 벗어나지 못했다. 겁에 질린 사람들은 병적인 히스테리 증세를 보였다. 일자리를 버리고 떠나는 사람들이 속출하였으며 일체 사람들과의 만남을 피하는 사람들이 많았다. 이러한 심리적 공황을 대변해주는 집단이 채찍질 고행파(Flagellants)였다. 이들은 흑사병을 신이 인간에게 내린 징벌로 받아들이면서 이로부터 벗어나는 길은 오직 치열한 고행뿐

53) Mollat, op. cit., 1986, pp.193-196.

이라고 믿었다. 이들 광신도 남녀들은 무리를 지어 몰려다니며 33일간에 걸쳐 서로에게 채찍질을 해댔다.[54]

14세기 후반에도 흑사병이 몇 차례 덮쳤다. 흑사병 외에도 기근과 전쟁이 계속되어 빈민들을 괴롭혔다. 특히 전쟁의 가장 큰 피해자는 빈민들이었다. 군대에 의해 자행된 조직적 약탈, 방화, 강간에 그들은 속수무책이었다. 군대의 약탈이 한 차례 휩쓸고 지나간 폐허에는 수많은 시체가 널렸다. 이탈리아나 프랑스의 프로방스, 샹파뉴, 아퀴텐느 등이 용병들이 약탈한 주요 피해지였다. 또한 전쟁의 무거운 비용 역시 농민과 노동자들이 짊어질 수밖에 없었다.

혼란이 수습되기까지 상당한 시간이 필요했다. 사람들은 달라진 환경에 적응하는 데 힘이 들었다. 농촌에서는 노동력 부족이 가장 큰 문제가 되었다. 영주들은 이 문제를 해결하기 위하여 차지인(借地人)들에게 현금지대 대신에 과거처럼 노역을 요구하는 경향이 나타났다. 영주들의 어려움은 도시경제의 팽창으로 더욱 가중되었다. 도시 노동자의 높은 임금 탓으로 농촌의 노동력이 도시로 빠져나갔으며 임금 노동자들은 더욱 높은 임금을 요구하였다.

도시의 상황도 크게 다르지 않았다. 그러나 도시의 제조업자들이 영주들에 비해 흑사병 이후의 변화된 경제 상황에 보다 탄력적으로 대처할 수 있었던 것은 사실이었다. 다시 말하면, 인구감소로 인해 수요가 전반적으로 하락한 것은 마찬가지였으나 제조업자들은 시장의 수요 변화에 따라 생산을 조절하는 것이 어느 정도 가능했던 것이다. 그러나 노동력의 부족에 따른 노동 가격의 상승은 상당한 부담으로 작용할 수밖에 없었다. 제조업자들은 보다 엄격한 길드 규제를 통해 견습공이나 직인(journeyman)이 장인이 되어 독립 사업체를 차리는 과정을 좀더 까다롭게 만들고 이들에 대한 영향력을 유지하려 하였다. 이 결과 평생을 임금 노동자로서 살아가는 소위 프롤레타리아 노동집단이 나타나게 되었으며

---

54) 타이어니, 앞의 책, 1986, 537쪽.

<표 3> 흑사병이 빈민에게 미친 영향을 보여주는 남부 잉글랜드의
건축노동자 실질임금 추이

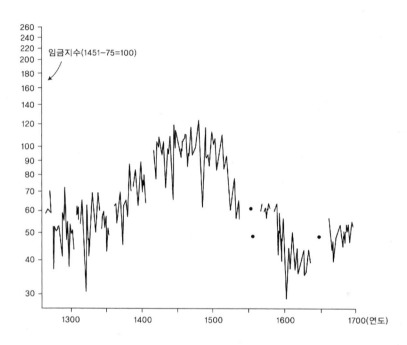

자료: E. H. Phelps Brown and Sheila V. Hopkins, 'Wage-rates and Prices: Evidences for Population Pressure in the Sixteenth Century,' *Economica*, vol.24, 1957.

가진 자들과 가지지 못한 자들 사이의 갈등이 유럽의 거의 모든 직물공
업 중심지에 존재하였다.

임금인상을 억제하고 농민이나 노동자에 대한 영향력을 강화하려는
영주나 도시 제조업자들의 노력은 경제문제에 대한 세속정부의 개입으로
현실화되었다. 영국 의회는 입법을 통해 임금, 물가, 실업 등의 경제적
문제에 대한 통제에 나섰다. 프랑스의 지방 의회와 유럽 각 국의 지방정
부도 최고 임금을 제한하는 등 경제생활에 개입하였다. 부랑걸인이나 구
걸 금지에 관한 입법도 빈번하게 추진되었다. 1375년 포르투갈에서는 장

애자를 제외한 모든 실업자와 걸인의 취업을 강제하는 법령(sesmarias)을
공포하였다. 정부의 조치는 특히 노동자들에게 엄격하게 적용되었다.

4) 민중 반란의 성격과 원인

정부의 탄압적 정책이나 재판에 대한 빈민층의 불만은 때때로 폭동과
반란으로 폭발했다. 실로 서양 역사상 유례없는 민중 반란이 14세기 후
반 전유럽을 휩쓸었다. 1358년 프랑스의 자크리(Jacquerie)는 영주들과
정부의 탄압적 대응에 대한 불만이 터진 농민 폭동이었다. 카탈로니아에
서도 농민 반란이 있었다. 폭동 가담자들은 봉건영주들의 권력 남용을
비난하였다. 영주들이 정당한 근거 없이 농민의 땅을 몰수하거나 생사여
탈권을 행사하는 행위에 대한 불만의 소리도 높았다. 임금 인상에 대한
기대가 무산된 것도 폭동의 중요한 원인 중 하나였다. 1381년 발생한 영
국의 농민 반란도 흑사병 이후 꾸준하게 상승되던 임금과 생활 수준이
정부의 규제로 인해 과거로 돌아갈 위험에 처한 상황에서 촉발된 것이었다.
도시에서도 반란이 일어났다. 14세기 후반 많은 유럽의 도시들이 반란
의 소용돌이 속에 빠져들었다. 브뤼지에서는 1360년과 1364년 두 차례
에 걸쳐 반란이 일어났으며, 1368년에는 아우구스부르크와 프라하에서,
1372년에는 겐트에서 각각 반란이 일어났다. 1378년에는 피렌체에서,
1381년에는 다시 겐트에서 반란이 일어났다. 이밖에 북독일에서는 브라
운슈바이크(1374)와 뤼벡(1408)에서 반란이 연달았다.
물론 이 모든 반란을 순수하게 기업주와 노동자 사이의 갈등 분출로
해석하기는 어렵다. 아무리 민중 반란이라 해도 그 배후에는 정치적 세
력이나 야심가들의 의도나 조종이 개입된 경우가 많았기 때문이다. 이
점에서 농촌과 도시의 대표적 민중 반란인 자크리와 치옴피(Ciompi) 반
란(1378년 피렌체)도 예외가 아니었다. 중세뿐 아니라 근대에 들어서도
최소한 18세기에 이르기까지 대개의 반란에는 민중들의 즉흥성 — 다시

말해 루머나 선동적 연설에 쉽게 넘어가고 집단적 폭력 행위에 쉽게 휩쓸리는 성향 — 을 이용해 자신의 정치적, 경제적 목표를 이루려는 엘리트들의 조종이 있었다는 주장도 있다.[55] 그렇다고 하더라도 여기에서 우리는 '민중 반란'의 의미를 너무 축소시킬 필요는 없을 것 같다.

14세기 후반의 노동 빈민들은 여전히 낮고 불안정한 임금을 받고 있었으나 과거에 비해서는 형편이 많이 좋아진 것이 사실이었다. 그러나 이들의 대부분은 흑사병 이전 그들의 조상들이 얼마나 비참한 삶을 살아갔는지 기억하지 못했다. 자신들의 할아버지, 할머니, 혹은 자신들의 부모가 덮치는 병마에 속수무책으로 몸을 맡긴 채 떼죽음을 맞아야 했던 참담한 상황에 대해서도 생생하게 기억하지 못했다. 다만 이들은 흑사병이 가져다준 선물을 온몸으로 느끼고 즐긴 세대였다. 비록 짧았지만 윤택한 생활 여건은 이들에게 앞날에 대한 기대를 불러일으켰다. 아마도 더욱 중요한 사실은 이들이 자기 가치를 스스로 인정하게 되었으며 보다 나은 생활을 스스로 주장하게 되었다는 것이다.

사회학자들에 따르면 사람들은 최악의 순간뿐 아니라 어떤 기대가 무산될 때에도 커다란 박탈감을 느낀다고 한다. 후자의 경우를 발전성 박탈감(progressive deprivation)이라고 부른다. 14세기 후반 노동 빈민들의 기대를 배반하는 사건은 여러 갈래에서 진행되었다. 봉건적 노역으로 회귀하려는 움직임이 꾸준히 시도되었고 새로운 세금이 부과되어 빈민들의 생활을 위협했다. 임금 규제나 높은 식량 가격도 마찬가지였다.

1381년 영국의 농민 반란에서 빈민들은 교회소유 토지의 분배를 당당하게 요구하였고 농노제와 노동자 규제 법령의 폐지를 부르짖었다. 같은 시기 루앙(Rouen)과 파리의 프랑스 민중들은 근거 없는 세금(aides)의 폐지를 요구했다. 아라곤의 농부들은 봉건적 노역(malos usos)은 물론이고 그것을 대체하는 세금(remensa)까지 과감하게 거부하였다. 겐트에서는

---

55) Anthony Fletcher and Diarmaid MacCulloch, *Tudor Rebellions*, 4th edn., 1997.

민중들이 안심할 수 있도록 빵 가격을 통제해주고 최저생계비에도 못미치는 부분을 보충해달라고 주장하였다. 그러나 민중들의 승리는 기껏해야 수 주일을 넘기지 못했다.

그럼에도 불구하고 장기적으로 볼 때 14세기 말에서 15세기에 삶을 살았던 민중들은 도시의 성공한 상인들과 더불어 상대적으로 지위가 올라간 집단이었다. 그것은 상대적으로 높은 임금을 누린 도시 노동자들에게만 해당되는 것이 아니었다. 농촌의 영주들은 과거로의 회귀가 이제는 불가능한 것임을 깨닫게 되었다. 봉건적 부역 대신 현금지대가 일반화되고 영주의 직영지는 임대되거나 임금 노동자들에 의해 경작되었다. 예컨대 1486년 아라곤에서 봉건적 노역(malos usos)은 공식적으로 폐지되었다. 그리하여 지역에 따라 차이는 있었으나 서유럽 지역에서 농노제도는 점차 사라지고 있었다. 곡물 가격의 하락으로 인한 경제적 손실에 대처하기 위한 영주들의 노력은 지역 특성에 입각한 전문화된 농업으로 나타나기도 하였다.

제조업에서도 전문화가 일어났다. 직물 공업을 중심으로 공정을 전문화하는 한편, 다양한 직급과 임금을 통한 효율적인 인력 관리가 시도되었다. 작업을 보다 철저하게 통제하기 위해 시계와 종의 사용이 일반화되었다. 고임금의 현실을 받아들이는 대신, 작업 공정과 시간 관리를 통해 최대한의 노동력을 끌어내겠다는 의지의 표현이었다.

5) 빈민목록의 작성

농노해방이 빈민들에게 긍정적인 측면만 가져다준 것은 아니었다. 일정 면적 이상의 토지를 보유하고 있던 농민들은 그렇지 않았으나 소규모 농토만을 보유한 자유농들은 자기 땅에서 나오는 소출만 가지고는 가족의 생계를 제대로 돌보기 힘들었다. 지대나 각종 세금을 낼 만한 능력이 안되어 빚을 지기 일쑤였고 흉작이라도 들면 고통은 가중되었다. 영국에서는 싼 곡물 가격 때문에 이윤이 떨어지는 경작지를 목축으로 전환하려는 인클로저(enclosure)로 인해 강제로 쫓겨나는 농민들이 늘어났다.

임금 노동자들은 대개가 일당을 받거나 일정의 작업량을 기준으로 임금을 받았기 때문에 고용 환경이 지극히 불안정하였다. 임업 노동자나 염전 노동자, 프랑스 등지의 포도밭 노동자들이 모두 가난하였고 어부들도 빈곤을 면치 못하였다. 이들 농촌 빈민에게 도시 이주는 상당히 매력적일 수 있었다. 그러나 이 또한 그렇게 훌륭한 선택은 되지 못했다.

신참 이주자들은 기존 회원의 권익 보호를 목적으로 길드에 의해 조직된 직종에는 발을 들여놓지 못하고 대부분 건축 노무자 등의 일용 잡직에 종사할 수밖에 없었다. 거기에다 거주할 집을 찾는 것도 힘들어 대개 도시 변두리의 빈민거주 지역으로 밀려났다.

노동 빈민의 표준적 삶이 어떠했는지에 대해서 우리는 잘 알지 못한다. 지역에 따라 많은 차이가 있었을 것이고 우리가 알고 있는 것은 매우 부분적인 것에 불과하다. 그런데 우리가 주목해야 할 부분은 13세기 후반 들어 처음으로 세금 부과 목적의 재산목록 또는 소득목록이 만들어지기 시작했다는 점이다. 이탈리아에서 시작된 재산 및 소득 조사제도는 14세기 프랑스 전역으로 퍼졌다. 이들 기록에 따르면 전체 주민의 약 10~20퍼센트에 이르는 극빈층은 세금을 면제받았다.[56] 그러나 세금을 면제받은 이들만이 '극빈층'이었는지에 대해서는 의문이 따른다. 15세기 후반은 경제적으로 비교적 안정된 시기였음에도 불구하고 도시 전체 인구의 약 절반이 절대 빈곤선 이하나 경계선상에서 생활했을 것이라는 추정도 있기 때문이다.

15세기의 개선된 노동 여건 덕분에 독신 노동자들은 독자적인 생계 해결이 가능해졌다. 그러나 기혼 노동자들의 경우는 상황이 달랐던 것으로 보인다. 예를 들면, 프랑스의 푸와티에(Poitiers)의 건설 노동자들은 임금의 절반을 자신의 식비로 지출하였는데 이런 상황에서 부양가족을 충

---

56) Mollat, op. cit., 1986, pp.174-181.

분히 먹여 살린다는 것은 사실상 불가능하였을 것이다. 한 연구에 따르면 기혼 노동자의 4분의 1이 빈곤 상태에 있었으며 이것은 독신 노동자에 비해 매우 높은 비율이었다.57)

노동 빈민들은 대부분 미숙련 노동자들(unskilled laborers)로서 그들과 그 가족들은 취약하기 짝이 없는 주거 시설에서 살면서 영양실조에 걸리는 경우가 많았다. 더 큰 문제는 이들 노동 빈민들이 장애인이나 걸인들에게 주어지는 자선으로부터도 격리되어 있었던 점이다. 거기에다 고용의 안정성이 결여되어 있어서 일자리를 잃은 많은 노동 빈민들이 구걸행각에 나서거나 범죄에 빠지는 유인(誘因)이 되었다.

6) 직업거지, 부랑걸인, 매춘부

빈민들 중에는 일을 할 수 있는 신체적 능력을 갖추고도 노동에는 전혀 의욕이 없는 '게으른' 빈민들이 있었다. 구걸에 나선 이들 '신체건장 걸인(sturdy beggars)'들의 가장 큰 경쟁자는 장애인, 노약자, 과부 등의 '진짜' 빈민들이었다. 사람들이 많이 다니는 시장, 다리, 교회 앞 등이 구걸하기에 가장 적당한 장소였으므로 이들은 어쩔 수 없이 같은 장소에서 '구걸경쟁'을 할 수밖에 없었기 때문이다. 어떤 이들은 장인이나 절름발이 흉내를 내기도 했으며 행인들의 동정을 끌기 위해 일부러 상처를 꾸미고 신음소리를 내기도 하였다. 반쯤 헐벗은 아기를 안고 있는 방법은 상당한 효과가 있어서 자기 아이가 없는 경우는 다른 사람에게서 아기를 빌려오는 경우도 있었다. 아마도 이에 대한 응분의 대가가 지불되었을 것이다. 이러한 방법들은 중세의 직업적 거지들(professional beggars)이 사용한 다양한 테크닉의 일부에 불과했다.

구걸로 살아가는 사람들 중에는 어느 한 곳에 정착하지 않고 이리 저리 옮겨다니는 부랑걸인(vagrants 또는 vagabonds)들이 있었다. 일정한

---

57) Ibid., p.244를 볼 것.

정착지 없이 돌아다니는 사람 모두가 걸인은 아니었다. 일의 특성상 옮겨다니는 노동 빈민들도 있었고 일자리를 찾아 헤매는 실업자들도 있었다. 또 자신들이 지닌 예술적 재능을 파는 예인(藝人)들도 있었다. 그러나 이들과 상습적 부랑걸인들 사이에 어떤 명확한 경계선이 그어져 있는 것도 아니어서 대개는 같은 취급을 받았다.

일반적인 걸인에게는 대체로 관용과 동정을 보이던 중세인들이지만 이들 부랑인들에게는 매우 부정적인 태도를 보였다. 중세 사회는 개인과 개인 사이의 직접적인 관계를 바탕으로 잘 조직된 사회였다. 도시의 발달로 익명성이 어느 정도 가미되기는 했으나 중세 사회의 이러한 조직 원칙에 근본적인 변화는 일어나지 않았다. 그러므로 정처도 없고 출신도 알 수 없으며 주인(master)도 직업도 없는 부랑인들에 대한 사회의 시선이 고왔을 리가 없다. 부랑인들은 잠재적 범죄자나 전염병 보균자로 간주되는 경향이 있었으며, 특히 부랑인들의 숫자가 늘어나는 시기에는 이들에 대한 경계심도 크게 증가하였다.

이렇듯 복잡한 부랑인들의 구성 요소에 일조한 것은 집시족이었다. 1416년경 중부 유럽에 첫 모습을 나타낸 이들은 이동을 계속하여 1419년에는 프랑스에 출현하는 등 전유럽에 퍼져나갔다. 사람들은 이들 집시족을 매우 거칠게 대하였다.

중세에는 매춘부도 주요한 빈민 유형이었다. 이들은 물질적 빈곤과 함께 자기 몸을 팔아 생활하는 것에서 비롯되는 종교적, 도덕적 죄책감이라는 정신적 고통까지 경험하였다. 노동능력이 있는 부친이나 지아비를 두지 못한 중세의 평민 여성들은 절대적 빈곤상태에서 생활해야 했다. 15세기 이후 여성들에게도 취업의 길이 열렸다고 하지만 여전히 그 문은 좁았다. 더구나 세탁부나 재봉사 등 여성들이 주로 맡는 일자리의 임금은 매우 낮아 독립적인 생계를 유지하기에 불충분했다. 이 때문에 많은 여자들이 생계를 위해 매춘에 뛰어들었다.

이들은 매음굴(賣淫窟)과 목욕탕을 무대로 몸을 팔았다. 파리에는 거

의 모든 지역에 매음굴이 있었다. 특히 센 강 좌안(左岸)의 마콩 가(街),
일 드 라 시테의 글라티니 가(街), 우안(右岸)의 생 마르탱 가(街) 등이
유명하였다. 리용에는 도시 중심부인 생 니지에 부근에 매음굴이 있었다.
교황청이 있던 아비뇽에도 여섯 군데의 매음굴이 있었으며 콜로뉴에도
10개 소가 있었다. 프랑스뿐 아니라 베네치아, 제노바, 피렌체, 로마, 볼
로냐 등 이탈리아 도시들도 마찬가지 형편이었고, 네덜란드의 앤트워프
나 영국의 런던도 예외가 아니었다.[58]

　매춘부들의 수입 일부는 매음굴 임대료의 명목으로 부르주아, 귀족,
그리고 성직자들에게 돌아갔다. 개중에는 임대료가 고정되어 있지 않고
매춘부가 몇 명의 남성과 상대했는가에 따라 달라지는 경우도 있었다.
지역에 따라 매춘도 하나의 '직업'으로 분류되기도 하였다. 매춘이 직업
이라면 뚜쟁이질이나 불행한 소녀들을 유괴·착취하는 범죄는 왜 직업으
로 분류되지 않았는지 궁금할 뿐이다.

7) 중세 말기의 자선 관행과 직업걸인

　중세를 통틀어 가장 중심적인 자선 기관의 역할을 했던 수도원은 수도
원별로 고정된 자선 시행 일자를 가지고 있었다. 소속 수도사의 장례식
등 특별하게 치러지는 행사라 할지라도 날짜는 미리 알려지는 것이 보통
이었다. 앞에서 살펴본 바와 같이 대규모 자선이 행해지는 특정 축일이
아니더라도 수도원을 찾아가는 사람은 그 누구라도 일정한 도움을 받을
수 있었다. 도시의 자선단체들도 우애단체의 연례 연회를 중심으로 대개
는 고정된 날짜에 대규모 자선을 베풀었다.

　유언장의 집행에도 많은 사람들이 몰려들었다. 이탈리아 피렌체의 연
대기 작가 빌라니(Giovanni Villani)는 1330년 그곳에 살던 한 부자의 유
언이 집행되는 과정을 기록하였다. 이 부자는 자신의 전재산을 빈민들에

---

58) Mollat, op. cit., 1986, pp.241-250.

게 나누어주라는 유언을 남겼는데, 특이한 것은 나누어줄 금액에서 그 방법에 이르기까지 상세한 지시 사항을 적어놓은 것이다. 그는 한 사람에게 6데니르씩을 나누어주되 한 사람이 이중 삼중으로 받아가는 일이 없도록 도시의 모든 빈민들을 한날 한시에 교회에 모이도록 한 뒤, 한 사람씩 차례로 자선금을 받아 교회를 나가도록 해달라고 유언한 것이다. 이러한 유언은 지켜졌고 약 만 7천 명의 빈민이 혜택을 보았다고 한다.

그런데 별다른 커뮤니케이션의 수단이 존재하지 않던 때에 그렇게 많은 사람이 어떻게 모일 수 있었는지 궁금하다. 아마도 여기에 대한 대답은 당시의 유언 집행 관행에서 찾아야 할 것이다. 유언에 의한 자선은 상속인의 편의에 맞추어 시기를 결정할 수 있었는데, 대개의 경우 추수 때에 이루어졌다는 기록이 있다. 그러므로 사전에 유언 집행계획이 발표되었으며 이에 대한 정보는 고인이 살던 곳을 중심으로 반경 10~15킬로미터까지 퍼져나갔다고 한다.[59]

이러한 중세 말기의 자선 관행을 보면서 우리는 두 가지 사실을 알 수 있다. 첫째는 이 시기의 자선이 비교적 관대하게 베풀어졌으며, 빈민의 상태나 빈곤의 원인에 따른 차별이 거의 이루어지지 않았다는 점이다. 바로 이러한 특성이 직업적 걸인을 만들어 낸 원인으로 오랫동안 지적되어 왔다. 두번째는 자선 기관별로 자선 시행 일자가 고정되어 있었으며 개인의 유언 집행이라 할지라도 사전에 그 정보가 널리 유포될 정도의 시간적 간격을 두고 시행되었다는 점이다. 이 때문에 직업적 걸인들이 수도원이나 우애단체 등의 자선 물품 분배 일정에 맞추어 이동하는 특성이 생겨났다고 볼 수 있다. 자선 일정에 맞추어 이리저리 이동하는 것이야말로 이들 생활의 가장 중요한 일부가 되었던 것이다.

---

59) Geremek, op. cit., 1994, pp.38-40.

8) 토큰과 빈민통제

수도원을 중심으로 한 중세의 자선이 무차별적인 자선을 행함으로써
결과적으로 직업적 걸인을 양산했다는 비난을 받고 있지만 이들 기관들
이 적절한 자선 대상을 가려내는 원칙조차 갖고 있지 않은 것은 아니었
다. 수도원들은 자선금을 언제, 어떻게 분배할 것인지에 대해 상세하게
규정한 지침서(consuetudines)를 가지고 있었는데 여기에는 수도원이 영
구적이고 전적인 지원을 해야 할 빈민을 규정하고 있다. 오늘날의 병원
과 달리 의료 행위는 부차적인 기능에 머물렀던 반면, 장애인, 고아, 노
인, 빈민, 순례자에게 숙소와 끼니를 제공하는 것이 주기능이었던 중세
병원들도 자기들 시설에 반영구적으로 수용할 빈민들을 가려내는 나름의
지침을 가지고 있었다. 다만, 실제에서 영구적이며 전적인 지원을 받아야
할 빈민과 직업적 걸인을 구별해내기가 쉽지 않았던 탓에 그러한 차별
원칙이 엄격히 집행되지 않은 것뿐이었다.

어쨌든 수도원과 병원의 상시적인 지원에 의존하는 빈민집단은 빈민
전체의 일부에 불과했다. 수도원과 병원의 활동에도 불구하고 중세의 교
회 주변과 도심의 거리는 늘 걸인들로 붐볐던 것이다. 거리의 걸인들은
어느새 중세 도시의 모습을 구성하는 정상적이고 항구적인 요소가 되어
버렸다. 이들의 숫자가 얼마나 되었는지에 대해서는 믿을 만한 수치가
없다. 15세기의 파리의 한 작가는 이 도시에 8만 명의 걸인이 살고 있다
고 기록하고 있으나 확인할 방법은 없다.[60] 걸인의 숫자뿐 아니라 이들
의 집단성과 이동성은 도시의 위생과 치안 관리에 커다란 문제점을 야기
하였다. 14~15세기에 이르러 뉘른베르크와 남부독일을 중심으로 도시
의 자치 정부들은 빈민을 통제하기 위한 입법을 시도하였다.

---

60) 16세기 초 파리 시 당국의 통계에 따르면 도시 내 걸인의 숫자가 3만 명으로
집계되어 있다. 거기에다 걸인의 수가 전체 인구의 10분의 1이 넘을 경우 치안
이 유지되기 어려웠던 중세의 현실을 감안한다면 8만 명이라는 수치는 과장되
었을 것으로 보인다. Mollat, op. cit., 1986, p.246.

뉘른베르크는 빈민관리인(bettelherr)이라는 관리를 임명하여 1년에 두 번씩 빈민들을 조사하여 명부를 유지하고 외부의 도움이 절대적으로 필요한 사람들을 선정하여 이들에게 금속제의 토큰을 배부하였다. 토큰의 일차적인 목적은 '진짜 빈민'의 식별을 쉽게 하는 데 있었다. 토큰제도의 더 큰 의미는 빈민과 자선품 분배 시스템에 대한 통제가 강화되기 시작했다는 것이었다. 뉘른베르크 출신이 아닌 걸인들은 3일 이상 도시에 머무는 것이 허용되지 않았다. 물론 이러한 법이 엄격히 지켜졌을 것이라고는 생각되지 않지만 이 법이 시사하는 바는 크다. 다시 말하면, 중세 말기 도시의 자치 정부들이 이미 빈민에 대한 통제를 시작하고 그들에 대한 조직적 사회정책을 구상하고 있었던 것이다.[61]

9) 동정에서 억압으로

15세기에는 빈민들에 대한 당국이나 일반인들의 시각에 근본적인 변화의 조짐이 나타나기 시작했다. 이상화된 정신적 빈곤의 숭고함과 물질적 빈곤의 칙칙한 현실 사이에 날카로운 대립각이 형성되었다. 이러한 상황을 만들어낸 첫번째 이유는 부랑걸인이라는 새로운 빈민의 출현이었다. 이들이 가지는 첫번째 집단적 이미지는 익명성이었다. 도대체 어디에서 났고 지금까지 무엇을 하면서 살아왔는지 알 수 없는 사람들이었다.

낯선 자들에 대한 불신은 이들이 무슨 일을 저지를지 모른다는 의심과 공포로 발전되었으며 사람들은 부랑걸인들을 잠재적 범죄자로 취급하기 시작하였다. 일부 부랑 걸인들이 실제로 살인, 도둑질, 강간, 우물에 독 풀기, 창고에 불지르기 등의 범죄를 저지른 것은 사실이었다. 그러나 이러한 범죄는 다른 어느 집단에 속한 사람에 의해서도 일어날 수 있는 것이며 부랑 걸인들의 범죄율이 다른 집단에 비해 특별히 높았다는 근거는 없다. 그러나 14세기 후반의 민중 반란을 경험한 부자들이 이들에 대해

61) Geremek., op. cit., 1994, pp.41-47.

경계심을 가지고 방어적 심리를 강화했을 개연성은 충분히 있다.

빈민들에 대한 중세 말기의 인식 변화는 노동 여건의 변화와도 관련이 있었을 것으로 생각된다. 임금이 올라 노동자들의 생활 여건이 향상된 것은 주지의 사실이었다. 노동 빈민들의 자기존중과 자기주장이 강화된 것과 때를 같이 하여 빈민들의 게으름과 나태함에 대한 비판도 제기되었다. 신체건장한 빈민들이 구걸 대열에 합류하는 것을 어떻게 정당화할 수 있는지 사람들은 혼란스러워 했다.

교회 내에서는 탁발 수사들의 구걸에 대해서도 비판의 목소리가 나왔다. 바울 등 사도들의 행적이나 교부들의 가르침과 어긋날 뿐 아니라 영혼의 성숙을 저해한다는 것이었다. 잠자리와 먹을 것을 찾기에 급급한 일상에서 어떻게 영혼을 갈무리할 수 있겠느냐는 것이었다. 거기에다 노동을 할 수 있는 능력을 가지고 있으면서도 구걸을 한다는 것은 공동선 (common good)의 원칙에 위배된다는 주장도 나왔다. 탁발 수사들이 비판의 대상이 된 것은 치옴피 반란에서 보듯 이들을 따르는 빈민들이 많았기 때문이라는 시각도 있다.

그러나 빈민들에 대한 사람들의 반감과 경계 심리가 이들의 자선 관행에 얼마나 부정적 영향을 끼쳤는지는 알 수 없다. 원죄에 대한 근심, 죽음에의 공포, 구원의 불확실성으로 대변되는 중세 말기의 종교적 태도에서 짐작할 수 있듯 사람들은 빈민에 대한 자선을 여전히 구원의 수단으로 간주하고 있었기 때문이다.62)

---

62) Mollat, op. cit., 1986, pp.251-265.

제4장 가격혁명과 근대 초기의 빈곤

1. 가격혁명

1500년에서 1600년 사이 유럽의 물가는 지역과 재화의 종류에 따라 편차가 있기는 했으나 대략 4배 가까이 올랐다. 스페인의 물가가 특히 높은 증가율을 기록한 반면 러시아는 비교적 영향을 덜 받았다. 재화의 종류별로 보면 곡식, 밀가루, 빵 등의 농산물 가격이 가장 크게 올랐다. 유럽 전체로 봤을 때 1600년의 농산물 가격은 100년 전에 비해 5배가 뛰어올랐고 프랑스의 경우에는 7배 정도 오른 것으로 추정되고 있다(<표 4>, <표 5> 참조).

펠프스-브라운(E. H. Phelps-Brown)과 홉킨스(Sheila V. Hopkins)에 의해 작성된 16세기 영국의 물가 변동표에 따르면 이 기간 동안 영국의 농작물 가격은 약 5배 상승하였다. 15세기 내내 안정세를 유지하던 영국의 물가는 1520년대부터 오르기 시작하여 1597년에 정점에 달했다. 1475년의 물가를 100으로 보았을 때 1593년의 물가지수는 356으로 올랐다. 그 뒤 3~4년간에 걸친 연이은 흉작으로 인해 1597년의 물가지수는 무려 685를 기록하였다. 그러나 1600년에는 459 정도의 안정세를 회복하였다.[1]

---

[1] Phelps-Brown and Hopkins, 'Seven Centuries of the Prices of Consumables, Compared with Builders' Wage-Rates', *Economica,* new series vol.23, 1956; reprinted in their *A Perspective of Wages and Prices*, London, 1981, pp.13-59; 임금 노동자의 실제적 경제생활을 보다 충실하게 반영할 수 있도록 구매력 기준으로 작성한 래퍼포트(Steve Rappaport) 지수에 따르면 약 3~4배의 인상에

<표 4> 잉글랜드의 곡물가격 변동표 (1450~1650년)

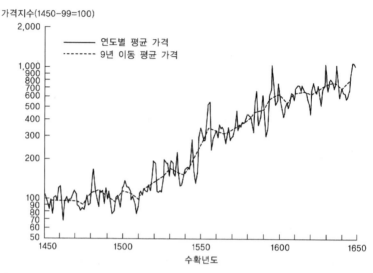

가격지수(1450-99=100)

자료: Peter Bowden, 'Agricultural Prices, Farm Profits and Rents', *The Agrarian History of England and Wales,* vol. 4, Cambridge, 1967, fig.15, p.627.

학자들은 이러한 현상을 '가격혁명'이라 부른다. 일반적으로 우리는 비교적 짧은 기간 동안에 어떠한 근본적이고 뚜렷한 변화가 초래되었을 때 이를 혁명이라 부른다. 16세기 100년 동안 물가가 4배로 올랐다고 하지만 이것을 연평균 상승률로 환산하면 약 1퍼센트 내외에 불과하다. 1970년대 내내 지속되었던 두 자리수의 물가 상승률을 기억하는 한국 사람들이나 1년도 안되는 사이 물가가 2배 이상 뛰는 살인적 인플레이션을 경험한 20세기 후반의 멕시코 사람들의 눈에는 극히 미미한 변화로 보일 수도 있는 일이다. 그런데 왜 역사가들은 이것을 '혁명'이라 부르는 것일까?

이는 아마도 지속적인 인플레이션 현상을 역사상 처음으로 경험한 16세기 유럽인들의 당혹과 어려움을 대변하기 위해 선택된 용어라고 생각

머무른 것으로 나타났다. Steve Rappaport, *Worlds within Worlds: Structures of Life in Sixteenth-Century,* London, Cambridge, 1989, pp.130-145.

<표 5> 잉글랜드와 서유럽의 밀 가격 변동표(1450~1650년)

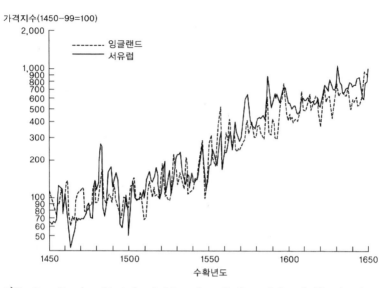

자료: Peter Bowden, 'Agricultural Prices, Farm Profits and Rents', *The Agrarian History of England and Wales*, vol. 4, Cambridge, 1967, fig.14, p.618.

된다. 인플레이션을 주도한 것이 인간의 생존과 직결되는 식량의 가격이었다는 것을 생각하면 더욱 그렇다. 더구나 식량 가격은 흑사병 이후 100여 년 동안이나 지속적인 하락 또는 안정세를 보여왔기 때문에 몸으로 체험하는 인플레이션의 충격은 그만큼 더 컸을 것이다. 그러나 우리가 주의 깊게 봐야 할 측면은 인플레이션 그 자체보다는 이것이 초래한 엄청난 경제적·사회적 변화이다. 사실 '혁명'이 16세기의 경제적 사건을 지칭하는 용어로서 널리 받아들여지게 된 것은 인플레이션이 초래한 경제, 사회적 결과의 크기를 상징하는 데 '혁명'보다 더 적합한 말이 없다는 학자들의 공감이 있었기 때문이다.

1) 동시대인들의 생각

미증유의 현상을 경험하게 된 16세기 유럽인들의 반응은 어떠했을까?
치솟는 물가에 대한 불평은 1530년경부터 기록되어 있다. 영국의 경우
이러한 불평은 1548년에서 1556년 사이에 집중되어 있는데 이는 실제
물가 인상폭이 컸던 시기와 일치하는 것이다.

절대주의국가에 대한 옹호이론으로 유명한 프랑스의 보댕(Jean Bodin)
은 이것이 아메리카로부터 유입된 귀금속 때문이라고 생각하였다. 비록
소수이기는 하지만 인플레이션이라는 새로운 현상에 대하여 이처럼 날카
로운 분석을 한 사람들은 또 있었다.

엘리자베스 1세 시대에 활발한 활동을 한 영국의 휴머니스트 토머스
스미스(Thomas Smith)는 연이은 풍작으로 곡식이 많이 생산되었음에도
식량 가격이 여전히 높은 현상에 대해 의문을 품었다. 그는 '풍요 속의
인플레이션'이라는 이상현상이 불량화폐 발행(debasement)과 관련이 있
을 것이라고 생각하였다. 즉, 헨리 8세 등 영국 튜더 시대[2]의 국왕들이
부족한 왕실 예산과 전쟁 비용 등을 손쉽게 충당하기 위하여 화폐에 들
어가는 금, 은의 함량을 떨어뜨리는 편법을 동원하였는데 스미스는 이러
한 편법적 화폐 발행이 총통화량의 증가를 가져왔을 것으로 추정하였던
것이다.[3] '악화가 양화를 구축한다(bad money drives out good)'는 그레
셤(Thomas Gresham)의 법칙도 이때 나온 것이다. 그레셤은 엘리자베스
1세의 재정고문을 지낸 바 있다.

---

2) 헨리 튜더(Henry Tudor)가 1475년 최후의 장미전쟁에서 리처드 3세를 물리치
고 왕위에 올라 헨리 7세가 됨으로써 시작된 영국의 왕조이다. 엘리자베스 1세
여왕이 후사 없이 죽을 때(1603)까지 약 130년 간 지속되었다.

3) Thomas Smith, *A Discourse of the Commonweal of this Realm of England*, ed.
Mary Dewar, The University Press of Virginia, 1969, p.101 et passim; 엘리자
베스 정부는 스미스의 건의를 받아들여 정상적 화폐발행원칙을 준수하는 정책
개혁을 단행하였다. 그러나 인플레이션 은 여전히 잡히지 않았다. 스미스는 후
일 자신의 저서인 *Discourse*의 수정본(1581)을 내면서 아메리카 대륙으로부터 대
량 유입된 은에 그 원인이 있을 것으로 분석했다.

그러나 이들의 생각은 시대적으로 매우 예외적인 것이었다. 대부분의 사람들은 물가가 오른 이유를 탐욕스런 상인들의 매점매석 등에서 찾았다. 성직자들의 설교에서도 부도덕한 상인들에 대한 비난의 소리가 높았다. 세속정부도 부도덕한 상업행위나 매점매석을 금지하는 법령을 잇따라 공포하였다. '사악한' 상인들이 자신들의 이익을 늘리기 위해 설탕에 밀가루나 그밖에 사람 몸에 해로운 것까지 섞어 파는 경우가 있었던 것을 보면 상인들의 탐욕도 물가를 올리는 데 일조를 하기는 했을 것이다.[4] 그러나 현대의 역사학자들은 상인들의 탐욕이 인플레이션의 진정한 주범이었으리라고는 생각하지 않는다.

2) 가격혁명의 원인에 대한 현대적 해석

(1) 인구론적 해석(Malthusian Explanation)

학자들간에는 가격혁명이 일어난 원인을 두고 상당한 논쟁이 벌어졌다. 그중의 한 축을 이루는 것은 소위 맬서스적인 해석인데 이는 식량의 생산이 인구증가를 따라가지 못한 것을 16세기 인플레이션의 근본적인 원인으로 보고 있다. 사실 16세기 유럽에서 발생한 가장 두드러진 변화 중의 하나는 인구의 폭발적인 증가였다. 15세기 중반 약 4천 5백만에서 5천만 명으로 추정되던 유럽의 인구가 16세기 말에 이르러 1억을 넘어 섰던 것이다.[5]

영국의 경우를 예로 들어보자. 콘월(Julian Cornwall)에 따르면 1520년대 초반 약 230만 명 정도였던 영국(잉글랜드와 웨일즈)의 인구가 1603년에는 375만 명으로 늘어났다. 약 80년 사이 63퍼센트가 증가했다는 이야기가 된다. 보다 본격적인 통계 작업에 바탕을 둔 리글리(Edward Wrigley)와 스코필드(R. S. Schofield)의 추정에 따르면 증가세는 더욱 심

---

4) R. H. Tawney and Power Eileen, *Tudor Economic Documents*, vol.1, Longman, 1951, pp.146-147.
5) Rondo Cameron, *A Concise Economic History of the World*, Oxford, 1989, p.95.

화되어 영국의 인구는 1590년대 중반에 이미 4백만 명에 이르렀다. 특히 수도 런던의 인구는 무려 3배가 증가하였다.[6] 유럽의 다른 지역도 마찬가지였다. 예컨대 합스부르크 제국의 인구는 같은 기간 천 2백만 명에서 2천만 명으로 늘어난 것으로 추정되고 있다.[7]

16세기 들어 유럽의 인구가 왜 이렇게 가파른 상승세를 타게 되었는지에 대해서는 아직 정확한 원인이 밝혀지지 않았다. 다만 이 기간 동안 흑사병이나 다른 풍토병의 발병이 현저한 감소세를 보였다는 점으로 미루어 사람들의 영양 섭취가 개선되어 질병에 대한 면역력이 증가된 것이 아닌가 짐작할 수 있다. 우리가 알지 못하는 또 다른 생태학적 변화가 있었는지도 모를 일이다. 또한 흑사병으로 인해 줄어든 인구 덕택에 비교적 높은 임금을 받게 된 노동자들이 좀더 일찍 결혼을 하여 가정을 꾸리게 된 것도 인구증가의 원인으로 생각되고 있다. 앞부분의 설명이 사망률의 감소 측면을 설명한다면 뒷부분은 인구증가의 다른 한 축인 출생률의 증가 측면을 설명해준다.[8]

맬서스적인 설명의 핵심은 인구증가로 인해 재화에 대한 수요가 폭발적인 증가를 보였으나 공급이 이에 따라가지 못했기 때문에 물가가 오르게 되었다는 것이다. 특히, 곡식처럼 공급이 수요에 비탄력적(inelastic)인 재화의 경우에는 인상압력이 그만큼 강했을 것이라는 주장이다.[9]

그러나 인구증가가 인플레이션을 유발했다는 인구론적 해석은 식량생산의 증가가 인구증가를 따라잡지 못했다는 분명한 실증적 증거를 내

6) Cornwall, 'English Population in the Early Sixteenth Century,' *Economic History Review*, 2nd series vol. 23, 1970, pp.32-44; Wrigley and Schofield, *The Population History of England, 1541-1871: a Reconstruction*, 1981, p.208.
7) H. G. Koenigsberger and George L. Mosse, *Europe in the Sixteenth Century*, Longman, 1968, p.31.
8) Cameron, op. cit., 1989, p.95.
9) 영국의 경우에는 Y. S. Brenner, P. H. Ramsey, R. B. Outhwaite 등이 이러한 입장의 대표적인 학자들이다. Outhwaite의 *Inflation in Tudor and Early Stuart England*, 2nd edn., 1982과 Ramsey가 편집한 *The Price Revilution in Sixteenth-Century England*, 1971 등이 대표적인 단행본들이다.

놓아야 하는 부담을 안는다. 아무리 인구가 급속하게 늘어났다 하더라도 식량생산의 증가율이 인구증가율을 따라가거나 앞서갔다면 맬서스적 이론은 성립되지 않기 때문이다. 다시 말해 경작지를 늘리는 데 한계가 있었고 농업생산성의 향상이 미흡하였다는 사실을 증명해야 하는 것이다.

애플비(Andrew B. Appleby)나 팰리저(David Palliser)는 맬서스적인 해석이 바로 이 부분에 대한 설명이 미흡하다고 판단하고, 적어도 엘리자베스 1세 시대의 영국에서는 이것이 타당하지 않다는 결론을 내렸다.10) 이들의 주장은 영국의 농업혁명이 과거에 생각했던 것보다 훨씬 일찍 시작되었다는 논의에 바탕을 둔 것이다.

예컨대 커리지(Eric Kerridge)는 농업생산성의 획기적 향상을 가져왔다고 평가되는 전환 농업(convertible husbandry: 목축과 경작을 번갈아 가면서 땅을 활용하는 방식의 농업)방식이 이미 16세기 중반부터 영국에 도입되기 시작하여 16세기 말에는 거의 일반화될 정도로 급속하게 보급되었다고 주장하였다. 이는 종전에 생각했던 것보다 무려 200년이나 그 시기가 앞당겨진 것이었다. 호스킨즈(W. G. Hoskins)는 17세기 중반 영국의 식량 생산은 16세기 초에 비해 총량 기준으로 2배가 넘어 인구증가에 따른 수요증가 부분을 거의 흡수하였다고 주장하였다.11) 이밖에 리글리는 순산출량(수확 총량 중 다음 해의 농사에 씨앗으로 사용할 부분을 제외한 양. 즉 식량으로 바로 사용하거나 판매가 가능한 수확물의 양) 기준으로 약 33퍼센트의 추가적인 식량 증산효과가 발생하였다고 주장하였다. 경작 면적이 일정하다면 곡물의 수확량이 늘어난다고 하더라도

---

10) Appleby, *Famine in Tudor and Stuart England,* Stanford University Press, 1978; David Palliser, *The Age of Elizabeth: England under the Later Tudors,* 1547-1603, 2nd edn., Longman, 1992, pp.67-68.

11) Eric Kerridge, *Agrarian Problems in the Sixteenth Century and After,* 1969, p.328; W. G. Hoskins, 'Harvest Fluctuations and English Economic History, 1480-1619', *Agricultural History Review* vol.12, 1964, p.27; E. A. Wrigley, 'Some Reflections on Corn Yields and Prices in Pre-Industrial Economies' in J. Walter and R. S. Schofield, eds., *Famine, Disease and the Social Order in Early Modern Society,* Cambridge, 1989, pp.257-259.

종자 및 사료용으로 비축되는 곡물의 절대치는 그대로 있으므로 가용 곡
물의 양은 더욱 커진다는 주장이다. 농업생산성 향상에 대한 연구들이
신뢰성을 확보해가는 동안 맬서스적 해석의 입지는 그만큼 좁아졌다. 그
러나 근본이 흔들릴 정도는 아니었던 것으로 보인다.

(2) 총통화이론

총통화이론은 피셔(Irving Fisher)의 유명한 공식 MV＝PT에 바탕을
둔 설명이다. 16세기를 통해 통화의 유통속도(velocity)와 상업거래(transaction)
의 횟수에 큰 변화가 없었던 것으로 가정하면, 결국 유통되는 화폐의 양
(quantity of money)이 곧 가격 수준(price level)을 결정했을 것이라는 해
석이다. 이 해석은 20세기 중반 맹위를 떨치다가 다소 멈칫하는 경향이
없지 않았으나 여전히 영향력을 발휘하고 있다.

총통화이론으로 가격혁명의 원인을 보는 경제사가들이라 하더라도 세
부적 요인에 대해서는 다양한 의견이 존재한다. 그중에는 4백여 년 전
토머스 스미스가 생각했듯 함량미달화폐의 편법 발행(debasement)을 주
요 원인으로 생각하는 사람들도 있는가 하면,[12] 아메리카로부터 대량의
금은이 유입된 것을 보다 근본적인 원인으로 간주하는 학자들도 있다.
그밖에 전쟁으로 인한 과도한 정부의 지출을 추가적 원인으로 꼽은 사람
도 있고 확대되는 신용제도에 주목하는 사람들도 있다.

유럽 전체로 보면 아무래도 스페인령 아메리카로부터의 금은이 대량
유입된 것이 가장 중요한 역할을 했을 것으로 판단된다. 스페인의 멕시
코 정복(1519~1521)과 페루 정복(1531~1533)에 이어 1540년대부터
광산이 개발되면서 금과 은, 그중에서도 은의 유럽 유입이 본격화되었다.

---

12) 예컨대 래퍼포트 같은 학자는 최소한 영국의 경우에는 함량미달화폐의 발행시
　　기와 극심한 인플레이션 시기가 일치하는 데 주목하면서 이러한 관행이 물가에
　　직접적이고 상당한 충격을 가했음을 지적하였다. Rappaport, op. cit., 1989,
　　pp.132-135: John D. Gould도 이러한 입장에서 설명하였다. *The Great
　　Debasement: Currency and the Economy in Mid-Tudor England*, Oxford, 1970.

특히 포토시(Potosi) 은광의 개발과 채광 기술의 발달로 1560년대에 이르러 스페인의 세빌(Seville) 항구로 들어오는 아메리카 은의 양은 엄청난 규모로 늘어났다. 유입량은 1580년대에 이르러 다시 2배로 늘어나고 1590년대에는 4배까지 늘어났다. 이렇게 스페인에 들어온 은은 유럽 여러 지역에 주둔하고 있던 군인들의 봉급으로, 혹은 밀과 모직물 수입 대전으로 유럽 전역에 퍼져나갔다. 총통화이론은 바로 이것을 16세기 인플레이션의 주범으로 보고 있는 것이다.

그러나 총통화이론에 의한 설명 또한 강력한 비판에 직면해야 했다. 무엇보다 신용거래의 규모나 여신 관행 등 16세기의 상거래와 화폐의 흐름에 대해 우리가 알고 있는 정보가 너무나 빈약하다는 것이었다. 게다가 실증적인 면에서 드러난 허점도 공격의 목표가 되었다. 예를 들면, 영국 등의 물가는 아메리카 대륙의 금은이 유럽에 유입되기 이전부터 오르기 시작하였다는 점이 지적되었다. 또한 물가에 충격을 줄 정도라면 그 양이 상당했을 텐데 과연 그 정도의 금은이 스페인 이외의 유럽 국가에도 유입될 수 있었는지 강한 의문이 제기되었다. 스페인을 제외한 다른 유럽 국가들의 경우, 자국의 금은 보유량이 늘었다면 그것은 일반적으로 무역흑자를 통해서 이루어졌을 것이다. 그런데 그에 대한 확실한 증거가 존재하지 않는다는 것이다.[13]

3) 가격혁명의 원인에 대한 종합적 해석

두 가지 해석에 대한 비판론들은 나름의 근거를 가지고 있다. 그럼에도 불구하고 맬서스적 해석이나 총통화론적인 해석의 근간이 완전히 무너진 것은 아니다. 오히려 16세기 유럽의 가격혁명이 인구증가와 총통화

---

13) 영국의 경우에는 다음을 참고하시오. J. D. Gould, 'The Price Revolution Reconsidered' in R.H. Ramsey, ed., *The Price Revolution in Sixteenth-Century England*, Methuen, 1971, p.99; Ramsey, *The Price Revolution in Sixteenth-Century England*, Methuen, 1971, pp.8-9.

량의 증가라는 복합적인 현상에 의하여 일어난 것임을 상호보완적으로 설명해주는 효과가 있다고 보는 것이 더욱 타당할 것이다.

한마디 덧붙인다면 통화량 증가로 인한 물가 압력은 비교적 단기적 요소로 작용하였던 것으로 추정되는 반면, 인구증가는 지속적, 장기적으로 물가에 압력을 가한 것으로 보인다. 이러한 점에서 우리는 인구증가의 측면을 보다 면밀하게 관찰해야 할 필요성이 있다.

16세기 후반에 들어 영국의 식량생산이 눈에 띄게 증가한 것은 사실로 보인다. 1563년 이후에는 인클로저를 금지하는 새로운 입법이 추진된 흔적이 없다는 것도 이러한 주장을 뒷받침해주는 것이다. 또한 1593년의 의회가 '풍부한 곡물생산'과 '저렴한 농작물 가격'을 근거로 경작지의 목축지 전환을 금지한 모든 반(反)인클로저 법률을 폐지한 것도 이러한 주장의 근거로 자주 제시되는 것이다.[14] 그럼에도 불구하고 이 시기 영국의 식량생산이 2배 이상 증가함으로써 인구증가로 인한 물가인상 압력을 완전히 흡수하였다는 호스킨즈의 결론은 상당 부분 과장된 것으로 생각된다.

<표 6>은 16세기 대부분의 기간 동안 곡물가격이 제조업 품목에 비해 현저하게 높은 인상률을 보였음을 단적으로 보여주고 있다. 유럽 전체를 보더라도 식량 가격은 다른 재화의 가격에 비해 2배 정도의 높은 가격상승률을 보였다.[15] 이는 곡물의 공급이 수요증가에 대하여 그만큼 비탄력적이었다는 것을 보여주는 것이다. 더구나 흉작 때마다 거의 수직상승에 가까운 예민한 움직임을 보인 식량 가격도 인구증가로 인한 압력을 완전히 극복하지 못하고 있음을 예증하는 것이다.

16세기에 일어난 농민 소요는 대개 인클로저와 관련된 것이었는데 그중에서도 공동용지(commons 혹은 wasteland)에 대한 임차인들의 관습적 권리를 영주들이 침해했다는 불만에서 비롯된 것이 대부분이었다. 공동

---

14) 39 Elizabeth c.1 & 2.
15) Jütte, op. cit., 1994, pp.28-29.

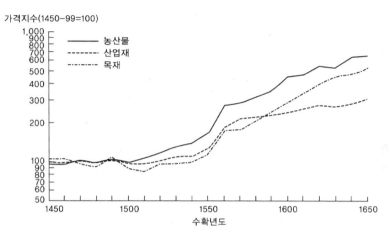

<표 6> 농산물, 산업재, 목재의 가격 변동표

자료: Peter Bowden, 'Agricultural Prices, Farm Profits and Rents', *The Agrarian History of England and Wales*, vol. 4, Cambridge, 1967, fig.11, p.595.

용지는 땔감은 물론 집이나 헛간을 지을 재목을 얻을 수 있는 유일한 곳이었고 농사에 필요한 가축을 키우는 데 없어서는 안될 곳이었다. 그러므로 농민들의 불만과 분노의 폭발이 충분히 예상되는 상황임에도 불구하고 이를 감행해야 했던 영주들의 상황은 인구증가로 인한 땅의 부족 현상을 단적으로 말해주는 것이다.

2. 가격혁명의 사회적 결과

1) 승리자와 패배자: 늘어나는 임금 노동자

산업화 이전의 세계에서는 인구가 늘면 토지에 대한 수요가 늘어나게 마련이었다. 물론 인구가 늘어났다는 것이 곧 인구 한 사람이 경작할 수 있는 땅의 면적이 줄어든 것을 의미하지는 않았다. 만일 유휴지, 즉 놀고 있는 땅이 많다면 인구가 늘어난 만큼 이를 개간하여 경작지를 늘려나가면 되기 때문이다. 그러나 16세기의 여러 가지 경제 상황을 알려주는 자료들을 분석해보면 인구에 비해 농사지을 땅이 모자랐다는 결론을 내릴 수밖에 없다. 예컨대 토지 임대료가 높은 상승 곡선을 그린 것은 단순히 인플레이션의 한 측면으로 이해할 수도 있으나 땅 부족 현상을 배제하면 완전한 이해가 불가능한 부분이 있다.

일반적으로 말해서 인구가 증가한다는 것은 자녀의 숫자가 늘어난다는 것을 의미한다. 부유한 영주들이나 중농(yeoman)이라면 자식들이 여럿이라 해도 자신이 소유한 또는 경작할 권리를 가진 땅을 적절히 분할해서 나누어줄 수도 있을 것이다. 자식들 하나하나에게 돌아갈 땅의 면적은 줄어들겠지만 자산의 크기에 따라 이러한 분할 상속 방식은 자식들뿐 아니라 그 다음 세대에까지 계속될 수도 있을 것이다.

그러나 대부분의 농부는 영세농들(subsistence farmers)이었다. 자신과 식솔들을 먹여 살리기에 급급한 이들에게는 더 이상 나눌 만한 땅이 없었다. 그러므로 장남 등 일부 선택받은 자들을 제외한 영세농의 자식들은 다른 생존 수단을 찾아야 했다. 그들의 가장 일반적인 선택은 임금 노동자가 되는 것이었다.

인구증가 이외에도 임금 노동자의 수를 증가시키는 요인들이 많이 있었다. 그것은 인플레이션이 가져온 농업의 경영 여건 변화 속에서 초래되었다. 자기 땅을 가진 사람들에게는 인플레이션이, 그것도 곡물 가격이 주도하는 인플레이션은 하등 불리할 이유가 없었다. 잉여작물이 있는 부농들의 경우에는 그것이 오히려 절호의 기회였다. 다시 말해서 식구들 먹을 것과 생산비를 제외하고도 시장에 내다 팔 곡식이 남아 있는 사람은 높은 가격에 이를 시장에 내다 팔 수 있었으므로 과거보다 높은 수익을 얻을 수 있었다.

그러나 영세농들은 경우가 달랐다. 이들은 어지간한 풍작이 아니고서는 시장에 내다 팔 만한 잉여작물이 없었다. 거기에다 풍작 때에는 곡식 가격이 내려서 큰 이문을 올릴 수도 없었다. 바꾸어 말하면 잘해야 본전 이었다. 문제는 예고 없이 들이닥치는 흉년이었다. 16세기의 유럽 농업 은 기후 조건에 의해 작황이 좌우되는 낮은 기술 수준에 머물러 있었으 므로 이상기후나 기상재해 등 돌출 변수에 의해서 한 해의 농사를 망치 는 경우가 허다하였다. 그렇게 되면 많은 영세농들은 걷어들인 곡식으로 당장 식구들의 끼니를 이어나가기에도 부족하여 세금이나 지대는 지불할 엄두를 내지 못했다.

영세농들이 이러한 위기를 벗어나는 방법은 단 한 가지밖에 없었다. 다음 해 수확될 곡식을 담보로 빚을 얻어 부족한 식량을 보충하고 세금 과 지대를 내는 것이었다. 그러나 다음 해의 예상 수확을 담보로 빚을 낸다는 것은 실로 위험한 일이었다. 다행히 다음 해에 풍년이 들어 잉여 작물이 발생한다면 몰라도 높은 이자로 늘어난 빚을 갚는다는 것은 쉬운 일이 아니었다. 혹 흉년이 연속되면 많은 영세농들이 빚을 갚지 못하게 되고 땅을 버리는 상황을 맞을 수밖에 없었다. 결국 곡식이라는 현물로 갚기로 한 것이(payments-in-kind) 땅으로 빚을 갚는(payments-in-land) 결과를 초래한 것이다. 실제로 빚은 16, 17세기를 통틀어 임금 노동자를 양산한 가장 큰 원인이었다. 임금 노동자가 늘어난 또 다른 이유는 자본 주의적 농업의 출현이었다.

2) 자본 집약적 농업

농업경제의 변화는 본질적으로 느리게 일어나게 마련이다. 그럼에도 불구하고 16세기의 인플레이션은 다른 요인들, 즉 인구증가와 새로운 농 업 경영기법의 도입 등과 복합되어 토지의 소유 구조에 상당한 변화를 초래하였다. 특히 종교개혁이 일어난 지역에서 추진된 수도원과 공양당 (供養堂, chantry)의 해체는 엄청난 파장을 불러일으켰다.

교육과 빈민구제 업무를 포함하여 사실상 오늘날 국가 행정의 상당 부분을 수행하고 있던 중세의 수도원들은 예산 규모에서 세속정부의 그것을 능가하였고 그 예산의 상당 부분이 수도원이 가지고 있는 토지 수입에서 충당되었다. 그러므로 독일, 영국 등의 신교 지역에서는 수도원의 해체로 인한 거대한 규모의 토지 소유 변동이 일어나게 나게 되었던 것이다. 특히 영국에는 이 수도원 토지를 취득한 새로운 지주들을 중심으로 보다 적극적이고 효율적인 농업경영 방식이 도입됨으로써 자본집약석이고, 동시에 상업지향적인 농업이 출현하게 되었다는 해석이 대두되었다.

앞에서 살펴본 바와 같이 잉여작물을 생산할 수 있는 부농과 영주들에게는 가격혁명은 고통의 시간이 아니라 높은 수익을 올릴 수 있는 기회였다. 그러나 이들 모두에게 그 혜택이 돌아간 것은 아니었다. 기회를 잘 활용한 사람들과 그렇지 못한 사람들 사이에 경제적, 사회적 위치가 뒤바뀌기도 하였던 것이다. 유명한 영국의 '젠트리(gentry) 논쟁'의 핵심이 젠트리 계급의 경제적, 사회적 지위가 '향상'되었다는 주장과 이들의 지위가 오히려 '하락'했다는 주장이 맞섰던 것임을 생각해보면 쉽게 이해가 갈 것이다. 귀족계급의 전반적인 퇴조 현상에는 의견의 접근이 있었는데 경제적 사회적 변동에 대해 적절하게 대응하지 못한 것이 주요 원인으로 지적되었다. 이밖에 부농들 중에는 경작 토지를 늘려 싼 임금 노동자를 고용하는 확대경영 방식으로 성공하는 이들이 많았다.[16] 그러나 이쯤에서 우리는 전반적인 사회구조나 계층 변화보다는 우리의 주제인 가격혁명이 빈민들의 삶에 어떠한 영향을 미쳤는가 하는 논의로 되돌아

---

16) 이에 관한 중요한 참고문헌으로는 다음과 같은 것이 있다. R. H. Tawney, 'The Rise of the Gentry, 1558-1640,' *Economic History Review*, vol.2, 1941; 'the Rise of the Gentry: a Postscript,' *Economic History Review*, 2nd ser. vol. 7, 1954; H. R. Trevor-Roper, 'The Gentry,' *Economic History Review*, Supplement 1, 1953; L. Stone, *The Crisis of the Aristocracy, 1558-1641*, Oxford, 1965; J. H. Hexter, 'The English Aristocracy, Its Crisis, and the English Revolution,' *Journal of British Studies*, vol. 8, 1968; Brian Manning, *The English People and the English Revolution*, 1976.

가야 한다.

근대 초까지만 해도 토지에 대한 절대적 '소유(owning)' 개념은 확립되지 않았고 대신 '보유(holding)'의 개념만이 존재했다. 대지주들의 경우에는 자유보유(freehold)가 일반적이었다. 여기에 비해 대부분의 영국 농부들은 사용권보유인(copyholder)이었다. 사용권보유란 토지 사용에 대한 권리가 문서화된 계약, 또는 관습에 의해 일정 기간 보장된다는 의미로 사용되었다. 16세기 들어 토지 사용에 대한 이들의 관습적 권리는 많은 침해를 받았다. 정부 당국은 형평성의 원칙과 관습법을 적용하여 이들의 권리를 보존하려고 하였으나 지주들에 의한 급작스러운 토지사용권의 몰수나 과도한 지대 인상이 빈번하게 발생하였다. 지대의 인상은 주로 엔트리 파인(entry fine: 계약 갱신시 일시금으로 지불하는 토지 사용료)의 인상을 통해 이루어졌다.

일단의 역사가들은 많은 영세농들이 임금 노동자로 전락하게 된 것은 경제적 현실에 밝고 이윤 추구에 열심인 '새로운' 지주 집단의 출현 때문이었다고 믿고 있다. 이들은 새로운 지주 집단과 자본주의적 농업의 출현을 수도원의 해체와 연결시키고 있다. 16세기의 종교개혁 운동가였던 헨리 브링클로우(Brinklow)도 지대 인상이 주로 과거에 수도원이 가지고 있던 토지를 중심으로 일어났음을 증언하였다.[17] 이것은 어느 정도의 타당성을 가지고 있는 것으로 보인다.

중세를 통해 교회는 거대한 토지재산을 보유하였다. 정확한 규모는 알 수 없으나 프랑스와 독일에서는 전체 토지의 반 정도가 교회재산이었다는 주장이 있을 정도이다. 영국의 경우에는 이보다 조금 적은 3분의 1에서 4분의 1 정도였다고 추정되었다. 5분의 1을 약간 상회하는 수준이었다는 주장도 있다. 어느 경우라 하더라도 이것은 결코 적은 규모가 아니었다. 종교개혁이 단행되기 직전인 1535년 당시 영국 왕령지(王領地)의

---

17) Zeeveld, William, *A Supplication of the Poore Commons,* 1546 in *Four Supplications,* ed. by J. M. Cowper, London: E.E.T.S., 1871, pp.79-81.

연간 총수입이 최대한으로 잡아도 4만 파운드를 넘지 못했던 반면, 영국 교회의 총토지수입은 40만 파운드, 다시 말해 왕령지 수입의 10배에 달했다.[18] 영국에서 왕령지 수입은, 별도로 의회가 승인하는 보조금 (subsidy)이 추가되지 않는 한, 왕실의 살림뿐 아니라 도로와 항구의 유지, 보수 등 사실상 정부 전체의 예산을 의미했음을 생각해볼 때 그것의 10배에 달하는 예산은 실로 엄청난 규모라 할 수 있었다. 이 거대한 토지 재산의 최소한 60퍼센트가 종교개혁 이후 왕의 소유가 되었고 그중 대부분이 궁극적으로는 젠트리 계층과 일부 귀족들에게 넘어갔다. 노르만 정복 이후 영국 역사상 최대 규모의 토지 소유 구조 변동이라고 할 수 있었다. 소위 '새로운 지주집단'의 출현이 사실이라면 이들과 수도원의 해체는 어떻게 연결되는가?

앞에서 밝혔듯이 대부분의 농부들은 사용권보유인(copyholder)으로서 명문화된 계약 또는 관습에 의해 토지 사용의 권리를 가졌다. 그 권리의 형태는 장원에 따라 매우 다양하였으나 공통적인 점은 계약 기간이 매우 길었다는 점이었다. 개중에는 대대로 대물림까지 할 수 있는 경우도 있어 자유보유인(freeholder)과 맞먹을 정도의 권리를 행사하기도 하였다. 지대(rents)의 변경도 용이하지 않아서 인플레이션에도 불구하고 많은 농부들이 오래 전에 결정된 고정 지대(fixed rents)를 그대로 지불하는 경우도 많았다.

그런데 수도원 소유의 토지를 사용하던 농부들은 이러한 토지사용권의 관습적 권리를 온전하게 지키기가 어려웠을 것으로 추정된다. 왜냐하면 수도원 토지를 왕으로부터 사거나 하사받은 새 지주들에게 과거 수도원과 소작인들 사이의 계약은 이제 무효가 되었으며 새로운 계약 관계가 성립된 것이라고 볼 수도 있었다. 이들은 인플레이션 시대에 맞게 짧은 계약 기간을 두어 수시로 지대를 인상할 수 있도록 하거나 계약 관계의

---

18) W. G. Hoskins, *The Age of Plunder: The England of Henry VIII, 1500-1547*, Longman, 1976, pp.121-148.

종료를 보다 쉽게 할 수 있는 방향으로 새로운 계약 관계를 설정했을 법하다.

실제로 3분의 1 내지 4분의 1에 해당하는 소작인들만이 과거보다 좋은 조건으로 계약을 갱신하여 소규모 상업농으로 성장할 여건을 얻은 반면, 그외의 대다수 소작인들은 더욱 열악한 조건의 임대 조건을 감수할 수밖에 없어 결국 임금 노동자로 전락하게 되었다는 분석도 있다. 토니(R. H. Tawney) 계열의 학자들의 주장에 따르면 영국에서의 이러한 토지 소유구조의 양극화는 주로 남부와 미들랜드(Midlands) 지역에 집중되었다. 이들 지역은 또한 16~17세기 인클로저에 대한 불만이 집중적으로 분출된 곳이기도 하였다.19)

자본집약적 농업은 토지의 돌려쓰기 방식과 밀접한 관련이 있었다. 전환농업(convertible husbandry 또는 up-and-down husbandry)의 필수적인 요건은 대규모로 구획된 토지가 있어야 한다는 점이었다. 이 대규모 토지에 울타리를 둘러치고 이것을 다시 여러 구역으로 분리하여 각기 목축과 경작지로 분리하였다. 그런 다음에는 몇 년마다 목축지로 사용했던 곳은 경작지로 바꾸고 경작했던 곳은 목축지로 바꾸어서 사용하는 것이다. 이러한 방식은 토지의 효과적 활용은 물론, 토지의 비옥도도 유지할 수 있어서 농업생산성의 획기적 향상을 가져온 것으로 생각된다. 17세기 들어 일부 지주들은 강물을 목초지로 끌어들이는 관개농업도 추진하였다.

이러한 기술혁신은 비약적인 농업생산성을 가지고 온 것으로 평가되지만 이는 상당한 수준의 자본 투자 없이는 엄두도 낼 수 없었으므로 자본력을 가진 대지주나 부농들에게나 해당되는 경영 방식이었다.

전환 농업의 도입은 필연적으로 인클로저와 그로 인한 소작인들의 퇴출을 불러왔다. 영세농들의 임금 노동자 전락이 지대 인상이나 인클로저보다는 흉작에 더 큰 원인이 있다는 주장을 부인할 수 없으나20) 전환 농

19) R. H. Tawney, *Agrarian Problem in the Sixteenth Century*, 1912, pp.32-33, 64-65; Richard Lachmann, *From Manor to Market: Structural Change in England, 1536-1640*, The University of Wisconsin Press, 1987, p.101.

20) Andrew Appleby, op. cit., 1978, pp.82-83; Alan G. R. Smith, *The Emergence*

업으로 인한 인클로저도 상당 부분 책임이 있음을 인정해야 할 것이다.

3) 실질임금의 하락

서유럽 전체의 실질임금은 1530년대부터 급격하게 하락하기 시작하여 17세기 전반에 이르러 최악의 수준으로 떨어졌다. 이때의 임금 수준은 200년 전에 비해 약 3분의 1에 불과한 것이었다. 실질임금은 이후 완만한 회복세를 보이기 시작했다(<표 7>). 그렇다면 실질임금의 하락은 어디에서 비롯되는 것일까? 오늘날이라면 인구보다는 생산성, 세금, 원자재 가격 등의 동향이 실질임금 수준에 큰 영향을 미칠지도 모른다. 그러나 16~17세기의 유럽 경제 상황하에서 실질임금의 결정에 가장 영향을 많이 미친 요소는 인구였던 것으로 생각된다. 그중에서도 임금 노동자의

<표 7> 실질임금 변동표

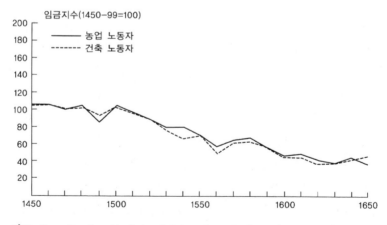

자료: Peter Bowden, 'Agricultural Prices, Farm Profits and Rents', *The Agrarian History of England and Wales*, vol. 4, Cambridge, 1967, fig.12, p.599.

of a Nation State: The Commonwealth of England, 1529-1660, 2nd edn., Longman, 1997, p.170; Palliser, *The Age of Elizabeth*, Longman, 1992, p.174.

증가는 실질임금의 하락을 직접적으로 촉진시킨 요인으로 분석되고 있다
(<표 8>).

영국 털링(Terling)이라는 마을 거주자의 직업별 인구 비율을 1520년
부터 100년간 추적 분석한 연구에 의하면 임금 노동자의 비율이 이 기
간 동안 2배로 증가했음이 확인되었다.[21] 호스킨즈는 헨리 8세 시대의
영국인 중 약 3분의 2가 임금 노동자와 부양가족들이었다고 보고 있다.[22]

노동시장에서의 노동 가격은 수요와 공급이 만나는 지점에서 결정된
다. 따라서 임금 노동자의 숫자가 크게 늘어났다는 것은 노동시장에서의
공급이 크게 증가했음을 의미했다. 영국 같은 곳에서는 모직물을 중심으
로 한 새로운 산업이 성장하여 노동력에 대한 수요가 크게 증가한 것이
사실이지만 늘어난 노동력을 모두 흡수하기에는 역부족이었다. 결과적으
로 16세기의 실질임금이 15세기에 비해 현저하게 낮아졌으리라는 것은
쉽게 짐작할 수 있는 일이다. <표 8>은 적어도 18세기 후반까지는 인
구증가와 실질임금 사이의 상관도가 매우 높았다는 사실을 잘 보여주고
있다.[23]

아벨(Wilhelm Abel)의 연구에 따르면 1500년에서 1700년 사이 독일
주요 도시 노동자들의 구매력은 반 이상이 떨어진 것으로 나타났다. 영
국의 경우에는 1500년에서 1600년 사이에 30 내지 57퍼센트가 떨어졌
다.[24] 펠프스-브라운과 홉킨스에 의해 작성된 16세기 영국의 임금지수는
명목임금의 상승이 6~7배나 뛰어버린 물가를 따라가지 못하는 상황을
잘 보여주고 있다. 더구나 미숙련 노동자(unskilled laborers)의 명목임금
은 1545년 이후에야 오름세를 보였는데, 물가가 1530년대부터 오르기
시작했다는 것을 감안하면 상당한 시차가 있는 셈이었다. 명목임금이 물

21) Keith Wrightson and David Levine, *Poverty and Piety in an English Village: Terling*, 1979, pp.5-7, 175.
22) Hoskins, W. G., *Provincial England*, Macmillan, 1963, p.84.
23) John Walter and R. Schofield, eds., *Famine, Disease and the Social Order in Early Modern Society*, Cambridge, 1989, p.288.
24) Jütte, op. cit., 1994, p.29.

<표 8> 잉글랜드의 인구증가율 및 실질임금 상승률

(단위: %)

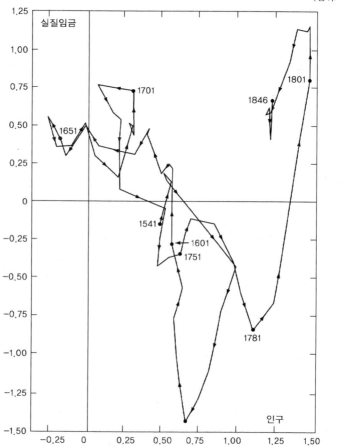

자료: E. A Wrigley R. S Schofield, The Population History of England, 1541~1871;
A Reconstruction, London, 1981, fig.10, p.410.
인구증가율과 임금상승률은 20년 평균치로서 표시된 연도는 그 기간의 첫 해이
다. 예컨대 1541년의 수치는 1541~1560년 사이의 평균치를 말한다 — 역자.

가 상승률보다 한 템포 이상 늦는 경향은 16세기 내내 지속되었다. 이
임금 지수표에 따르면 목수, 미장이 등의 건축 노동자의 실질임금은 15
세기 말에 비해 반 이상(57퍼센트) 떨어진 것으로 나타났다. 물가가 정점
에 다다랐던 1597년에는 100년 전 임금의 30퍼센트에 지나지 않았다.[25]

그런데 16~17세기의 임금 지수를 재구성하는 목적이 당시 빈민, 즉 임금 노동자들의 생활 수준을 살펴보는 데 있다면 생활 필수품의 가격 산정에 좀더 주의를 기울일 필요가 있다. 다시 말하면 이 임금지수는 빈민들의 실제적 구매력이 반영되도록 작성되어야 한다. 예를 들면 밀의 도매가격은 중요한 지표이기는 하나 이러한 목적에 부합하는 최상의 자료는 아니라는 것이다. 그 보다는 밀가루의 가격, 또 그보다는 동네 가게의 빵집에서 살 수 있는 빵의 소매가격이 좀더 의미가 있다.

'밀→밀가루→빵'으로 가공도가 높아질수록 상품의 원가에서 밀의 공급 상황(작황)에 덜 민감하게 반응하는 요소의 비중이 높아진다. 예를 들면 빵의 원가 구성에는 원재료인 밀 이외에 빵집 노동자의 임금이나 집세, 시설이나 설비의 감가상각비 등 밀과 직접 관계없는 항목들이 상당 부분을 차지한다는 것이다. 그러므로 밀농사가 흉작이어서 밀의 도매 가격이 치솟았다 해도 노동자들이 시장에서 실제로 구입하는 빵의 가격은 인상 압력을 덜 받을 수밖에 없다는 것이다. 이러한 관점에서 래퍼포트가 작성한 16세기 말의 실질임금은 100년 전에 비해 30퍼센트 떨어지는 데 그친 것으로 나타났다.[26]

래퍼포트(Steve Rappaport)를 비롯하여 16세기 영국 경제의 긍정적 측면을 강조하는 소위 수정주의자들은 임금지수 산출의 기준 연도인 15세기 말의 임금 수준이 이례적으로 높았던 것을 감안하면 30~50퍼센트 정도의 임금 감소를 너무 확대 해석할 필요가 없다는 입장이다. 그것도 100년이라는 긴 세월에 걸쳐 감소하였다면 노동자들이 그다지 큰 충격 없이 소화했을 것이라는 분석이다. 거기에다 실질임금의 감소 측면만 볼 것이 아니라 가계수입의 증감 측면을 고려해야 한다는 주장도 대두되었다. 즉, 상황이 어려울수록 보다 많은 가족이 일자리를 얻으려 할 것이고 잔업 등을 통해 소득을 보전하려 하지 않았겠느냐는 이야기이다. 그러나

25) Brown, E. H., *A Perspective of Wages and Prices,* London, 1981, p.29.
26) Rappaport, op. cit., 1989, pp.148-150.

일부 과장이 있는 것은 인정한다고 하더라도 노동자들의 실질임금이 크게 감소한 것은 분명한 사실이고 거기에 따라 소득도 자연스럽게 줄었을 것이라고 보는 것이 타당할 것 같다.

설사 1500년의 임금 수준이 어느 정도 여유가 있었음을 감안하더라도 실질임금이 반으로 하락했다는 것은 실로 엄청난 충격이었을 것이다. 예를 들어보자. 1500년 독일의 어느 도시에 한 건설 노동자가 다섯 식구를 부양하고 살았다. 당시 그의 임금으로 그의 가족이 살아가는 데 꼭 필요한 것을 다 사는 데 큰 문제는 없었다. 오히려 3분의 1 정도의 돈이 남아 필수품 이외의 다른 물품도 살 수 있는 여유가 있었다. 1600년에 그와 비슷한 노동자 가장은 100년 전의 노동자가 받던 임금의 절반밖에 받지 못했다. 이는 곧 그의 임금으로는 가족의 생존에 꼭 필요한 것을 75퍼센트밖에 살 수 없다는 것을 의미했다. 이 노동자와 그의 가족은 '생존'을 위해 외부의 지원에 의존해야 했던 것이다.[27]

4) 도시 노동자의 증가

16세기와 17세기 전반의 유럽은 대체로 경제가 확장되는 시기였다. 인구증가로 인하여 농업 및 산업재에 대한 수요가 확대되고 거기에 맞춰 공급을 늘리려는 노력이 어느 정도 성과를 거두었기 때문일 것이다. 농촌에서는 자본집약적이고 상업적인 농업이 점차 확산되었으며 도시를 중심으로 한 제조업에서도 대량생산의 기조가 확대되었다.

인구론적 측면에서 보면 한쪽은 농촌 인구의 감소를 낳았고, 다른 한쪽은 이농(離農)인구의 흡수를 통해 성장할 수 있었다. 다시 말해서 농촌에서는 자본주의적 농업 경영의 여파로 인구가 크게 감소하였는 데 반해, 도시의 제조업은 늘어난 인구, 보다 정확하게 말하자면 늘어난 임금 노동자를 바탕으로 확대되었던 것이다.

---

27) Jütte, op. cit., 1994, p.29.

　도시에 따라 흥망성쇠가 있었지만 16세기 영국의 도시 인구는 대체로
크게 증가하였다. 15세기 대부분의 영국 도시가 인구 감소를 경험한 것
에 비추어보면 체감되는 폭은 더욱 큰 것이었다. 인구증가에는 내부 증
가 요인보다는 외부 유입 요인이 훨씬 큰 작용을 했다. 가장 중요한 요
인은 일자리를 찾아 도시로 나온 농촌의 젊은이들이었다. 런던의 경우
1520년에는 5만 명에 불과하던 인구가 16세기 말에는 20만 명을 넘어
섰다. 80년 만에 4배로 불어난 인구는 대부분 이들로 채워졌던 것이다.
　16세기 제조업의 성장을 확인시켜주는 부분은 바로 이렇게 늘어난 인
구를 그다지 큰 무리 없이 흡수할 수 있었던 제조업 부분의 노동시장 팽
창이었다. 어느 정도 규모가 있는 도시들의 경우 전체 노동 인구의 절반
이상이 제조업에 종사했을 것으로 추정될 정도로 16세기 들어 도시 산업
에서 제조업이 차지하는 비중은 대단히 커졌다. 런던 등지에서 제조업의
팽창을 선도했던 산업은 수출용 모직물 산업이었다. 과거 가공되지 않은
양모를 그대로 수출하던 영국은 16세기 중반에 이르러 대부분을 가공된
형태의 나사(羅絲, broadcloth: 양털로 짠 두꺼운 모직물로 양복감등으로
쓰임)로 수출하였다. 수출량은 괄목할 만한 증가세를 보여 16세기에는 4
배, 17세기 중반에는 8배로 급속하게 늘어났다.[28] 코벤트리(Coventry), 우스
터(Worcester), 노리치(Norwich), 엑시터(Exeter) 등에서도 모직물 산업에 고용
된 노동자들의 비중은 매우 컸다.[29]
　이뿐 아니라 영국의 석탄 생산량은 1500년에 20만 톤에 불과하던 것
이 17세기 중반에는 150만 톤으로 늘어났는데, 이는 유럽 전체 생산량
의 4분의 3에 해당하는 물량이었다. 또한 분사식 용광로(blast furnace)[30]
의 대중화에 힘입어 못, 망치, 삽, 칼, 말발굽 등 모든 금속 제품이 대량
생산되어 저가로 보급되는 등 금속 제품의 제조가 5배 이상 증가하였다.

28) Ralph Davis, *English Overseas Trade, 1500-1700*, MacMillan, 1973, pp.7-19.
29) Rappaport, op. cit., 1989, pp.91-93.
30) 원래 중세 스페인 지역에서 개발되어 사용되던 것인데 16세기 개량되어 영국
　을 중심으로 한 서유럽에 대량 보급되었다.

대량생산의 기조가 확대된 것은 분명한 사실이었다. 예컨대 금속제련 공장들은 수백 명을 고용할 수 있는 대규모 작업장을 가지고 있었다. 또한 석탄을 사용하는 제당, 제지, 금속, 벽돌, 비누, 유리, 염색 등의 작업장에서는 용광로 설치 비용 등 상당한 수준의 자본투자가 필요하였다. 그럼에도 불구하고 금속, 광산, 선박 분야를 제외하면 대부분의 제조업 공장은 지극히 영세적인 자본 규모를 넘어서지 못했다. 그나마 집중적인 자본 투자가 이루어진 금속, 광산 등의 대규모 작업장에서도 기술혁신이나 노동절약적(laborsaving)인 작업 공정 측면에서는 큰 진전을 보지 못했다. 그것은 증가하는 임금 노동자로 인해 싼 임금의 노동력이 항시 대기했었기 때문에 구태여 거기에 관심을 기울일 필요가 없었을 것으로 풀이된다. 결과적으로 상업적 자본주의의 발달은 사회를 양극화 구조로 몰고 감과 동시에 섬유, 건설, 광산, 금속 산업 등 노동집약적 산업에 종사하는 수많은 노동자들을 빈곤 상태로 몰고 갔다.

노동자들에게 불어닥친 보다 직접적인 문제는 불황 또는 침체기에 불거지는 제조업의 구조적 취약성이었다. 예나 지금이나 산업의 경기는 늘 좋을 수만은 없다. 때때로 불황과 침체의 늪에 빠지기도 하는 것이다. 16~17세기 대표적 성장 산업이었던 영국의 모직물 산업도 예외가 아니었다. 1550년대 초반에 불어닥친 침체는 최소한 수천 명의 일자리를 앗아갔다. 이에 놀란 런던 시민들이 실업 문제에 큰 우려를 표시하며 실업자에게 일자리를 마련해줄 것을 정부에 건의하는 소동이 벌어질 정도였다. 런던의 성인 남자의 3분의 1이 모직물 관련 업종에 종사하였으므로 약간의 침체 국면만으로도 수천 명이 일자리를 잃을 수 있는 상황이었다. 1560년대나 1587~1598년의 기간도 그런 경우였다. 경우에 따라서는 시장의 완만한 성장조차도 대규모의 실업을 일으킬 가능성이 있었다.[31]

영세한 자본주들에게 불황에 대비한 유휴인력 활용 방안이 있을 수 없었으며 경기 회복을 기대하며 유휴인력의 고용을 유지할 리 만무했다.

---

31) Smith, *The Emergence of a Nation State*, 1997, p.53.

한마디로 말해서 근대 초기의 노동자들에게 직업 안정성이라는 것은 존재하지 않았다. 계약 기간중에 있는 견습공들마저 쉽사리 해고되는 형편이었다. 그나마 안정성이 있는 편이었던 가내 하인(domestic servants)들도 단기 통고(short notice)에 의해 해고되기도 하였다. 중세 공동체적 사회의 중심이었던 길드의 영향력은 눈에 띄게 쇠퇴하였다.

영국의 경우가 말해주듯이 16~17세기의 유럽 경제가 어둡고 암울하기만 한 것은 아니었을 것이다. 지역에 따라 농업생산성의 획기적인 성장을 보인 곳도 있었고 새로운 산업들이 성장하였다. 그러나 초기 자본주의적 경제 구조가 점차 뿌리를 내리고 확산되면서 경제 성장의 과일은 전체 사회 구성원들에게 골고루 분배되지 않았다. 특히 임금 노동자들은 새로이 들어서는 경제 구조의 최대 피해자였다.

이를테면 16~17세기 영국이 성취한 괄목할 만한 농업생산성의 향상은 전환 농업이나 관개 농업 등 자본집약적 농업을 바탕으로 이루어진 것으로서, 일자리와 먹을 것을 모두 '냉혹한 시장'에 의존하는 무토지 임금 노동자의 양산을 수반했던 것이다. 점차 상업화되는 농업과 새로운 산업의 성장으로 일자리와 먹을 것을 모두 시장경제에 의존해야 하는 상당한 수의 임금 노동자 집단이 형성되었다고 가정할 때, 흉작과 산업 불황이 이들에게 미치는 영향은 쉽게 짐작할 수 있으며 특히 이 두 조건이 겹치면 이들의 고통이 배가되었을 것임이 틀림없다.

3. 빈곤의 구조

1) 임금 노동자: 작황-예민 인구집단

앞에서 우리는 가격혁명의 여파로 노동자들의 실질임금이 현저하게 떨어졌음을 살펴보았다. 더 중요한 사실은 이들의 고통이 단순한 실질임금의 하락에서 그치지 않았다는 점이다. 냉혹한 시장(市場) 경제에 내던져진 채 이들은 식량 생산의 작황(作況)에 따라, 또는 주요 산업의 경기 상황에 따라 자신들의 생존이 결정되는 피동적이고 무기력한 존재로 전락하였던 것이다. 그리고 그러한 상황은 노동자들의 실질임금이 다소 회복된 17세기와 18세기에도 지속되었다.

특히 흉작의 영향은 더욱 컸다. 흉작은 모처럼 높은 임금을 받을 수도 있었던 수확기 농업 노동자의 노동 기회를 빼앗는 것에 그치지 않았다. 흉작은 사회 전체의 구매력 저하를 가져오며 이는 다른 산업의 불황과 그에 따른 노동자의 대량해고를 의미하였다.

거기에다 흉작에 의해 소득이 줄어든 노동자들의 고통은 여기에서 끝나는 것이 아니었다. 이들을 생존의 위기(subsistence crisis)로 몰아넣은 것은 시장의 살인적인 식량 가격이었다. 가뜩이나 소득이 줄어든 노동자들에게 높은 식량가격은 심각한 위기 상황을 초래할 수 있었다.

17세기의 영국인 그레고리 킹은 작황이 평년작보다 20퍼센트 가량 떨어지면 곡물 가격은 80퍼센트가 올라가고 작황이 평년작의 50퍼센트 정도로 떨어지면 곡물 가격은 무려 4~5배로 뛴다고 관찰한 바 있다. 그러므로 잉여작물이 있는 중농 이상의 농부들은 흉작이 오히려 더 많은 이익을 올릴 수 있는 기회이기도 하였다. 그러나 대부분의 영세농들은 모자라는 곡식을 보전하기 위해 빚에 의존하였음은 앞에서 이야기한 바와 같다.

수확량과 곡물 가격 사이의 상관관계를 계량화하려는 노력은 현대에 들어서도 계속되었다. 데이브넌트(Charles Davenant)는 킹의 저술을 바탕으로 수확량이 평균치에 못미쳤을 경우를 10퍼센트 단위로 상정하여 각각 발생할 수 있는 곡물 가격의 변동률을 제시하였다. 그에 따르면 전(前) 산업화 경제(pre-industrial economy)에서 어느 해의 곡물 수확량이 평균보다 10퍼센트를 밑돌았다면 30퍼센트 정도의 가격 인상 요인이 발생하며 20퍼센트 이하의 수확을 거두었다면 곡물의 가격이 80퍼센트가

<그림 6>

프랑스 스트라스부르의 곡식 보관창고. 산업화 이전의 유럽에서 곡물의 수확량은
사람들의 삶에 엄청난 영향을 미쳤기 때문에 가능한 많은 곡물을 재고로 비축하
려는 경향이 있었다. 다락과 지붕에 곡식 저장 공간을 마련하고 특별한 환기장치
를 설치하였다.

오르게 된다. 30퍼센트가 감소하면 가격은 2.6배가 되고 작황이 평균치
의 절반으로 떨어지면 가격이 5.5배가 되는 등 수확량이 감소하면 할수
록 가격은 기하급수적으로 증가한다는 것이 그의 분석이다.

수확량 감소에 따라 가격이 급상승하는 이유는 리글리가 밝혔듯이 수
확한 곡물 전량이 시장에 나올 수가 없기 때문일 것이다. 다시 말하면,
총산출량(gross yields) 중 다음 해 농사를 위한 씨앗으로 평균 수확량 기
준 25퍼센트를 비축해야 하고 추가적인 10퍼센트를 말, 소 등 축력을 제
공하는 가축의 사료로서 남겨놓아야 하기 때문이다. 이러한 목적의 비축
곡물은 절대치이기 때문에 흉작시에는 그 비율이 늘어나는 것은 당연한
것이다. <표 9>에서 보듯이 수확량이 평균치의 50퍼센트에 머물렀다면
실제 가용한 곡물의 양(net yields)은 평균작의 경우에 비해 4분의 1(순산

<표 9> 곡물의 총산출량과 순산출량

(평균산출량=10부셸)

총산출량 (에이커당 부셸)	순산출량	
	(a)[a]	(b)[b]
10	7.5	6.5
9	6.5	5.5
8	5.5	4.5
7	4.5	3.5
6	3.5	2.5
5	2.5	1.5

순산출량 a=총산출량—2.5부셸(씨앗용)
순산출량 b=총산출량—2.5부셸(씨앗용)—1부셸(농사용 가축사료)

자료: E. A Wrigley, 'Some Reflections on Corn Yields and Price in Pre-Industrial Economies', John Walter and Roger Schofield, eds., *Famine, Disease and the Social Order in Early Modern Society*, Cambridge, 1989, table 7.2, p.238.

출량 a)에 못미치고 사료를 제외한다 하더라도 3분의 1에 불과하게 된다 (순산출량 b). 거기에다 농부의 가족들이 먹어야 할 식량과 임금 노동자에게 지불되는 현물 등을 제외하면 실제 시장에 나올 수 있는 곡물의 양은 더욱 줄어든다는 것이 리글리의 분석이다.

리글리는 총산출량과 순산출량을 구분하고 프랑스 학자 부니아티앙 (M. Bouniatian)의 공식($[y= 0.757/(x-0.13)^2]$, 1=평균산출량)을 적용하여 새로운 모델을 제시하였는데 <표 10>에서 보는 바와 같다.[32]

땅 한 뙈기 없는 노동자들에게 곡물 가격이 천정부지로 치솟는 흉작에 식량을 구할 수 있는 곳이 오로지 '시장'밖에 없었다는 것은 비극이었다. 도시 빈민들의 경우는 더욱 그러했다. 다시 말해 근대 초기 임금 노동자들이 처하게 된 '빈곤의 구조'는 이들이 '임금'과 '먹을 것'을 모두 시장경제에 의존하는 데에서 비롯된 것이다. 이들이 곧 '작황-예민 인구집단(harvest-sensitive population)', 바꾸어 말하면 작황에 따라 경제적 삶이 좌우되는 인구집단이었다.

---

32) E. A. Wrigley, 'Some Reflections on Corn Yields and Prices in Pre-industrial Economies,' in Walter and Schofield, eds., *Famine. Disease and the Social Order in Early Modern Society*, Cambridge, 1989, pp.235-278.

<표 10> 곡물의 수확량과 가격

수확량	가격
1.0	1.000
0.9	1.277
0.8	1.686
0.7	2.330
0.6	3.427
0.5	5.530

자료: E. A Wrigley, 'Some Reflections on Corn Yields and Price in Pre-Industrial Economies', John Walter and Roger Schofield, eds., *Famine, Disease and the Social Order in Early Modern Society* Cambridge, 1989, table 7.2, p.238.

킹은 또한 17세기 후반 영국인의 식비 지출 모델을 작성하였는데 이를 보면 높은 곡물 가격으로 인한 충격이 빈민들에게 상대적으로 컸다는 사실을 알수 있다. 엎친 데 덮친 격이라 할 수 있었다. 이에 따르면 소득 하위 41퍼센트에 해당하는 인구는 전체 식비의 50퍼센트를 곡물에 지출하였다. 이와 대조적으로 이들보다 세 배의 식비를 지출하는 부유층 인구집단에서는 25퍼센트만을 곡물을 사는 데 지출하였으며 고기, 생선, 달걀 등에 더 높은 비율의 식비를 썼다. 다시 말해 가난한 사람일수록 곡물에 대한 의존도가 그만큼 높았다는 것을 의미하였다. 인구규모와 농업생산성이 변수로 작용하고, 시대마다 상황이 다르겠지만 전 산업화 경제에서 일부 최상층을 제외한 대부분의 사람들은 전체 식비의 최소한 절반 이상을 곡물을 원료로 한 식품과 음료에 지출했던 것으로 보인다.[33]

흉작의 영향은 이것이 끝이 아니었다. 정부는 흉작에도 불구하고 평소의 예산 규모를 유지하기 위해서 담세자의 범위를 늘릴 수밖에 없었고 이는 납세에 대한 반발이라는 역풍을 맞는 위험을 감수해야 했다. 또 식량 분배에 대한 불만은 종종 심각한 소요 사태로 발전하기도 하였다. 흉작은 또한 일자리나 먹을 것을 찾아 헤매는 부랑 유민의 숫자를 크게 증가시켰다. 흉작이 야기하는 이러한 사회적 불안은 빈민에 대한 정부의

---

33) Walter and Schofield, *Famine, Disease and the Social Order in Early Modern Society*, Cambridge, 1989, p.8.

강압적 통제를 유발하였고 그 고통은 고스란히 빈민들에게 돌아갔다.

16세기 스위스의 신학자였던 루드비히 라바테르(Ludwig Lavater)는 1571년 취리히의 상황을 설명하면서 품귀(dearth)는 평소보다 2배 내지 3배의 돈을 주고 식량을 사야되는 상황이라면 기근(famine)은 돈을 주고 사고 싶어도 살 수 없는 상황이라고 설명했다.34) 그러나 임금 노동자의 생존은 어느 경우에나 위협받을 수 있었다.

2) 생존의 위기

전유럽을 통해서 많은 사람들이 생존의 위기 또는 그 비슷한 상황을 경험한 것은 대체로 흉작이 연달아오는 경우였다. 구체적으로 1527~1534 년, 1565~1567년, 1571~1574년, 1594~1597년, 1624~1625년, 1637~ 1639 년, 1659~1662년, 1691~1693년, 1739~1741년, 1739~1741년, 1771~1774 년이 그러한 경우였다. 이 중에서 16세기 말과 17세기 중반의 것은 특히 심각한 위기를 초래한 시기였다. 이 시기 사체 매장에 관한 기록들은 먹을 것이 없어서 굶어 죽어간 많은 빈민들에 대하여 언급하고 있다.

생존의 위기는 프랑스 학자들이 만든 용어(crises de subsistence)로부터 비롯되었다. 이는 사망률이 평소의 2배 이상으로 증가하고 출산율이 3분의 1 이상 감소하는 상황을 규정하는 용어이다. 그러나 실제 이러한 정의에 부합하는 경우가 얼마나 많았는지는 의문이다. 예를 들면 영국 학자들은 16~17세기의 영국은 흉작으로 인해 많은 사람들이 고통을 받고 사망률이 치솟은 적이 여러 차례 있었으나35) 프랑스 용어가 정의한 극단적인 위기는 단 한 차례도 겪지 않았다고 주장하고 있다36)(<표 11>).

---

34) Jütte, op. cit., 1994, p.31.
35) 연이은 흉작과 모직물산업의 불황이 겹친 1550년대 중반과 1590년대 후반이 이에 해당된다. 런던을 포함하여 많은 지역에서 사망률이 증가했다. 또한 1550 년대 중반 웨스터민스터 세인트 마가렛의 매장기록을 보면 적어도 전체 매장자의 4분의 1이 기근 또는 그와 관련된 질병으로 사망한 것으로 분석되었다. Palliser, op. cit., 1992, p.57.

<표 11> 지역적 위기의 지리적 분포
(1596년 1월~1598년 6월, 1622년 11월~1623년 12월)

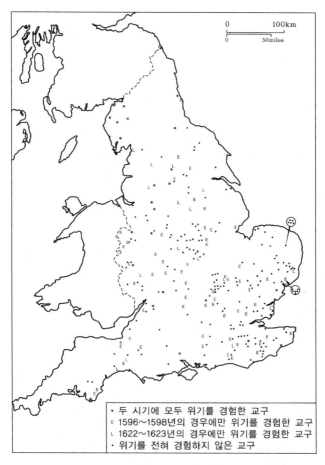

자료: John Walter and Roger Schofield, 'Famine, Disease and Crisis Mortality in Early Modern Society,' *Famine, Disease and the Social Order in Early Modern Society*, Cambridge, 1989, fig 1.1, p.35

그럼에도 불구하고 생존의 위기 이론은 흉작이 가져오는 곡물 가격 인상과 그에 따른 빈민들의 고통을 설명할 수 있는 유용성을 가지고 있다.

36) Ibid., p.56.

식량의 공급 상황에 영향을 미치는 요소로는 ① 수요, 즉 인구의 증감 여부 ② 생산성(토지 활용도) ③ 교통과 유통 구조 ④ 관세 ⑤ 전쟁 ⑥ 기후(이상고온, 냉해, 폭우, 홍수 등) 등 여러 요인이 있을 수 있는데 생존의 위기 이론은 이 중에서도 이상기후로 인한 작황의 악화를 가장 중요하게 다루고 있다.

흉작이 오면 곡물 가격이 치솟는 이유를 앞에서 살펴보았다. 곡물 가격이 치솟으면 굶어 죽는 사람도 많이 생길 것이다. 높은 식량 가격과 사망률(mortality) 사이에는 어느 정도의 상관관계가 있을까? 일부 연구 결과들에 따르면 높은 식량 가격이 유발하는 기근 - 흉년으로 식량이 모자라 굶주리는 상태 - 이 곧 바로 대량사망의 위기(mortality crisis)로 연결되는 경우는 드물었던 것으로 분석되었다. 굶어 죽는 사람들도 많이 있었겠지만 대량사망의 위기를 초래한 더 중요한 요인은 기근과 관련이 있는 역병(疫病)의 발생과 확산이었다. 한 지역에서 발생한 역병은 먹을 것과 일자리를 찾아 헤매는 사람들의 경로를 따라 다른 지역으로 퍼져나 갔기 때문이다.[37]

17~18세기 프랑스에 있어서의 생존 위기를 분석한 뒤파퀴예(Jacques Dupâquier)의 작업도 비슷한 결론을 낳았다. 식량 가격이 치솟았던 시기와 대량 사망이 발생했던 시기가 일치하는 경우가 1690년대를 비롯하여 몇 차례 발견되기는 하였으나, 이 경우에도 기근 그 자체보다는 이와 관련된 역병의 발생과 확산에 좀더 직접적인 원인이 있었다는 것이다.[38]

높은 곡물 가격과 대량 사망 사이에 직접적인 상관 관계가 그다지 높지 않았다는 것은 영국, 프랑스뿐 아니라 다른 유럽 지역에 관한 연구에서도 확인되었다.

---

37) R. D. Lee, 'Short-term Variations in Vital Rates, Prices, and Weather' in E.A. Wrigley and R.S. Schofield, eds., *The Population History of England,* pp.68, 392-400.

38) Walter and Schofield, eds., "Demographic Crises and Subsistence Crises in France, 1650-1725", in *Famine, Disease and the Social Order in Early Modern Society,* Cambridge, 1989, pp.189-200.

<표 12> 생존 위기시의 사망률, 출산율, 혼인율

(프랑스 생 랑베르 데 르베의 경우)

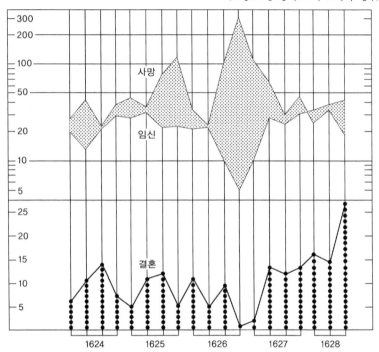

자료: P. Goubert, *Beauvais et le Beauvaisis de 1600 á 1730*, Paris, 1960.

그러나 지역, 또는 시기에 따라 비교적 높은 상관관계가 있다는 연구 결과도 나왔다. 갤러웨이(P.R. Galloway)는 1677~1734년 사이의 프랑스에서 식량 가격과 사망률 추이를 분석한 결과 둘 사이에 상당히 높은 상관관계(46퍼센트)가 있었음을 밝혀냈다. 이는 비슷한 시기 영국(24퍼센트)에 비해 높은 수치이다. 그는 또한 높은 식량 가격이 2년 이상 연속되었을 때에는 추가적인 사망률 증가 요인이 있는 것도 밝혀냈다.[39]

또한 결혼과 출산도 곡물 가격과 매우 높은 상관관계가 있는 것으로

---

[39] 'Basic Patterns in Annual Variations in Fertility, Nuptiality, Mortality and Prices in Pre-industrial Europe,' *Population Studies,* vol.42, 1988, pp.275-304.

알려졌다. 리(R. D. Lee)의 연구에 따르면 곡물 가격이 2배로 뛰면 혼인율(nuptiality)이 22퍼센트 감소하고 출산율(fertility)은 14퍼센트 떨어지는 것으로 나타났다. 만약 풍년이 들어 곡물 가격이 절반 이하로 떨어지면 그 반대의 효과가 나타나는 것으로 분석되었다.[40]

이상의 분석을 단계적으로 정리하면 다음과 같다.

1. 이상기후, 자연재해 등으로 수년 간에 걸쳐 연달아 흉작이 발생한다.
2. 공급이 줄어듦에 따라 곡물의 재고가 감소한다.
3. 품귀(scarcity) 현상이 일어나고 곡물의 가격이 치솟는다. 품귀현상은 종종 식량 부족이라는 실재적 요인보다는 높은 가격에 대한 심리적 공황과 더 관련이 있는 경우가 있다.
4. 곡물 가격의 인상으로 생존에 필수적인 식품 구매에 대한 지출이 늘어나고 결과적으로 산업재와 서비스재에 대한 수요가 감소한다.
5. 제조업과 상업 활동이 침체된다. 노동에 대한 수요가 감소하고 실업률이 증가한다. 임금은 낮은 수준에 머물거나 오히려 감소한다.
6. 소득이 감소한 하층민들은 가뜩이나 식량 가격이 올라서 식량을 구입할 수가 없게 된다. 음식 섭취량을 줄이거나 불량 식품을 섭취할 수밖에 없다.
7. 영양 부족으로 질병에 대한 면역력이 약화된다. 풍토병이 퍼진다. 사망률이 높아진다.
8. 혼인이 지연되고 그 결과 9개월의 간격을 두고 출산율이 감소한다.
9. 인구가 감소한다.
10. 작황이 나아져 평년작이나 풍작을 기록하게 되면 식량의 공급은 평상상태로 돌아가게 된다. 생존의 위기와 대량사망의 위기(mortality

---

40) R. D. Lee, 'Short-term Variations in Vital Rates, Prices, and Weather' in E.A. Wrigley and R.S. Schofield, eds., *The Population History of England*, pp.68, 392-400.

<표 13> 생존의 위기모델 Ⅰ

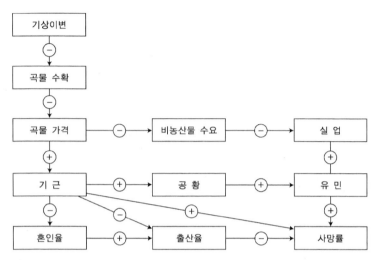

자료: Jaccues Dupâquier, 'Demographic Crises and Subsistence Crises in France, 1650~1725,' John Walter and Roger Schofield, eds., Famine, Disease and the Social Order in Early Modern Society, Cambridge, 1989, fig. 5.2, p.195.

crisis)는 끝이 난다.

 이것을 그림으로 나타내면 <표 13>과 같다. 여기에 몇 가지의 변수를 추가하면 <표 14>와 같은 모델로 설명할 수 있다.

 아마도 이 모델의 취약점은 식량의 품귀나 역병의 만연, 사망률 증가 등에 실제로 영향을 미쳤을 다른 많은 요소들이 배제되어 있다는 점일 것이다. 농업생산성의 측면도 그러하거니와 비축식량을 비롯한 각 지역사회의 흉작에 대한 대비(provisions) 태세, 협력시스템의 구축여부, 교통이나 시장의 발달여부 등이 모델에서 생략되어 있는 주요 요소들일 것이다. 아처(Ian Archer)의 연구는 왜 영국에서는 대규모의 생존위기가 발생하지 않았는지에 대해 농업생산성 문제 이외에도 다양한 설명이 가능한 것을 보여주는 예라고 할 것이다.[41]

 그렇다고 해도 맬서스적인 생존위기 모델의 무용론이 절대적으로 입

<표 14> 생존의 위기모델 Ⅱ

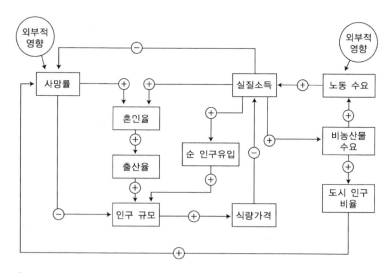

자료: E. A. Wrigley and R. S. Schofield, *The Population History of England, 1541~1871; A Reconstruction*, London, 1981, fig. 11.5, p.465.

증되지는 않는다. 전국적인 규모의 생존위기가 적어도 영국에서는 발생한 적이 없다는 애플비의 결론이 점차 힘을 얻고 있는 것은 사실이지만 영국도 지역에 따라서는 그러한 위기상황이 종종 발생하였고[42] 다른 유럽 지역의 대부분이 기근의 공포 속에서 벗어나지 못하고 있었던 것이 산업화 이전의 모습이기 때문이다. 그러므로 이 모델은 보완을 통해 개선될 필요가 있으며 보다 조심스럽고 신중한 사용을 전제로 여전히 유용성을 가지고 있다고 말할 수 있다.

---

41) Archer, Ian, *The Pursuit of Stability: Social Relations in Elizabethan London*, Cambridge, 1991.
42) 재고가 그리 많지 않았고 거기에다 시장발달이 미약하여 지역적인 식량 부족 상태를 효과적으로 해결할 수 있는 인프라가 구축되어 있지 않았기 때문으로 분석되고 있다.

4. 빈곤의 정도

맬서스적인 빈곤 구조를 강조하는 학자들은 16~17세기 경제 변화의 결과로서, 다시 말해 토지 소유 구조의 양극화, 상업적, 자본주의적 농업의 출현 등으로 임금 노동자가 상대적, 절대적으로 급속하게 증가했음을 주목하고 있다. 절대적이라 함은 임금 노동자의 '숫자'가 늘어났다는 이야기이고, 상대적이라 함은 다른 경제집단과 비교하여 이들의 '비율'이 늘어났음을 의미하는 것이다. 다른 말로 하면 '작황-예민 인구집단'이 크게 불어났음을 의미하는 것이다.

흉작이 가져오는 경제적·사회적 영향에 대한 연구에서 선구자적 역할을 하였던 호스킨즈는 작황에 의해 삶이 휘둘러졌던 임금 노동자와 영세 농들이 영국 전체 인구의 3분의 2를 차지했다고 주장했다. 세부적으로는 이 중 절반이 절대적 빈곤선 이하의 삶을 살았고 나머지 반은 빈곤선 바로 위의 아슬아슬한 삶을 살았다는 것이다. 호스킨즈는 특히 임금 노동자들은 총소득의 80~90퍼센트를 먹고 마실 것에 지출하였으므로 그만큼 작황이 이들의 삶에 결정적인 영향을 미쳤다고 주장하였다.[43] 도시 거주 인구가 특히 취약하였다는 주장도 그가 제기한 것이다.[44] 전체 인구의 절반이 빈민이었다는 주장은 다른 역사가들에 의해서도 계속되었다.[45] 우리는 이들의 주장을 어디까지 믿어야 할까?

앞에서도 이야기했지만 빈곤은 상대적이고 가변적인 개념이다. 특정 시대, 특정 사회의 지배적 가치관과 필요의 정도, 경제 발전의 단계에 의해서도 빈곤의 정의는 달라질 수 있다. 그러므로 과거 사람들의 삶을 조명하기 위해서 현재 우리가 가진 삶의 표준을 적용한다는 것은 온당하지

---

43) Hoskins, 'Harvest Fluctuations and English Economic History, 1480-1619,' *Agricultural History Review*, vol.12., 1964, pp.28-46.

44) Hoskins, *Provincial England*, Macmillan, 1963, p.84.

45) P. H. Ramsey, *The Price Revolution in Sixteenth-Century England,* Methun, 1971, pp.4-5; P. Clark, *County Towns in Pre-Industrial England,* Leicester University Press, 1981, p.10.

<표 15> 근대 초기 세금관련 기록에 나타난 '재정적 빈민'

지역		연도	총납세가구	면세가구	비율(%)
도 시	Cologen	1582	4,062	189	4.7
	Ausburg	1618	8,738	4240	48.5
	Ausburg	1646	4,218	1570	37.2
	Grenbole	1735	2,163	808	37.3
	Lille	1740	15,710	7077	45.0
	York	17			20.0
	Norwich	17			62.0
	Verona	1635	?	?	77.0
	S. Gimignano	1670	?	?	75.0
농 촌	Warwickshire	1669~1670	?	?	36.0
	Hertfordshire	1662~1690	?	?	39.0
	Essex	1662~1690	?	?	38.0
	Flanders	1544	?	?	40.5
	Brabant	1750	?	?	41.5
	Westphalia (한마을)	1536	44	10	22.7

자료: Robert Jütte, *Poverty and Deviance in Early Modern Europe*, Cambridge, 1994, table 5, p.47.

도 않거니와 자료상의 한계 때문에도 불가능한 일이다. 과거의 빈곤 상황을 추정하기 위해서는 과거의 자료를 바탕으로 연구하는 방법 이외에는 없는 것이다.

세금관련 기록(tax records)은 빈민센서스, 구빈물자 수혜기록 등과 함께 우리가 이용할 수 있는 가장 중요한 과거의 기록임에는 틀림이 없다. 세금관련 기록에서 우리의 관심을 끄는 부분은 인두세(capitation) 면제자 또는 기본세액 납부자의 비율일 것이다(<표 15>).

예를 들면 이러한 정보가 포함된 18세기 프랑스의 징세기록은 17~18세기에 진행된 농업 프롤레타리아와 도시 프롤레타리아의 확산을 보여준다. 브르타뉴 23개 읍락 중 면제 주민의 비율이 50퍼센트 이내인 경우는 정치적, 행정적 중심지이거나 집중된 산업 시설이 있는 곳뿐이었다. 또한

해당 도시가 경제적 변화에 얼마나 잘 적응했느냐에 따라 면제자의 비율
이 달라졌음을 보여주기도 한다. 이러한 상황은 유럽 전체도 마찬가지였
다. 예를 들면, 요크, 프랑크푸르트, 셰필드 등은 면제자 비율이 10퍼센
트에서 20퍼센트에 불과한데 이것은 이 도시들의 긍정적인 경제 측면을
반영하고 있는 것으로 보인다.

　세금관련 기록들은 이렇듯 근대 초기 유럽 연구에 관한 중요한 자료임
에 틀림없다. 그러나 이 자료가 곧 빈곤의 정도나 빈민의 숫자를 말해주
는 것은 아니다. 세금 면제 또는 최저 세금(nil or minimum assessments)을 빈
곤선과 동일시하는 것은 또한 매우 위험한 일이다. 근대 초기의 세금은 대
개 소득이 아닌 소유재산의 크기에 따라 세액과 면제선을 설정했기 때문
이다.[46] 또한 룩셈부르크 지방에서는 빈민들도 대부분이 세금을 냈다.
극빈층이라 하더라도 세금이 면제되지 않았던 것이다.

　징세정책은 여러 가지 상황에 따라 정부가 필요로 하는 예산이 얼마인
가에 의해 직접적인 영향을 받는다. 정책 목표 등 경제 외적 요인에 의
해서 달라질 수도 있고 전쟁이나 반란 등의 위기 상황하에서 결정될 수
도 있다. 실제로 전유럽을 통틀어 16~17세기 동안 재산의 산정 방식이
나 세금의 비율을 그대로 유지한 지역은 드물다. 그러므로 세금관련 기
록을 이용할 때에는 상황에 따라 적절한 방법론을 개발하는 것이 필요하
다는 주장이 제기되고 있는 것이다.

　소위 맬서스적 모델의 옹호자들은 세금 면제자 또는 최저 세금 납부자
들을 모두 빈민으로 추정하는 경향이 있었다. 도시 인구의 3분의 1에서
절반이 절대 빈민이었다는 호스킨즈의 결론도 코벤트리의 보조세금
(subsidy) 관련기록 분석에 의한 것이었다. 같은 도시를 대상으로 한 피
시안 애덤스(Phythian-Adams)의 연구는 이 도시의 5분의 1만이 '작황-
예민 인구', 즉 빈민이었다는 결론을 새로이 이끌어냈다.[47] 그가 제시한

---

46) Jütte, op. cit., 1994, pp.46-50.
47) *Desolation of a City, Cambridge*, 1979, pp.132-134.

<표 16> 근대 초기 빈민구제 수혜자의 숫자 및 비율

지역		연도	총수혜가구	총인구 중 비율(%)
도시	Frankfurt am Main	1539	400	3.6
	Trier	1623	324	24.8
	Cologen	1799	3,132	8.2
	Berlin	1665	280	2.0
	Berlin	1799	11,125	7.2
	Vitré	1597	949	11.0
	Amiens	1625	1,149	3.8
	Aix-en-Provence	1760	5,000	20.0
	Norwich	1578~1579	381	5.1
	Exeter	1691	482	7.2
	Salisbury	1725	180	5.1
	Venice	1740	?	14.0
	Toledo (1parish)	1573	518	15.6
	Antwerp	1773	?	11.0
	Brussels	1755	?	7.0
	Malines	1794	?	13.0
농촌	Nuremberg 지역	1700~1710	?	10.0
	Zurich 지역	1590	3,459	4.5
	Solothurn 지역	1768	156	22.5
	Kenilworth 지역	1663~1664	31	23.0

자료: Robert Jütte, *Poverty and Deviance in Early Modern Europe*, Cambridge, 1994, table 6, p.54.

빈민인구 비율은 16~17세기의 다른 도시들에 대한 최근의 연구들이 내놓는 수치와 대략 일치하고 있다. 이들 연구들이 옳다면 아마도 우리는 빈곤선을 조금 끌어내릴 필요가 있을 것이다. 어느 쪽이 옳은가의 문제를 떠나서 세금관련 기록을 이용하기 위해서는 보다 신중한 접근이 필요하고 세금 면제의 사회적 의미에 대해 보다 폭넓은 연구가 필요함을 일깨워주는 것이라고 하겠다.

자선 수혜기록이나 빈민명부 또한 근대 초기의 빈곤문제에 접근할 수 있는 얼마 안되는 통로 중의 하나이다(<표 16>, <표 17>). 그러나 이들 역시 신중한 접근을 필요로 하는 점에서 세금관련 기록과 다를 바 없

다. 우선적으로 지적할 수 있는 것은 근대 초기의 기록들이 지속적이거
나 일관적이지 않다는 점이다. 영국을 제외하면 18세기 이전에는 제대로
작성된 빈민명부가 흔하지 않다. 1790~1791년 프랑스 혁명정부의 산하
기구(Comité de Mendicité)에 의해 집계된 빈민 조사도 축소 조정된 의
혹을 받는 등 신뢰성을 잃고 있다.

자선 수혜자명부도 마찬가지이다. 1년에 여러 차례 구호를 받은 빈민
들은 중복 산정되는 경우가 많았으며 병원이나 빈민 숙소에 수용되어 구
호를 받는 빈민들의 경우에는 수혜기록에서 제외되는 것이 통례였다.

지역에 따라 장기간에 걸친 기록이 남아 있는 경우는 상당히 유용한
정보를 제공할 수 있다. 전국적으로 빈민법이 시행된 16세기 말 이후의
영국의 경우가 그러하다. 그러나 지원해야 할 빈민을 어떻게 규정하는지
는 시대에 따라 달라지고, 집행자의 개인적 이념이나 판단에 따라서 굴
곡이 있을 수 있다는 점을 감안한다면 이 또한 완벽하지는 않다. 예를
들면 어느 지역의 자선 수혜자 비율이 장기간 변화가 없었다고 하자. 우
리는 이것을 두고 그 지역 주민의 빈곤 상황에 변화가 없었다고 해석할
수 있을까? 한정된 기금을 가지고 있었다면 상황이 어렵다고 하더라도
지출을 늘릴 형편이 안되었을 것이다. 그런 경우에는 규정을 더욱 엄격
히 적용하여 지출을 조정했을 가능성이 높다.

수정주의적 해석은 이러한 자료들을 보다 다양한 방법으로 접근하고
보다 세밀하게 분석한 것이다. 이들 연구 성과에 따라 급격한 소득 구조
의 양극화 현상이나 전체 인구의 절반에 가까운 사람들이 절대 빈곤층이
었다는 견해는 설득력을 잃고 있다. 피시안 애덤스를 비롯, 데이비드 펠
리저(David Palliser), 존 파운드, J. 패튼, A. L. 바이어(Beier) 등은 일시
적인 실업인구를 포함하여 단지 10~20퍼센트의 인구만이 최저 수준 이
하의 생활을 한 것으로 산정하고 있다.

빈곤 생활자에 대한 당시의 조사 기록에 관한 최근의 연구 동향은 '상
시 빈곤(background poverty)'과 '위기시 빈곤(crisis poverty)'을 구분하

<표 17> 근대 초기의 빈민센서스

지역	연도	빈민수	빈민가구	총인구 중 비율(%)
Strasbourg	1523	649	252	?
Worcester	1557	777	321	18.0
Norwich	1570	2,359	790	22.0
Huddersfield	1622	700	155	20~25.0
Valladolid	1561	?	?	9.5
Segovia	1561	?	?	15.7
Toledo	1558	11,105	?	19.7
France(평균)	1770	?	?	10.0

자료: Robert Jütte, *Poverty and Deviance in Early Modern Europe*, Cambridge, 1994, table7, P.56.

려는 것이 특징이다. 즉, 상시적으로 구제 기금에 의존해야 하는 신체무능력 빈곤자와 정상적인 상황에서는 자력에 의한 생활이 가능하지만 예외적인 위기 상황에서만 도움을 필요로 하는 빈곤 노동자를 구분하고자 하는 것이다. 아처(Ian Archer)에 연구에 의하면 런던의 총가구 중 7퍼센트가 상시 구제를 받았으며 18%는 위기시에만 구제를 받았다고 분석했다. 또한 폴 슬랙은 지방 도시의 경우 약 4~5퍼센트의 인구가 상시 구제를 받았으며, 10~15퍼센트는 위기시에만 도움을 받은 것으로 분석했다. 최근 이 분야에 대한 연구 성과에 따르면 정상적인 상황에서 자립 생활을 영위하던 많은 빈곤층 인구들이 수년간 경기 침체가 지속될 경우 최저 생활 수준 이하로 떨어지게 되며, 1550년대와 1590년대 등의 상황이 바로 이 위기 상황에 해당된다는 것이다.[48]

---

48) David Palliser, op. cit., 1992, p.143; A. L. Beier, 'Poverty and Progress in Early Modern England,' *The First Modern Society*, Cambridge, 1989, pp.205-208; Ian Archer, op. cit., 1991, pp.150-153; J. P. Boulton, *Neighborhood and Society*, Cambridge, 1987, pp.95-96; Paul Slack, *Poverty and Policy in Tudor and Stuart England*, Longman, 1988, pp.2-5, 38-40, 73-75.

5. 구빈제도의 합리화

1) 수도원 자선의 허와 실

『데크레툼』에 수록된 자료들을 보면 교회 예산의 용처는 크게 성직자의 봉급, 교회 건물의 신축과 보수·유지, 그리고 빈민구제 비용의 세 부분이었다. 때로는 주교와 다른 성직자의 봉급 부분을 세분하여 4개의 용처로 구분한 것은 앞 장에서 살펴본 바와 같다. 그러므로 주교에게는 빈민을 돌보는 업무뿐 아니라 빈민구제에 예산을 적정하게 배분하는 책무까지 주어졌던 것이다. 그러나 그라티아누스가 인용한 자료들은 모두 4~6세기의 것들이었으며 그후에는 교구(parish)들이 조직되면서 교구 성직자들이 자신이 봉직하는 교회에 귀속된 예산을 직접 관장하는 책임을 맡게 되었다. 교구교회의 수입은 교회에 부속된 토지에서 생기는 수입과 세례, 혼례, 장례 등의 행사 때 들어오는 기부금, 그리고 십일조(tithe)로 이루어졌다. 교구교회의 빈민에 대한 지원은 이 예산에서 집행되었다. 그러나 국왕이나 지방의 봉건영주들이 교구교회에 대한 후견권 또는 성직임명권(patronage)을 행사하면서 교회의 재산을 자신들의 사유물처럼 취급하는 경향이 없지 않았다.

12세기 이후 교회 개혁이 진행되면서 많은 세속권력자들이 자신들의 후견권을 수도원 등에 돌려주었다. 이 과정에서 많은 교구교회의 예산이 수도원으로 전용(轉用, appropriation)되었다. 그러나 여전히 적지 않은 곳에서 국왕과 영주들의 후견권 행사는 계속되었다. 이렇게 해서 교구교회가 자신들의 수입에서 직접 빈민구제 예산을 지출하는 일은 어렵게 되었다. 주교들은 여전히 관할 지역 내의 교구교회와 수도원의 예산 집행을 감독하고 행정상의 문제점을 바로잡을 권한이 있었고 빈민의 구제가 초기 교회의 원칙대로 제대로 실행되는지 감독할 책임이 있었다. 그러나 12~13세기에 이르러 교구교회 예산의 수도원 전입에 대한 주교의 동의

는 요식 행위가 되었고 교황청, 세속영주, 수도원에 의한 후견권(patronage)
의 남용으로 부재성직(不在聖職, absenteeism)이 속출하였으나 주교들은 이
를 바로잡을 능력이 없었다.[49]

결국, 십일조를 비롯한 교구교회의 수입이 수도원 예산에 전용되거나
부재성직자(absentee)에게 넘어감으로써 이 돈이 빈민구제에 직접 사용되
는 일은 점차 어렵게 되었다.[50] 다만 교구교회의 예산을 전용한 수도원
이 얼마나 자선 활동에 많은 예산을 배정했느냐 하는 것이 중세 교회 자
선의 성공 여부를 알아보는 주요한 요건이라고 할 수 있다.

중세 초기나 전성기에 관한 연구는 그리 활발하게 진행되지 못해서 우
리가 알고 있는 부분이 많지 않다. 그러나 중세 말기 이후 수도원 자선
이 어느 정도 위축되었다는 조사 연구는 꽤 된다. 수도원의 내부 경비
증가와 함께 예산 규모가 작은 수도원일수록 빈민구제 활동이 위축되었
다. 13세기 말에서 14세기 초 파리 근교의 성 드니 수도원의 경우 전체
예산의 불과 3퍼센트만을 빈민구제 용도로 사용하였음을 앞에서 설명한
바 있지만 다른 지역의 상황도 비슷했던 것 같다.

사바인(A. Savine)의 연구에 따르면 수도원 해체 직전(1535년) 영국 수
도원들의 경우 빈민구제, 보다 정확하게는 접대비용(hospitality) 부분의
지출은 전체 수입의 약 3퍼센트에 불과하였다. 스네이프(R. H. Snape)도
중세 말기 수도원들은 전체 수입의 5퍼센트가 채 안되는 예산을 빈민구
제에 지출하고 있었다고 분석했다.[51] 그런데 이 접대 부분의 지출에는
부자 방문객의 접대에 들어간 지출도 포함되었다. 그런가 하면, 수도사들

---

49) Tierney, op. cit., 1959, pp.70-76.
50) 타이어니는 교구 성직자들의 수입이 나름대로 여유가 있었고 교황청이나 주교
들이 부재성직이나 대리사제가 봉직하는 교구의 경우 일정예산을 빈민구제에
사용하도록 독려하고 있었으므로 중세의 교구교회가 여전히 빈민구제 활동을
할 여력을 가지고 있었다고 주장하고 있으나 아무래도 무리한 주장이라는 느낌
이 있다. Ibid., pp.95-97.
51) Aleksandr N. Savine, *The English Monasteries on the Eve of the Dissolution*,
Oxford, 1909; R. H. Snape, *English Monastic Finances in the Later Middle Ages*,
Cambridge, 1926, pp.110-118.

의 식탁에 올랐다가 남은 음식들은 대개 빈민들에게 제공되었지만 이 항목의 지출은 접대비용에 포함되지 않았다. 사실상 수도사들의 식탁에 오르기 전에 이미 이 음식들은 빈민구제를 염두에 둔 것이므로 엄밀하게 따지자면 이것도 빈민구제 비용에 포함시키는 것이 맞을 것이다.

중세 말기에서 근대 초기 사이에 수도원 자선이 효율적으로 이루어지지 못했다는 것은 다른 각도에서도 지적되었다. 사회·경제적 환경의 변화로 인하여 빈민구제가 더욱 복잡해지는 상황을 맞았지만 교회 당국이나 교회법학자들이 효과적인 정책 전환이나 대응책을 마련하는 데 실패했다는 것이다.

전통적인 장원경제가 무너지고 임금 노동자가 증가하였다. 그 원인은 여러가지였다. 흑사병 이후 노동력이 부족해지자 많은 사람들이 억압적인 지주를 떠나 높은 임금을 주는 곳으로 이동하였고, 지주들이 인구 감소로 인해 수익성이 없어진 경작을 포기하고 인클로저를 통해 목축으로 전환하자 많은 사람들이 땅을 잃고 거리로 나서야 했다. 일찍이 이렇게 많은 사람들이 일자리를 찾아서, 또는 먹을 것을 찾아서 길거리를 헤맨 적이 없었다. 16세기에 들어서는 앞에서 본 바와 같이 가격혁명으로 임금 노동자의 숫자가 더욱 늘어나고 임금 수준은 곤두박질쳤다.

임금 노동자가 늘어났다는 것은 그만큼 생활의 안정성을 상실한 사람이 늘어났다는 것을 의미하였다. 장원법에 의해 늙거나 병든 농노들에게 주어지던 '사회적 보험'도 엄격하게 시행되지 않았으며 일자리를 찾아 길 떠난 노동자들에게는 더 이상 기댈 친족도 없었고, 상호부조라는 전통적 제도의 도움도 기대할 수 없었다. 거기에다 중세 말기와 근대 초기 부랑빈민의 근절이라는 세속정부의 정책까지 혼재하면서 빈민문제는 보다 복잡한 양상을 띠게 되었다. 그러나 교회는 부재성직과 예산 전용의 폐해가 늘어가는 것을 방치하였으며 새로운 상황에 슬기롭게 대처할 능력을 가지고 있지 못했다. 교회의 빈민문제 방기에 대하여 봇물같이 쏟아져나온 불평불만은 중세 말기 교회가 총체적인 생명력을 잃고 있음을 보여주는 하나의 작은 증상에 불과하였다.

15~16세기에 이르러 노동능력이 있는 빈민(able-bodied poor)과 그렇지 못한 빈민(impotent)을 구분하는 것만으로는 합리적인 구빈정책이 이루어질 수 없었다. 노동 의욕이 있으나 일자리를 구하지 못한 비자발적 실업자와 게으름과 나태로 일을 기피하는 자발적 실업자를 구분하는 일도 중요하게 되었다. 그뿐 아니라 비자발적 실업자에게 일자리를 마련해주는 것도 15~16세기가 요구하는 진정한 빈민구제 활동이었다. 교회가 이런 문제를 풀어갈 효율적인 시스템을 가지고 있지 않았던 것만은 분명했다.

2) 새로운 빈민정책

중세에서 근대로 접어들면서 빈곤과 빈민에 대한 사회적 태도와 정책이 전환기를 맞이하였다. 빈민에 대한 사회적 책임과 세속 정부의 역할이 강조되었고, 사회적 지원을 받아야 할 자와 그렇지 못한 자 사이의 차별이 강조되었으며, 빈민 지원을 위한 보다 합리적인 시스템의 구축이 논의되었다. 이런 변화를 이끈 근본적인 힘은 무엇이었을까? 16세기에 일어난 사회복지제도에 대한 폭발적인 관심을 두고 현대의 학자들은 종교개혁, 르네상스 휴머니즘, 자본주의의 태동 등 다양한 각도에서 그 변화의 원인을 찾았다.

20세기 초까지만 해도 근대 초기 유럽에서 빈곤 문제에 대한 인식이 변화하기 시작한 것이 프로테스탄티즘의 영향 때문이라고 보는 견해가 지배적이었다. 카톨릭의 구원론은 인간의 자유의지를 인정하고 그에 따라 개인이 선행(good works) 등을 통해 자기 구원에 일정 부분 기여할 수 있음을 주장하였다. 그러므로 자선은 구원 프로그램의 일부로서 자리매김을 할 수 있었다. 그러나 루터의 '오직 믿음에 의한 구원(sola fide)'이나 칼뱅의 엄격한 예정설(predestination)에 바탕을 둔 프로테스탄티즘

의 구원론 안에서 '자선'은 구원의 요건으로 인정받지 못했다. 따라서 프
로테스탄티즘의 세계에서는 자선이 종교의 영역을 떠나 세속화될 수밖에
없었다는 것이 근대 초기 새로운 빈곤관에 대한 전통적인 해석이었던 것
이다.

독일과 영국 등 신교 지역에서 빈곤 문제 해결에 대한 세속정부의 책
임이 강화되었다는 역사적 사실은 이러한 해석을 뒷받침하는 결정적 증
거로 받아들여졌다. 19세기 말과 20세기 초에 활동하던 카톨릭 성향의
역사가들도 이를 근본적으로 반박하지 못하고 단지 세속화를 악마적인
것으로 규정하는 데 그쳤다. 이들 주장에 따르면 근대 초기의 카톨릭 교
회는 주는 자와 받는 자에게 모두에게 유용한 자선제도를 운영할 능력이
있었다. 독일의 예수회 회원이자 역사가였던 프란cm 에를레(Ehrle)는 변
화의 시작이 종교개혁 이전에 일어났음을 강조하기도 하였다. 독일에서
는 이 문제를 두고 친카톨릭 성향의 역사가들과 친신교 성향의 역사가들
사이에 열띤 논쟁이 40년간 전개되었다.

벨기에에서도 논쟁이 벌어졌다. 주된 논점은 1525년 카톨릭 지역인
이프레스(Ypres)에서 시행된 사회복지제도였다. 이프레스에서 시행된 구
빈정책은 영국의 튜더 빈민법 등 유럽의 다른 많은 지역의 빈민정책에
많은 영향을 끼쳤다고 거론되어온 만큼 이미 독일 사학자들 사이에서도
다루어졌던 문제였다. 독일의 친신교 성향의 학자들은 이 도시의 개혁이
독자적으로 일어난 것이 아니라 독일 남부도시들의 개혁을 모델로 하여
추진되었다는 주장을 한 바 있었다.

벨기에 사학자 놀프(Jean Nolf)나 피렌느(Henri Pirenne)는 이프레스
개혁이 독일의 종교개혁과는 아무런 상관이 없음을 밝히는 데 많은 노력
을 기울였다. 특히 피렌느는 이 새로운 정책의 기원이 에라스무스와 그
의 동료들을 중심으로 한 르네상스 휴머니스트, 법률가 그룹, 그리고 자
본가들의 3개 그룹에 의해 지적, 정치적으로 영향을 받았다고 주장하였
다. 또한 이프레스의 개혁은 1525년 이전부터 오랫동안 진행되어온 자선

제도의 세속화와 사회정책의 근대화라는 흐름의 연속선상에 있었다고 주장했다. 그러나 이들의 주장은 또 다른 벨기에 역사가 보낭팡(Paul Bonenfant)에 의해 도전을 받았다. 그는 이프레스의 제도(1525)가 독일의 뉘른베르크(1522)의 것과 공유하고 있는 유사성을 부각시켰다.

다른 지역에서도 논쟁은 계속되었다. 예를 들면, 프랑스 학자 바타용(Marcel Bataillon)은 스페인 태생 휴머니스트 비베스(Juan Vives)와 이프레스 빈민구제제도, 그리고 에라스무스를 비롯한 16세기 다른 북방 휴머니스트들의 저술 사이의 관련성을 분석하였다. 그는 이 연구에서 종교적 영향보다는 이프레스라는 도시의 정치적, 지적 엘리트들의 영향을 강조함으로써 종교보다는 휴머니즘의 역할을 부각시켰다. 미국의 데이비스(Natalie Davis) 또한 1530년대 프랑스 리용의 빈민복지제도 개혁에 관한 연구(1968)에서 주목할 만한 종교의 역할을 발견하지 못하였다.

빈곤과 빈민의 문제는 초기 자본주의의 발달 측면과 연관되기도 하였다. 토니의 고전적 연구는 부와 빈곤에 대한 사회적 태도 변화와 자본주의 발달과의 관련성 분석을 시도한 것이었다. 최근에 들어서는 근대 초기에 일어났던 빈곤에 대한 인식 변화나 구빈제도의 합리화 경향은 종교적 경계를 뛰어넘는 것으로 받아들여지고 있다. 카톨릭 지역이나 신교 지역을 막론하고 빈민을 구제받을 자격이 있는 빈민(deserving poor)과 그렇지 못한 빈민(undeserving poor)으로 구별하는 정책이 널리 받아들여졌으며 당시의 카톨릭 신학자들도 빈민구제나 이들의 통제에 대해 세속 정부의 개입을 강력히 촉구한 사실을 확인했기 때문이다. 반면에 16세기에 전개된 경제구조와 사회구조의 변화에 보다 주목하는 경향이 나타나기 시작하였다. 이들 학자들은 근대 초기가 봉건제에서 자본주의 사회로 이행되는 시기인 동시에 농업에서 산업으로의 경제구조 전환이 일어나는 시기라고 보고, 이 시기가 경제사적 관점뿐만 아니라 빈곤의 사회학적 관점에서도 매우 중요한 시기임을 주목했던 것이다.[52]

---

52) Geremek, op. cit., 1994, pp.9-12.

3) 16세기 개혁의 방향

빈민구제 정책의 개혁이 신교, 구교 지역을 막론하고 여러 지역에서
동시다발적으로 진행되었다는 흔적은 상당히 많다. 그리고 그것은 몇 가
지 공통적 특징을 가지고 있었다.

첫째, 국가 또는 세속정부의 역할이 증대되고 공적 자선의 필요성에
대한 인식이 확산되었다는 점이다. 이미 15세기 말부터 영향력 있는 종
교계 지도자들은 세속정부의 역할 증대를 요구해왔으며 공적 자선과 민
간 자선 사이의 적절한 관계에 대한 논쟁이 전개되었다.

15세기 말과 16세기 초에 이르면 이미 많은 도시의 자치 정부가 병원
등의 자선 시설에 대한 감독권을 행사하게 되었다. 세속정부가 주도하는
중앙집권적 행정은 일반적으로 예산의 통합을 전제로 하였다. 대개의 유
럽 도시들은 영어의 커먼 박스(common box) 또는 커먼 체스트(common
chest)에 해당하는 이름을 가진 공동기금을 설치하여 과거에 병원을 비롯
한 도시 내의 다양한 자선 기구들이 관리해온 예산을 하나로 통합하였다.

비텐베르크, 함부르크, 뤼벡 등 많은 독일의 신교 지역 도시에서는 루
터와 부겐하겐(Bugenhagen, 1485~1558)의 영향을 받아 세속화된 수도
원 재산, 병원 기금, 해체된 종교적 길드의 재산, 기타 모든 자선기부금
일체를 통합한 공동 기금을 설치하여 빈민구제, 교회 건물과 학교의 유
지, 성직자와 교사의 봉급 지불을 위해 사용하였으며 일부 도시에서는
빈민구제와 기타 예산을 분리하기도 하였다. 1530년대에는 휴머니스트
인 비베스의 영향력이 상당히 감지되었다.

스페인, 프랑스, 이탈리아 등의 카톨릭 지역에서는 고도로 전문화되고
중앙집권화된 빈민구제 시스템에 대한 반감이 있었던 것으로 인식되고
있다. 그러나 전통적 유대 관계가 붕괴되고 근대적 사회 관계가 확산됨
에 따라 이들 지역에서도 공적 자선의 필요성에 대한 인식이 점차 받아
들여지게 되었다. 공적 자선이 일반화되면 자선에 대한 개인적 열정이

<그림 7>

프랑스 리용의 커먼 체스트 바깥에서 자선금품을 배분하고 있는 모습.

감소되리라는 주장과 인간 본성이 원래 이기적이고 불완전한 것이기 때문에 세속정부가 모든 사람들로 하여금 일정액을 부담하도록 강제할 필요가 있다는 주장이 충돌하였다.

어찌됐든 자발주의(voluntaryism)의 오랜 관행을 깨고 강제적 자선기금 제도가 시도되었다는 사실은 주목받을 만하다. 독일 작센 지방의 작은 도시인 라이스니히(Leisnig)에서는 교구에 살고 있는 모든 귀족, 도시 공민, 농부들이 각기 능력과 소유재산에 따라 일정 금액을 공동 기금에 강제적으로 출연하는 법령(1523)을 마련하여 추진하였으나 성공하지 못했다. 영국은 16세기 전반에 걸친 논의와 몇 차례의 실패를 경험한 끝에 16세기 말(1597~1598)에 이르러 강제적 구빈세를 법률로 규정, 실시하였다. 그러나 영국을 제외한 대부분의 유럽 지역에서는 19세기에 들어서야 전국적인 규모의 강제적 구빈세 제도가 본격적으로 추진되었다.[53]

16세기 영국에서 경제, 사회 분야에 대한 세속정부의 역할이 괄목할 정도로 증대되었다는 것은 종교개혁의회(The Reformation Parliament, 1529~1536)가 처리한 경제·사회적 입법의 숫자뿐 아니라 이들의 중요성에 의해서도 입증되었다. 영국 정부는 생필품의 가격통제는 물론 토지나 양의 취득과 소유까지 통제하고자 하였다.[54] 영국 정부가 흉작이 가져올지 모를 경제적 위기에 대비하고자 했던 것도 이러한 정책의 연장선 위에서 이해되어야 할 것이다. 1586~1587년의 훈령집(The Book of Orders)을 보면 흉작에 대비하여 충분한 양의 곡식을 비축하도록 하고, 흉작시에는 빈민들이 이 비축 곡식에 대한 최우선적인 권리를 가진다고 명시되어 있다. 또한 수혜자의 빈곤 정도에 따라 가격을 차별화하도록 하였으며 필요시에는 금융적 지원을 병행할 것을 지시하고 있다.[55]

둘째, 빈민구제 행정의 합리화, 관료화, 전문화 경향이었다. 빈민의 증가로 인해 과거의 시스템으로는 더 이상의 효율적인 빈민구제가 어렵다는 주장이 제기되었는가 하면, 빈곤의 원인이나 빈민의 신체 상태를 고

---

53) 예컨대 1770년대와 1780년대에 들어 베를린, 함부르크, 비엔나, 마인cm, 뤼벡, 아우구스부르크 등 독일과 오스트리아 지역의 여러 도시들이 새로운 빈민구제제도를 추진하였으나 여전히 자발적 기금(voluntaryism)을 원칙으로 하였다.

54) S. E. Lehmberg, *The Reformation Parliament, 1529-1536*, Cambridge, 1970, pp.230-235.

55) Walter and Schofield, op. cit., 1989, p.46.

려하지 않는 무차별적 자선은 개인이나 그의 가족뿐만이 아니라 사회 전체에도 이익이 되지 않는다는 견해가 강력하게 대두되었다. 빈민구제 행정에 관한 조직적인 시스템의 구축은 이러한 문제에 대한 지속적인 논의가 낳은 사회정책의 결과였다. 우리는 앞에서 살펴보았듯이 뉘른베르크 등 남부 독일의 일부 도시들은 14세기에 이미 1년에 두 번씩 빈민 조사를 실시하고 구제가 필요한 사람들에게는 토큰을 배부하는 차별화 제도를 실시하였다. 16세기 들어 이러한 빈민 조사는 유럽 전지역으로 확산되었다.56)

큰 도시의 경우에는 빈민구제 행정의 구획 세분화가 이루어졌으며 각 지역은 지방 정부가 임명한 관리에 의해 관장되었다. 루터의 영향을 받은 비텐베르크의 빈민법(Beutelordnung)은 도시 전체를 4개의 소구역으로 구획하여 각 구역마다 빈민 관리인을 임명하였다. 이러한 인적 인프라를 바탕으로 원외 구제(outdoor relief)가 증가하였고 빈민 조사가 실시되었다. 빈민 조사에서는 이름, 나이, 직업, 출생지, 보유 기술이나 기능, 장애 유무, 부양가족수 등 상세한 사항의 기록이 요구되었다. 또한 빈민구제 제도의 합리적 운영에 의한 경제적 효율성 문제가 강조되기 시작하면서 병원 등 각 자선 담당 기관들이 보다 명확하게 명문화된 관리 규정을 가지도록 요구받았다.

셋째, 빈민 자녀에 대한 교육이 빈곤퇴치의 유용한 도구로서 인식되기 시작하였다. 교육은 노동 기술이라는 생활 수단을 제공할 뿐더러 근면한 생활 태도를 심어주는 일석이조의 효과가 있다는 주장이 제기되었다. 영국에서는 런던, 노리치, 입스위치, 요크 등의 도시를 중심으로 시도되었다. 이는 영국에만 한정되는 현상은 아니었다. 예를 들면 스페인 카스티야의 16세기 빈민법에도 빈민 부모들이 5세 이상의 어린이들을 구걸에 함께 데려가는 것을 금지하고 대신 장인들에게 맡겨 기술을 배우도록 규

---

56) 그러나 16세기 말에 이르면 영국을 제외한 대부분의 지역에서 구체적인 성격의 빈민조사는 사실상 중단되었다.

정하고 있다. 그러나 빈민 자녀에 대한 기술 교육이 일반화되고 대중화된 것은 18세기 계몽주의 시대였다.[57]

카톨릭 지역과 신교 지역을 막론하고 빈민복지와 관련하여 위와 같은 변화가 진행되었다면 그 이유는 무엇이었을까? 우리는 다음 장에서 영국의 튜더 빈민법과 관련하여 보다 상세한 논의를 할 것이다. 그러나 나날이 심각한 상황으로 발전하는 빈곤문제가 확산되는 질병, 범죄 등의 사회문제와 맞물려 세속정부의 적극적 대응을 절실히 요구하고 있었다는 점과 병원 등 기존의 시스템이 효율성을 상실함으로써 길거리 걸인들이 늘어나는 등 개혁의 필요성이 증가되고 있었다는 점을 우선 지적할 수 있을 것이다. 신교 지역이나 카톨릭 지역이나 모두 이러한 사회문제에서 자유로울 수 없었던 것이다.

57) Jütte, op. cit., 1994, pp.104-108.

제5장 튜더 빈민법: 근대적 사회복지의 시작

1. 튜더 빈민법의 의미

지금부터 우리의 논의는 영국을 중심으로 이루어질 것이다. 그것은 19세기 통일된 독일에서 새로운 사회복지제도가 출현하기 전까지 유럽에서 유일하게 근대적 사회복지제도를 운영했던 국가가 영국이기 때문이다. 그중에서도 16세기에 제정된 튜더 빈민법(Tudor Poor Laws)[1]은 근대적 사회복지의 효시라고 일컬어진다.

1530년대부터 본격적 논의가 시작되어 십여 차례의 입법과정을 거쳐 엘리자베스 1세 말년인 1598년에 완성되는 튜더 빈민법은 규제와 처벌 일변도였던 종전의 법률이나 포고령과는 뚜렷하게 구별되는 빈민구제 원칙을 확립하였다.

첫째, 구걸과 개인적 자선 행위를 금지하는 동시에 사회적 구제의 원칙을 제도화하였다. 이를 위해 빈민 구제와 관련된 모든 업무는 각 주(County)의 치안판사(justice of peace)[2]와 특별히 조직된 교구 단위의 상설 조직인 민생위원들(overseers of the poor)이 맡도록 하였다.

---

[1] 튜더는 15세기 말에서 17세기 시작 무렵까지 지속된 영국의 왕조 이름이다. 빈민법을 구빈법(救貧法)이라고 부르는 사람들도 있으나 빈민법이 구빈(poor relief)에 관한 사항뿐만 아니라 부랑빈민 등 빈민 통제와 처벌에 관한 사항까지 관할하고 있음을 생각할 때 구빈법이라는 번역어는 적절하지 않다고 본다.

[2] 셰리프(sheriff)와 더불어 각 주의 사법과 행정을 총괄하던 관리이다. 두 직책 모두 중앙정부에서 파견된 직업 관료가 아니라 지방 명망가 중에서 선출되며 보수를 받지 않았다.

둘째, 빈민구제에 필요한 재원은 강제적으로 징수되는 구빈세(救貧稅, poor rate)에 의해 충당되도록 하였다.

셋째, 노동 능력이 없는 신체무능력 빈민(impotent poor)과 노동 능력이 있는 신체건장 빈민(able-bodied poor)을 구분하여 전자는 구빈세 재원으로 구제하는 한편 후자에게는 공공 사업을 통해 일자리를 제공하도록 하였으며, 지방 정부의 직업 창출 노력을 의무화하였다.

넷째, 각 주별로 한 개 이상의 교화소(houses of correction)를 두어 배정된 공공 사업의 일을 거부하는 노동 기피자와 부랑인들을 수용하여 일정 기간 동안 강제 노역을 부과하도록 함으로써 신체건장한 빈민의 노동을 의무화하였다.

그렇다면 이 튜더 빈민법이 서구 사회복지의 역사에서 갖는 의미는 무엇일까? 근대적 사회정책 또는 사회복지의 효시라는 명명은 과연 적절한 것인가?

중세에서는 교회가 사회적 자선을 주도하고 관리하였다. 교회 주도의 자선은 기독교적 구원프로그램과의 밀접한 관련 속에서 이루어졌다. 튜더 빈민법은 이와 달리 사회적 자선이 세속정부의 관리와 통제 속으로 완전히 편입되었음을 의미하였다.

세속정부에 의해 시행되는 사회적 자선은 기독교의 구원프로그램과의 완전한 결별을 뜻했다. 교회 주도의 자선제도는 자선이 곧 구원의 수단으로 간주되었기 때문에 자발성의 원칙(voluntaryism)에 입각할 수밖에 없었다. 십일조에는 일정 부분의 강제적 성격이 포함되어 있다고 할 수 있겠지만, 십일조는 자선과 관련된 재원의 일부일 뿐이었다. 십일조를 제외한 나머지 자선의 재원과 관련하여 교회가 할 수 있는 일은 설득과 권유를 통한 간접적 압력이 고작이었다.

튜더 빈민법은 자발성의 원칙을 버리고 강제적 세금에 의해 사회적 자선의 재원을 확보하였다. 더욱 중요한 것은 강제적 세액의 규모가 사회적 구제가 필요한 사람들의 필요(needs)에 따라 결정되었다는 점이다. 교회 주도의 자선이 때로는 무차별적으로 관대하게 행해지고 때로는 구제를 필요로 하는 사람들(deserving poor)이 정작 외면당하기도 한 것을 생각하면 큰 차이가 있다. 또한 '필요'에 의해 재원의 규모가 결정된다는 것은 철저한 빈민 조사를 전제로 하는 것이었으며, 이는 곧 '합리적 자선'의 출발점이 되었다.

튜더 빈민법은 신체 건장한 자의 노동 의무를 강제적으로 규정하였으며 노동 의무는 공공 사업과 교화소(correction house)를 통해서 실현되었다. 교화소의 설치는 빈민의 도덕적 타락에 대한 경계에서 비롯되었다. 반면에 공공 사업제도에는 일을 하고자 하는 의욕이 있어도 일자리를 얻지 못하는, 소위 '비자발적 실업'이 있을 수 있다는 현실 경제에 대한 중요한 인식이 기저에 깔려 있다. 중세는 물론 근대 초기에 들어서도 많은 사람들이 완전고용이 가능하다는 생각을 했음에 비추어볼 때 그 의미가 적지 않았다.

마지막으로 튜더 빈민법이 가지는 의미는 이 법이 국가적 차원에서 관리되었고, 지속성과 일관성을 가지고 시행되었다는 점이다. 튜더 빈민법은 1834년 신빈민법이 제정될 때까지 틀의 큰 변경 없이 영국 사회복지 정책의 근간으로 남아 있었다. 유럽의 많은 도시에서도 근대적인 성격의 빈민구제 제도가 마련되고 시행되었으나 국가적 차원에서 시행된 것은 19세기의 일이며 더구나 이들 도시들의 빈민구제 제도는 지속적으로 시행되지 않았으며 일관적이지도 않았던 것이다.

2. 튜더 빈민법의 입법과정

그렇다면 튜더 빈민법은 왜 만들어졌을까? 앞 장에서 우리는 근대 초기 유럽 각 지역에서 합리성에 바탕을 둔 새로운 빈민정책이 시도되고 빈곤문제에 관한 세속정부의 관심과 역할이 증대되었음을 살펴본 적이 있다. 그러므로 튜더 빈민법의 제정도 이러한 유럽 전체의 보편사적 흐름 속에서 이해할 필요가 있다.

역사가들의 관심은 새로운 빈민정책이 출현하게 된 배경에 집중되어 왔다. 이프레스(Ypres)나 독일 남부 지역의 구빈제도에 관한 논쟁도 결국은 이 문제에 관한 것이었다. 그동안 프로테스탄티즘이나 휴머니즘 등의 사상적 배경이 열띤 논쟁의 대상이 되었고 사회, 경제의 변화 속에서 그 원인을 찾는 움직임도 활발하게 시도되었다. 튜더 빈민법에 대해서도 마찬가지 상황이 전개되었다.

다행히 튜더 빈민법의 입법과정에 대해서는 비교적 많은 자료가 남아 있어서 이에 대한 연구는 근대적 빈민정책의 형성과정을 소상하게 추적할 수 있다는 장점이 있다. 다음은 16세기에 제정된 6개의 주요 빈민법 입법과정을 당시의 경제적, 사회적 상황, 의회입법 과정, 토의 내용, 법안의 내용에 대한 분석을 중심으로 재구성한 것이다. 우리는 이를 통해 이 6개 빈민법의 개별 입법과정이 각기 다른 입법환경(legislative environment) 속에서 이루어진 것을 발견하게 될 것이며, 결국 튜더 빈민법의 제정 배경에는 매우 다양한 요소가 작용했음을 인식하게 될 것이다.

1) 1536년

대부분의 경제사학자들은 1530년대의 경제 상황이 대체로 호황이었던 점에 견해를 일치시키고 있다. 1535년을 제외하면 대부분의 작황이 정상 또는 풍작으로 평가되고 있다. 덕분에 곡물 가격은 10년 동안 거의 변하지 않았으며 육류와 낙농 제품도 1520년대에 비해 6퍼센트 정도만 오르는 등 16세기의 경제 현상을 대변하는 가격혁명은 아직 그 모습을 드러내지 않고 있었다. 또한 16세기 초반부터 늘기 시작한 영국의 모직물 수출이 1530년대와 1540년대에 호황을 이루어 런던 등의 대도시에서 노동력 부족 현상을 일으키게 되었다.[3]

1530년대 들어 튜더 정부는 부랑인 관련 포고령을 4번에 걸쳐 선포했다. 이것은 걸인 및 부랑인의 숫자가 증가한 탓으로 해석할 수도 있으나 빈곤문제로 인한 사회 혼란의 여지는 거의 없었다는 것이 일반적인 견해이다.[4]

1535년의 작황이 좋지 않았으며 특히 북부 지역에서 이로 인한 어려움이 있었던 것은 사실이다. 그러나 당시 대법관 오들리(Thomas Audley)가 크롬웰(Thomas Cromwell)에게 보낸 서한에서 자신 있게 밝혔듯이, 재고 곡물이 충분히 남아 있었으며 보리, 귀리 등의 겨울작물 작황이 좋아서 심각한 사회문제로는 발전되지 않았다.[5]

한때 지벨드(William Zeeveld)는 1536년 말에 발생한 '은총의 순례 (the Pilgrimage of Grace)' 반란을 예로 들며 경제적 어려움으로 인한 사회 혼란이 1536년 빈민법 제정의 직접적 동기가 되었을 것이라는 추정을 한 바 있다.[6] 그러나 '은총의 순례'의 원인과 성격에 대한 최근 20~30년 간의 연구 결과에 따르면 경제적 상황은 부수적 원인으로만 취급되고 있다.[7] 더구나 빈민법 원안이 최소한 2~3년 이상의 검토 과정을 거쳤음을 감안하면 1535년 흉작에 따른 경제 상황을 1536년 빈민법 제정의 직접적인 동기로 지목하기에는 무리가 따른다고 보겠다.

1530년 이전 영국 정부는 빈곤문제를 해결하기 위해 특별한 노력을 기울이지 않았다. 의회나 추밀원(privy council, 오늘날의 내각)에 의해

3) Hoskins, op. cit., 1964, p.35; Rappaport, op. cit., Cambridge, 1989, pp.88-90, 131; Smith, op. cit., 1997, p.53.
4) *Tudor Royal Proclamations*, nos. 128, 131, 132, 141, by Paul L. Hughes and J.F. Larkin, 3 vols., Yale University Press.
5) *State Papers,* vol.1, pt.2, nos. 37, 39.
6) Zeeveld, William, op. cit., 1948, p.167.
7) C. S. L. Davies, 'Popular Religion and the Pilgrimage of Grace,' in A. J. Fletcher and J. Stevenson, eds. *Order and Disorder in Early Modern England,* Cambridge, 1985, pp.68-79; M. L. Bush, *The Pilgrimage of Grace,* Manchester University Press, 1996, pp.407-409; A. J. Fletcher and D. MacCulloch, *Tudor Rebellions,* 4th edn., 1997, p.45.

취해진 조치는 대부분 걸인 및 부랑인의 처벌에 국한되었다. 그러다가 1531년에 제정된 빈민법은 그 이전의 빈민법과 마찬가지로 부랑인의 처벌과 규제에 치중된 경향이 있었으나, 노동 능력이 없는 빈민과 신체건장한 빈민을 처음으로 뚜렷하게 구별한 점에서 역사가들의 주목을 받아왔다. 이 법은 신체 무능력 빈민에 대한 구제의 필요성을 인식하고 치안 판사들로 하여금 연령, 질환, 기타 장애로 인하여 일을 할 수 없는 빈민을 조사하도록 하여 이들이 일정 지역 내에서 구걸을 할 수 있도록 허용하는 한편, 신체 건장한 빈민들을 채찍 형벌에 이어 거주 지역으로 돌려보내도록 규정하였다.[8]

종교개혁의회(The Reformation Parliament, 1529~1536)는 예외적으로 많은 수의 경제·사회 관련 입법을 정부측 안에 의해 처리했으며 특히 마지막 회기인 1536년에는 이들 법안들이 숫자는 물론 그 중요성에 있어서도 종교 관련 입법과 맞먹을 정도였다. 인클로저, 토지 취득 및 양 소유의 제한, 육류 및 낙농 제품의 가격 규제, 직물 공업의 수출 지원 등의 경제·사회 법안 가운데에는 빈민법도 포함되어 있었다.[9]

1536년의 빈민법 제정과정이 특별하게 주목을 받아야 하는 이유는 그해 의회를 통과한 실제 법률안보다도 당초 의회에 처음 제출되었던 원안의 내용 때문이다.

이 원안에는 비자발적 실업자에 대한 대책으로 공공 사업 조항이 포함되어 있었다. 이 조항은 신체 건장한 실업 빈민들을 항구, 도로, 수로 등의 건설과 정비 등의 공공 사업에 투입하도록 하고 이들에게 적정한 임금은 물론 식사와 의료 혜택을 제공하도록 규정하고 있다. 또한 이 사업에 필요한 재원은 누진적 소득세의 강제 징수와 왕의 하사금, 그리고 자

---

8) 22 Henry Ⅷ, c.12. 이러한 구별은 14세기부터 행해지기 시작했으나, 이것이 실제 정책적 차별로 확립된 것은 1531년이 처음이다.

9) S. E. Lehmberg, *The Reformation Parliament, 1529-1536*, Cambridge, 1970, pp.230-235; G. R. Elton, *Reform and Renewal: Thomas Cromwell and the Common Weal*, Cambridge, 1973, p.164.

발적 회사에 의한 기금으로 충당하도록 하였다. 또한 걸식과 걸인에 대
한 사적 자선은 금지하고, 각 교구 단위로 하여금 원칙적으로는 자발적
이지만, 반강제적 성격도 일부 포함된 기금을 마련하게 하여 신체 무능
력 빈민을 구제하도록 하였다. 이를 위해 중앙정부에 이 업무를 관장할
상설기구를 설치하도록 하고, 각 교구 단위로 민생위원(overseers of the
poor)을 두어 조직적 재원적립과 구제업무를 맡도록 하였다.

빈민법 원안은 최소한 2~3년간의 검토 기간을 거쳐 완성된 것이다.
이 상황을 이해하기 위하여 먼저 이 원안 작성에 기초 또는 참고가 된
것으로 보이는 두 개의 초안을 살펴볼 필요가 있다. 이 초안들은 현재
영국 공문서 보관청(Public Record Office)과 브리티쉬 라이브러리(British
Library)에 각각 보관중이므로 편의상 이를 따서 'PRO초안'과 'BL초안'
으로 부르기로 하자.

여러 면에서 미완성으로 남겨진 PRO초안[10]은 1530~1532년 사이에
작성된 것으로 보이는데 그 내용은 상설기구를 창설하여(a great standing
council) 신체적 능력을 갖춘 빈민들의 취업을 위해 도로공사 등의 공공 사
업을 조직화하는 일을 전담하게 하는 것을 골자로 하고 있다. 공공 사업
이 착수되면 신체적 결함이 없는 미취업 빈민들은 의무적으로 이에 참여
해야 되고 노동의 대가로 적정한 임금과 음식을 지급받도록 규정하고 있
다. 이에 필요한 재원을 충당하기 위하여 PRO초안은 전가구에 대한 소
득세의 강제 징수와 자발적 기금 모집을 제시하고 있다. 이 초안에 따르
면 국왕 헨리8세 자신이 이러한 법률의 시행을 위해 일정액의 회사금을
약속했다.[11]

---

10) S. P. Henry VIII, 6/7, art 14, *L.P.*, vol.5, no.50; printed in John Guy, *Christopher St.
   German on Chancery and Statute*, Selden Society, 1985, pp.133-135.
11) 이 초안의 작성시기와 작성자에 대해서는 논란이 있다. G. R. Elton은 1534년
   경 토머스 크롬웰 주변에서 작성되었다고 주장하는 반면 J. J. Scarisbrick은 토
   머스 모어를 기초자로 보고 있다. 한편 F. L. Baumer 및 John Guy는 Christopher St.
   German을 유력한 기초자로 지목하고 있다. 특히 Guy는 필적분석에 의하여 최종
   작성자가 St. German임을 밝혀냈는데 그는 이 초안의 작성시기를 1530~1532

BL초안[12]은 PRO초안에 비해 훨씬 더 법률안으로서의 모습을 갖추고
있는데, 그 주요 내용은 바로 앞에서 1536년 의회에 제출된 원안의 내용
으로 소개한 바와 같다. 이 초안은 빈민들이 비자발적 실업에 봉착할 수
있음을 명시하면서 빈민의 공공 취업을 제도화하였다. 이 사업은 새로이
만들어질 '부랑인 방지를 위한 평의회(The council to avoid vagabonds)'
가 전담하며 또한 사업 추진에 필요한 세부적인 규정을 만들 수 있는 권
한을 위임받도록 하였다. 이 초안은 또 각 교구 단위로 두 사람의 민생
위원을 두어서 신체무능력 빈민의 구제를 맡게 하고 빈민 자녀들의 직업
교육을 알선하도록 규정하였다. 이 초안은 소득세의 비율 등이 미완으로
남아 있으나 이 초안의 주요 내용이 1536년의 빈민법 원안에 포함된 것
은 거의 확실해 보인다.

이 BL초안은 이프레스(Ypres) 빈민구제 규정의 영어 번역자이며 크롬
웰 곁에서 자문을 담당하던 마셜(William Marshall)이 1535년 가을에 즈
음하여 곧 소집될 의회의 마지막 회기에 제출할 목적으로 앞서의 PRO
초안에 기초했을 것으로 짐작되고 있다.[13]

1536년 실제로 의회에 제출된 빈민법의 원안은 남아 있지 않다. 그러
나 신성로마제국 카를 5세의 대사(Chapuys)와 도셋(Thomas Dorset)의
기록을 보면 BL초안의 내용이 거의 그대로 포함되었음을 알 수 있다. 이
황제의 대사는 이 법안에 대한 의회 내의 불만이 없지 않으나 당시 분위
기로 보아 의회 통과가 확실시된다고 전망했다. 또한 도셋의 기록에 의
하면 왕이 이례적으로 하원에 직접 나타나 법안을 소개, 검토를 요청하

년 사이로 보고 있다. G. R. Elton, op. cit., 1973, pp.71-74; J. J. Scarisbrick,
'Thomas More: the King's Good Servant,' *Thought: Fordham Quarterly*, vol.52,
1977, pp.259, 261-265; F. L. Baumer, 'Christopher St. German: the Political
Philosophy of a Tudor Lawyer,' *A.H.R.* vol.42, 1937, pp.631-51; John Guy, *St.
German on Chancery and Statutes*, Seldon Society, 1985, pp.31-33, 62.

12) Royal MS. 18, c, vi, B.M.(not calendared in *L.P.*)

13) Lehmberg, op. cit., 1970, p.231; Elton, 'An Early Tudor Poor Law,'
Eco.H.R., 2nd ser., vol.6, 1953, p.56.

고 3일 후에 다시 오겠다고 말한 것으로 되어 있다.14) 이는 왕이 법안의 통과를 위해 은근한 압력을 행사한 것으로 볼 수 있지만, 과연 이 법안이 엘튼(G. R. Elton)이 주장한 바와 같이 빈민법안이었는지 혹은 수도원해체에 관한 법률안이었는지는 확실하지 않다.15)

어쨌든 전망과는 달리 이 법안은 의회 내의 반대에 부딪혀 폐기되고, 대신 정부측이 제출한 대체 입법안이 다시 제출되었다. 이 대체법안은 상·하원 모두에서 약간의 수정을 거쳐 통과되었다.

이 대체입법은 전국 규모의 구빈세와 공공 사업제도 등 원안의 혁명적 내용을 누락시켰으나 그럼에도 불구하고 몇 가지 의미 있는 원칙을 확립하였다. 무엇보다 비자발적 실업의 가능성을 인정하고 이들 실업 빈민에게 일을 제공할 필요성을 인식하였다. 즉, 신체건장 걸인들이 연고지로 돌아가면 지방 관리들로 하여금 이들이 계속적인 노동으로 생계를 유지할 수 있도록 필요한 조치를 취하도록 규정하였던 것이다. 구걸을 금지하는 한편 무능력 빈민을 구제하기 위해 교구단위의 조직적인 기금 마련과 분배를 제도화하였다. 또한 5~14세에 해당하는 빈민 자녀들의 직업교육도 규정하였다.16) 그러나 이 법은 얼마가지 않아 폐지되고 1531년 빈민법이 다시 부활하게된다.

빈민법 원안의 통과 좌절은 공공 고용을 위한 누진 소득세 징수에 대한 의원들의 반대 때문인 것으로 풀이되고 있는데, 사실 입안자들도 이 문제 때문에 많은 고심을 한 흔적이 있다. 예컨대 BM초안이 세율을 결정하지 못한 채 공란으로 남겨져 있는 것이 그것이다. 이 초안에는 누진 소득세의 징수 시한 또한 1540년까지로 못박고 있는데 이것도 같은 이유 때문인 것으로 볼 수 있다.

그러나 다른 해석도 가능하다. 당시 상황으로 보아 왕실 수입의 급격

---

14) B. L. Cottonian MS. Cleopatra E. iv, fols. 131v-132v, *L.P.* vol.10, no.462; *L.P.* vol.10, nos. 494, 495.

15) Elton, op. cit., 1973, pp.123-124.

16) 27 Henry VIII, c.25, 1536.

한 증가가 확실히 기대되는 가운데 빈민의 공공 고용에 필요한 재정 지원을 왕이 이미 약속한 바 있었다. 1535년 즈음에는 크롬웰 등의 핵심 정책입안자들에게 있어서 수도원 등의 해체는 이미 결정된 정책이었던 것이다. 수도원 재산이 아니더라도 새로 왕실에 편입된 초년도 수익(first fruits)[17] 등 종교 관련 수입만으로도 1535~1540년 사이 4만 2천 파운드의 추가 수입이 있었다.

이는 당시 도버항의 정부 공사에 투입된 노동자들의 평균 임금을 기준으로 할 때[18] 매년 수천 명의 실업 빈민을 고용할 수 있는 금액에 해당되는 것이었다. 종교개혁으로 인한 막대한 수입 중 일부는 빈민구제에 사용되어야 한다는 주장이 계속적으로 제기되고 있었음을 감안할 때, 정책입안자들이 1540년 이후에는 이 재원을 공공고용에 사용할 복안이 있었을 가능성을 배제할 수 없다.[19]

2) 1547년

만일 에드워드 6세 치하의 영국을 인플레이션, 실업, 그에 따른 사회적 무질서로 인해 긴급한 사회정책이 요구된 시대라고 평가한다 하더라도, 최소한 1547년과 1548년 초의 경우는 이에 해당하지 않는다고 말할 수 있다. 무엇보다 1546년부터 3년간은 연속으로 풍작을 기록해 1540년대 곡물 가격 인상폭 완화에 커다란 도움이 되었다. 특히 밀의 가격은 1520년대 중반 이후 최저가를 기록했다.[20]

영국의 모직천 수출은 1540년대 말에 최고 물량에 달해 16세기 초에

---

17) 성직에 임명된 성직자가 첫 1년의 성직 수입을 임명권자에게 지불하던 관행을 일컫는다. 영국 교회가 로마로부터 독립하여 국왕이 수장, 즉 임명권자가 됨으로써 과거 로마교황에게 지불되던 초년도 수익이 이제는 영국 국왕에게 돌아가게 된 것이다.

18) *L.P.*, vol.9, no.243.

19) *L.P.*, vol.9, no.1065.

20) Hoskins, op. cit., 1964, p.35; Rappaport, *op. cit.*, 1989, pp.88-90, 131.

비해 무려 3배 이상이 늘어났다. 1542~1543년과 1547년에 수출 물량
이 감소한 경우도 있었으나 1540년대에 걸쳐 런던 등의 직물 관련산업
은 수출량이 약 34% 증가하는 등 대체로 호황을 누렸으며, 런던에서는
노동력 부족 현상이 빚어지기까지 했다. 빈민법이 새로 제정된 1547년은
모직물의 수출이 일시적 슬럼프에 빠진 것은 사실이나 풍작으로 인해 국
내 수요가 늘어나 노동시장이 별 영향을 받지 않았다.[21]

16세기의 중반의 사회질서 문제를 런던의 인구 증가와 관련시키는 경
향이 있다. 특히 구직과 도제 수업을 위해 전국에서 몰려온 젊은 층과
빈곤층의 증가가 두드러졌다는 것이다. 특히 도제 수업 중 약 절반이 약
정 기간을 채우지 못하고 도중하차했으며 그중 상당수가 고향에 돌아가
지 않고 런던에 남아 수도의 질서 유지에 많은 문제를 일으켰다.[22] 그러
나 1547년에 걸인 및 부랑인 문제가 심각한 사회문제가 되었다는 증거
는 찾기가 어렵다. 예를 들면 1542~1547년 사이 정부는 이 문제와 관
련, 단 한 차례의 포고령도 내린 적이 없다. 정부가 부랑인 문제로 고심
하기 시작한 것은 에드워드 치하 첫 흉작을 기록한 1549년 가을에 들어
서였다.[23]

이렇듯 경제적, 사회적으로 큰 문제가 없었다면 어떠한 목적으로 빈민
법의 제정이 추진되었는지 궁금하다. 구걸을 허용하는 1531년 빈민법이
계속 유효하던 1547년, 의회는 또 다시 구걸 행위를 예외 없이 금지하도
록 하고 신체건장 걸인에 대해 매우 엄격한 처벌 규정을 둔 새 빈민법을
도입 통과시켰다. 이 법에 의하면 부랑 걸인은 첫번째 유죄 확정으로 민
간 고용주 밑에서 2년간의 강제노동에 처해지고 누범시에는 무기한의 강
제노동 또는 사형까지 형량이 증가할 수 있도록 규정했다. 이와 함께 신
체 무능력 빈민의 구제와 빈민 청소년 고용을 위한 재원 마련을 위한 조
직적인 기금 모집도 규정했다.[24]

21) Ibid. pp.88-90; Davis, *English Overseas Trade, 1500~1700,* MacMillan, p.11.
22) Archer, op. cit., 1991,pp.217-218; Ibid. pp.311-315.
23) *Cal. SP. Dom,* vol.1, p.23 (SP, 8/66).

엘리자베스 이전 시대의 대부분 법안이 그렇듯이 1547년 빈민법 제정 과정에 관한 기록은 별로 많이 남아 있지 않다. 그러나 최소한 5~6개의 빈민과 부랑인 관련 법안들이 동시에 의회에 상정된 사실로 보아 정부가 사전에 치밀한 계획을 하고 새 빈민법의 제정을 준비한 것 같지는 않다. 몇몇 법률가를 중심으로 구성된 빈민법 위원회가 상원에 제출된 3~4개 의 관련 법안을 토대로 하나의 포괄적인 빈민법안을 만들었는데 이것이 의회 심의과정에서 약간의 수정을 거쳐 양원을 통과하였던 것이다. 그러 나 '빈민 자녀들의 양육'에 관한 법률 등 2개의 관련 법안은 하원에서 폐기되었다.[25]

에드워드 6세가 후일 이 법을 가리켜 '극단적'이라고 표현했을[26] 정도 로 노동 기피자들에 대한 엄격한 처벌 조항, 이른바 '노예조항'으로 유명 한 이 빈민법의 의회 통과 과정은 비교적 순조로웠던 것 같다. 그런데 이 노예조항이 '빈민의 옹호자'로 불리던 '좋은 공작' 서머셋(Duke of Somerset; Edward Seymour)의 섭정 치하에서 이루어진 점은 특기할 만 하다. 서머셋 정부의 정책은 나중에 저명한 역사가인 폴라드(A. F. Pollard)가 '커먼웰스당(The commonwealth party)'이라고 불렀던 서머셋 주위에 포진했 던 사회개혁가들의 영향을 받은 것으로 평가받아왔기 때문이다. 예컨대 존 헤일즈(John Hales)는 빈민 위주의 농업정책과 물가관련정책을 주도 하였으며, 빈민의 공공 고용정책을 유도하는 정책을 입안하기도 했다.

1547년 11월 의회가 소집되자 서머셋은 "신민들에게 보다 합당한 자 유를 주기 위하여 너무 엄격한 몇몇 법률을 폐지 또는 완화할 계획"임을 밝힌 바 있다.[27] 그런데 빈민법의 노예조항은 일견 이러한 서머셋의 의 도에 부합하지 않을 뿐더러 '빈민의 옹호자'라는 그의 칭호와도 어울리

---

24) 1 Edward VI, c.3, 1547.

25) *Journals of the House of Lords*, vol.1, pp.302-303; *Journals of the House of Commons*, vol.1, pp.1-3.

26) Edward VI, *The Chronicles and Political Papers of King Edward VI*, Cornell University Press, 1966, p.8.

27) *Cal SP Spanish*, vol.9, 197, Nov. 9, 1547.

지 않는 것 같다. 빈민법안의 노예조항을 서머셋 측근이나 정부에서 입
안했다는 증거는 없으나, 분명한 것은 서머셋이 상원의원의 신분으로 법
안 심사와 의결시 참여했으며 더구나 섭정공(protector)의 신분으로서 이
법안의 최종적인 승인자였다는 점이다.

이에 대한 한 가지 해석은 동시대인들이 이 노예조항을 그다지 '야만
적'인 것으로 보지 않았을 것이라는 추정이다. 1547년 빈민법의 전문은
"커먼웰스의 적인 게으른 부랑인들은 사형, 채찍형, 감옥형 또는 다른 체
형을 받아 마땅하지만 그들이 커먼웰스에 봉사할 수 있다면 그것이 훨씬
더 바람직한 일"이라고 선언하고 있다.

범죄자에 대해 체형을 가하기보다 강제노동을 시키자는 발상은 토머
스 모어의 『유토피아』와 토머스 스타키(Starkey)의 『대화』 등 16세기 휴
머니스트들의 저술에도 담겨 있다. 어떤 측면에서 '노예조항'은 이러한
아이디어를 구체화시킨 것이라고 볼 수도 있다.

데이비스(C. S. L. Davis) 등은 설사 1547년 빈민법이 정부측에 의해
입안되지 않았다고 하더라도 결과적으로 서머셋 정부가 이를 받아들인
것은 서머셋 측근의 휴머니스트, 사회개혁가, 로마법 계통 법률가들의 영
향력 때문인 것으로 풀이했다. 그는 또 12년이 지난 1559년에 당시의
대표적 휴머니스트인 토머스 스미스가 '1547년 빈민법'의 부활을 촉구
한 점을 들어 스미스가 입안자일 가능성이 있다고 보았다.28)

사실 노예조항은 극단적이기는 하나 어떤 의미에서는 획기적인 발상
이었다. 16세기에 노동력 이외에 별다른 생활 수단(토지, 사업체, 재산
등)이 없는 빈민이 실업 상태에 놓인다면 그 자체가 이미 법적으로 범죄
를 구성하는 것이었다. 노예조항은 이들 '범죄자'들에게 공공 재원이 아
닌 '민간 고용'을 통해 일자리를 제공한다는 아이디어에서 나온 것이며,
거부자에 대한 무거운 형벌은 이들의 민간 고용을 유인하기 위한 일종의

---

28) C. S. L. Davies, 'Slavery and Protector Somerset: the Vagrancy Act of
1547,' *Eco.H. R.*, pp.545, 549; *Tudor Economic Documents*, vol.1, p.325.

부스터 장치였다고 할 수 있다. 이런 의미에서 슬랙(Paul Slack)은 이 법을 '매우 야심적(vastly ambitious)'인 구상이었다고 평가했던 것이다.29)

이 법은 제대로 시행되지 못하다가 1550년 폐지되고 부랑인 처벌에 관해서는 또다시 1531년의 규정이 부활되었다.

3) 1552년

1550년대 초 영국 경제는 매우 큰 어려움을 겪고 있었다. 1549년과 1551년 사이의 농산물 작황은 매우 나빴으며, 특히 직물 수출이 하향선을 긋기 시작하여 1550년대 초의 연간 수출 물량은 1530년대 수준으로 격감하였다. 20여 년 간의 고도 성장 끝에 들이닥친 직물 산업의 불황은 때마침 흉작과 가격 폭등으로 시달리던 임금 노동자들에게 극심한 경제적 타격을 주었을 것이 틀림없다.30) 그래서 1552년 런던 시민들은 추밀원으로 보내는 호소문에서 걸인 및 실업문제의 증가에 우려를 표명하고 신체건장 걸인들에게 일자리를 늘려줄 것을 촉구하기에 이르렀다.31)

1549년 케트의 반란은 1540년대에 일어난 유일한 경제문제와 관련된 대중 반란이었다. 반란 주동자들은 대부분 중농층으로서 임차인의 권리보호와 공유지 및 유휴지에 대한 대지주의 권리 침해 중지를 요구하였다.32) 이들은 서머셋 정부가 1548년 이후 반(反)인클로저 입법 등 대지주 권리 행사 제한 등의 정책을 적극적으로 추진한 데 고무된 것으로 알려졌다.

---

29) Paul Slack, 'Social Policy and the Constraints of Government, 1547-1558', in Jeniffer Loach and Robert Tittler, eds., *The Mid-Tudor Polity*, MacMillan, 1980, p.102.

30) Hoskins, op. cit., 1964, p.35; Rappaport, op. cit., 1989, p.131; Smith, op. cit., 1997, pp.51-53; Palliser, op. cit., 1992, p.57.

31) *Tudor Economic Documents*, vol. 2, p.307.

32) B. L. Harleian MS, 304, fol.75; printed in Fletcher and MacCulloch, *Tudor Rebellions*, Document 17, pp.144-146.

케트의 반란 이후 영국에서는 소규모이기는 하지만 경제문제와 관련한 소요 사태가 빈발했으며, 정부는 1548~1552년의 짧은 시기 동안 무려 5차례의 포고령을 선포하여 부랑인 문제 등과 관련된 치안문제를 해결하려 하였다. 정부가 특히 부랑인 문제에 집착한 이유는 이들 집단이 소요의 원인이 되는 루머를 퍼뜨리는 일을 한다고 보았기 때문이었다.[33]

1549년 가을에 접어들어 인플레이션과 실업문제로 사회질서가 극도로 문란해지자 에드워드 6세는 지방 관리들에게 부랑인 관련 포고령을 보다 엄격하게 집행하고 특히 소요를 선동하는 자들은 지체 없이 교수형에 처할 것을 명령하였다.[34] 그러나 빈민들의 경제적 고통은 오히려 심화되었다. 1549년부터 시작된 흉작은 3년간 내리 계속되어 식품 가격이 치솟았고 1551년에 이르러 앤트워프의 의류 수출시장이 거의 붕괴 직전에 놓여 실업문제가 전례 없이 악화되었다. 케트의 반란이 진압된 이후에도 반역 음모, 폭동 등이 에드워드 6세가 사망할 때(1553년 7월)까지 계속되었으며, 정부는 사회질서 확보문제, 특히 런던 내의 부랑인 문제로 신경을 곤두세웠다.

1551년 4월 추밀원은 수도의 질서 확보를 위해 걸인 교화와 야간 경계의 강화를 런던 정부에 지시한 데 이어 각 주의 치안판사들에게도 공문을 보내 부랑인 관련 법규의 보다 엄격한 집행을 요청했다. 그럼에도 불구하고 식품 가격 급등과 경제적 불만이 팽배한 가운데 에식스(Essex), 런던 등지에서 소요 사태 발생을 부추기는 책과 벽보가 나돌아 정부를 긴장시켰으며 미들랜드 지역에서도 광범위한 소요 사태가 예상된다는 보고서가 올라왔다.

정부가 의회의 소집을 결정한 1551년 가을은 사회 혼란이 여전히 극심했다. 그래서 추밀원이 의회 소집과 함께 보궐선거를 지시하면서 '청소년과 판단력이 모자라는 자들 사이에 만연한 무질서 문제를 다룰 수

---

33) *Tudor Royal Proclamations.*, nos. 281, 337, 352, 356, 363, 371.
34) *Cal.SP.Dom.*, vol.1, p.23 (SP, 8/66).

있는 신중하고 현명한 의원을 선출해줄 것'을 당부했던 것이다.35)

'빈민의 옹호자' 서머셋이 처형된 바로 다음날인 1월 23일에 열려 관심을 끌었던 1552년 회기는 예외적으로 많은 사회·경제 법안들을 다루었는데 폐기된 사회·경제 법안의 숫자만 해도 약 60여 개에 달했다.36)

그런데 이 실패한 법안들 중에는 '빈민과 무능력자를 위한 세금'에 관한 법률안이 포함되어 있었다. 이 법안이 남아 있지 않으므로 이 법안의 정확한 내용은 알 수 없으나 법안의 이름이 시사하는 바와 같이 전국적으로 시행되는 강제적 구빈세의 신설에 관한 것으로 추정되고 있다.

상원으로 제출된 이 법안을 심사하기 위해 구성된 위원회에는 빈민들의 심각한 고통에 관해 국무대신(Principal Secretary of State) 윌리엄 세실(William Cecil)에게 편지를 보냈던 글래스터 주교 존 후퍼(John Hooper)37) 등이 배정되었다. 이 위원회는 3일 후 이 법안을 폐기하고 대신 '빈민구제에 관한 법률안'을 새로 작성했는데 이 안이 양원을 통과하여 법률로 확정되었다.

원안의 의회 통과 좌절은 세금의 신설문제가 의회 내의 반대에 부딪혔기 때문인 것으로 풀이되는데, 젠트리 계급의 정치적 지지 확보가 최대 현안이었던 노섬벌랜드(Duke of Northumberland, John Dudley) 정부의 입장에서는 의회 내의 반발을 감수하면서까지 원안을 관철하려는 의지는 없었던 것이 분명하다.38) 그렇다고 해서 새로운 세금의 신설 없이 기존

---

35) *Acts of the Privy Council of England*(이하 *Acts PC*), new ser. vol.3, p.400, Oct. 28, 1551.

36) Wilbur K. Jordan, *Edward VI: The Threshold of Power, the Dominance of the Duke of Northumberland,* London, 1970, p.340.

37) printed in Patrick F. Tytler, *England under the Reigns of Edward VI and Mary,* London, 1839, vol.1, pp.364-7.

38) 근래 들어 윌리엄 세실, 토머스 그레섬(Gresham), 윌리엄 폴렛(Paulet), 월터 밀드메이(Mildmay) 등 유능한 행정가들을 갖춘 노섬벌랜드(Northumberland) 정부는 인플레이션과 연속 흉작의 사회적 충격을 줄이기 위해 나름대로 잘 대응했다는 평가를 받고 있다. 노섬벌랜드 정부는 통화개혁을 추진하는 등 의욕적인 정책집행을 하기도 했으나 지주계층의 지지를 전제로 한 사회 개혁정책은 보수적인 성격을 가질 수밖에 없었다. G. R. Elton, *Reform and Reformation:*

의 재정으로 새로운 빈민구제제도나 사회개혁 프로그램을 시도할 수 있
는 상황은 아니었다. 수도원 해체 등으로 급격히 불어났던 왕실 재정은
1540년대 계속된 전쟁에 거의 탕진되고 1552년에 이르러서는 왕실 빚
에 대한 이자만 해도 연간 4만 파운드에 달할 정도로 매우 어려운 위치
에 있었던 것이다.

　원안이 폐기된 이유를 다른 각도에서 추정해볼 수도 있다. 빈민법 위
원회의 위원인 존 후퍼는 평소 법의 존재 가치는 현실적으로 집행 가능
한지의 여부에 달려 있다고 생각하였으므로 그의 의견에 따라 원안의 실
용성 등이 문제가 되었을 가능성이 있다.39)

　1552년의 빈민법에는 아무런 적극적 빈민정책이 포함되지 않았다. 부
랑인 처벌에 대해서는 1531년의 규정을 그대로 적용하도록 했으며 신체
무능력 빈민에게 구걸을 허용한 규정도 1531년과 별 차이가 없다. 1531
년에 비해 진일보했다고 평가할 수 있는 것은 각 교구별로 2명의 수금원
을 두어 이들 빈민의 실태를 조사하도록 하고 자발적 기금을 거두도록
한 점이다. 이들에게는 교구 내의 모든 사람들에게 희사액을 약정하도록
권유하고 이를 기록할 의무가 주어졌다.40)

　희사를 끈질기게 거부하는 사람들에 대해서는 주교가 직접 설득하는
등의 압력을 가하도록 규정한 것이 진전이라면 진전이다. 여전히 자발성
의 원칙에 입각해 있었지만 자발적 기금납부를 거부하는 주민들에게 약
간의 조직화된 압력을 가할 수 있도록 함으로써 구빈세 강제 징수제도에
한 걸음 다가선 것으로 평가받을 수 있기 때문이다. 그러나 이 1552년
빈민법은 구빈세의 강제 징수나 신체건장 빈민에 대한 공공 고용을 시험
하고 있던 몇몇 지방 정부의 빈민구제 프로그램에도 훨씬 뒤져 있어 결

　　England, 1509-1558, Harvard University Press, 1977, p.358과 Barret Beer,
　　Rebellion and Riot: Popular Disorder in England during the Reign of Edward VI,
　　The Kent State University Press, 1982, p.198 등을 참고 바람.
39) 'Causes of the Universal Dearth in England,' 1551, printed in P. F. Tytler,
　　England under the Reigns of Edward VI and Mary, pp.364-372.
40) 5&6 Edward VI, c.2, 1552.

코 혁신적이거나 전향적이라고 평가받기는 어렵다.

결론적으로 말해서 1550년대 초기의 사회·경제적 상황은 예외적으로 어려웠으며, 정부는 이로 인한 사회 질서 혼란이 심각한 상태에 이르렀다고 판단하고 있음이 여러 기록에서 발견된다. 1552년의 빈민법은 이러한 위기 상황이 주는 사회적 압력에 의해 제정된 것이라고 봐도 별 무리가 없으며, 따라서 이 법의 보수적 성격은 법의 집행가능성을 우선적으로 고려한 탓이라고 풀이할 수 있다.

여전히 경제·사회적 상황이 어렵던 메어리 여왕 치하에서 열린 1555년 의회는 1552년 빈민법과 거의 유사한 내용의 법안을 만들었다. 다만 구걸이 허가된 신체무능력 빈민이 교구나 시 경계를 넘어 구걸할 수 있도록 함으로써 당시의 절박한 상황을 반영하고 있다.41)

4) 1572년, 1576년

1550년대 초반부터 내리막길을 걷던 영국의 직물 수출은 1570년대 들어 다시 증가세로 돌아 1586년까지 호황이 계속되었다. 농작물 생산도 1560~1586년 사이에 대체로 평년작 또는 풍작을 기록하였고 덕분에 농작물 가격도 안정을 유지할 수 있었다.42) 1560년대 말 몇몇 지역에서 발생했던 소요 사태도 1571년 들어 완전히 사라져 사회적 안정을 되찾았다. 런던으로 유입된 부랑인 집단이 여전히 정부의 골칫거리로 남아 있었으나 심각한 사회 불안을 조성할 정도는 아니었던 것 같다. 실제로 1576년 정부가 걸인 및 부랑인 관련 법규의 엄격한 집행을 포고령으로 한 차례 강조한 것을 제외하면 1570년대에는 이와 관련된 포고령이 한번도 없었다. 또한 추밀원(privy council)이 1570~1587년 사이 이 문제와 관련된 행동을 취한 것은 8차례 정도에 불과했다.43)

---

41) 2&3 Philip & Mary, c.5, 1555.
42) Davis, op. cit., 1973, pp.11, 17; Palliser, op. cit., 1992, pp.292-293; Rappaport, op. cit., 1989, p.57.

1570년대에 이루어진 두 차례의 빈민법 입법은 1536년에 소개되었다가 좌절된 적극적 빈민구제제도의 핵심이라 할 수 있는 구빈세의 강제징수와 공공고용을 다시 도입함으로써 영국 빈민정책 발전의 근간이 되었다. 한편으로 1570년대의 빈민법은 이러한 적극적 프로그램과 함께 부랑인에 대한 매우 엄격한 처벌조항을 규정함으로써 1536년과 같은 양면정책(two-directional policy)의 전통을 이었다.44)

법의 제정 과정을 살펴보자. 1572년 5월 의회가 열렸을 때, 정부는 이미 상당 기간의 면밀한 검토를 거쳐 준비된 새 빈민법안을 손에 가지고 있었던 것 같다. 추밀원 기록에 따르면 추밀원은 1571년 말 런던시장과 주교에게 구제 대상 빈민과 처벌 대상 빈민을 보다 합리적이고 효과적으로 구분할 수 있는 방안을 마련하기 위해 협의했으며 이러한 논의는 이듬해 3월까지 계속되었다.45) 그런데 이러한 논의는 1571년에 제출되었다가 자동 폐기된 빈민법안을 바탕으로 이루어진 것처럼 보인다.46)

1571년 의회에서는 빈민법이 하원에 제출된 후 1차 독회에서부터 찬반토론이 벌어지는 예외적인 일이 일어났다. 몇몇 의원은 부랑인 처벌규정이 매우 가혹하다고 비판하였으며, 처벌보다는 적극적 구제가 더욱 효과적이라는 주장도 제기되었다. 결국 새로운 법안을 다시 입안할 위원회가 구성되고, 여기에는 프랜시스 놀리즈(Francis Knollys) 등 다수의 청교도 의원들이 포함되었다. 이렇게 해서 작성된 새 법안은 하원을 통과하고 2차 독회까지 가졌으나 아마도 시간 부족으로 인해 더 이상 진척되지 못하고 폐회를 맞게 되었던 것 같다.47)

---

43) *Acts PC,* new ser. vol.8, pp.52-53, 73-74; vol.9, p.247; vol.10, pp.99, 215; vol.14, pp.187-188, 253; vol.15, p.256.

44) 14 Elizabeth, c.5, 1572; 18 Elizabeth, c3, 1576.

45) *Acts PC,* vol,8, pp.52-53, Dec. 6, 1571; *Acts PC,* vol.8, pp.72-73, Mar. 9, 1572.

46) T. E. Hartley, ed. *Proceedings in the Parliaments of Elizabeth I*(이하 *Proceedings*), Leicester University Press, vol.1, pp.366-367.

47) *Proceedings,* vol.1, pp.247, 250-253; Simonds D'Ewes, ed., *The Journals of all the Parliaments during the Reign of Elizabeth*(이하 *Journals*), London, 1608,

1572년 5월 의회가 소집되자 정부측에서 입안한 것으로 보이는 '부랑인 처벌과 빈민구제를 위한 법률안'이 상원에 제출되었다. 1571년 법안과 마찬가지로 1차 독회만 마친 후 위원회가 구성되고 닷새 만에 상원을 통과하여 하원으로 넘겨졌다.[48]

현재 남아 있는 공식·비공식의 의사 기록을 보면 이상한 점이 하나 있다. 즉, 구빈세라는 새로운 세금의 신설을 놓고 벌인 논란이 전혀 기록되어 있지 않다는 점이다. 그러나 빈민법안의 다른 쟁점에 대해서는 매우 상세하게 기록되어 있는 것을 볼 때 누락은 아닌 것으로 보여진다. 기록에 의하면 하원에서 주로 문제가 된 점은 '부랑인'에 대한 정의였으며, 특히 대상 범위를 축소해야 한다는 주장이 여러 차례 제기되었다. 그외 다른 쟁점은 핵심보다는 부수적 사항에 국한되었다.[49]

1572년의 빈민법 입법이 그다지 긴급성을 요하지 않았다는 것은 앞에서 살펴본 사회·경제적 안정 요인에 더해 법안의 통과 과정에서도 여실히 드러난다. 정부 지도자 벌리(Lord Burghley, William Cecil)의 주도하에 추밀원과 런던 시 사이의 긴밀한 협의 등 상당히 오랜 기간의 준비 과정을 거쳐 마련된 법안임에도 불구하고 이에 대하여 하원의 반대 움직임이 나타난 점을 우선 들 수 있다.

사실 기록에 나타난 의원들의 태도를 볼 때, 새 빈민법의 제정이 당시 상황 때문에 긴박하게 요구되는 것이라는 인식은 전혀 발견할 수 없다. 부랑인의 정의 등에 관한 논란으로 법안 심의의 장기화가 우려되자 놀리즈는 "완벽을 기한다고 사소한 문제에 매달려 아무것도 못하게 되는 우를 범하지 말아야 한다"며 법안의 빠른 통과를 요청했을 정도였다.[50] 그는 왕실 회계 책임자(Treasurer of the Household)로서 의회 내에서의 정부정책 조율을 담당하고 있었다.

---

reprinted, Irish University Press, 1973, pp. 148, 165, 178, 181-187.
48) *Journals*, pp.198, 207.
49) *Proceedings*, vol.1, pp.366-369.
50) *Journals*, pp.214, 220.

또한 새로운 세금의 신설이 쟁점이 안되었다면, 이는 빈곤층은 몰라도 사회 전체적으로 볼 때 어느 정도 경제적 여유가 있었기 때문이라고 풀이될 수 있을 것이다.

1572년 빈민법의 핵심은 신체무능력 빈민의 구제를 위해 각 교구별로 강제적인 누진소득세를 신설한 점이다. 이 법에 의하면 치안판사와 시장이 빈민조사와 이를 바탕으로 한 세금징수액 산출에 전적인 책임과 권한을 갖도록 하였다. 또한 이들은 각 교구별로 징수관과 민생위원을 임명하여 이들로 하여금 빈민구제와 세금 징수에 따르는 여러 가지 업무를 수행하도록 했다. 고지된 구빈세의 납부를 거부하는 자는 치안판사에게 출두하게 하고 납부할 때까지 투옥할 수 있게 하였다.

한편, 1572년 빈민법은 하원의 반대에도 불구하고 부랑인에 대해 여전히 무거운 처벌조항을 포함하고 있었다. 이는 엘리자베스 치하에서 제정된 관련 법규 중 가장 엄격한 것이며, 튜더시대 전체로 봐서도 1547년의 '노예조항' 다음으로 가혹한 조항이었다고 평가되는 것이다. 1531년부터 40여 년 동안 일부 짧은 공백기간을 제외하고 계속적으로 부랑인 처벌에 적용되어온 1531년 빈민법은 채찍형을 가한 후 연고지로 돌려보내는 것이었다.

그런데 1572년 빈민법의 부랑인 처벌 규정은 초범의 경우 다음 재판이 열릴 때까지 감금하고, 유죄 확정시 채찍 형벌과 귀에 구멍을 뚫는 형벌에 처할 수 있게 하였으며, 재범은 중죄로 다루고 세번째에는 사형에 처하도록 하였다. 단, 초범자와 두번째의 경우는 후견인이 나타나 각각 1, 2년간의 민간 고용 관계가 이루어지면 신체적 형벌을 면할 수 있게 하였다. 이 단서 조항은 1547년 '노예조항'과 본질적으로 같은 아이디어에서 나온 것으로 볼 수 있는 것이다.

그러나 이 법은 노동을 기피하려는 '부랑인'과 '비자발적 실업 노동자'를 구분하고 후자를 위해 빈민구제 재원의 잉여자금으로 치안판사 재량에 의해 공공 고용을 시행하도록 했다. 그러나 구체적 실천 방안이 결여되어 실효를 거두기 어려웠는데 이 문제는 4년 뒤 다시 거론되어 훨씬 실효성 있는 제도로 자리잡게 된다.

1576년 2월에서 3월에 걸쳐 열린 의회에는 빈민문제와 관련된 두 개의 법안이 제출되었다. 그 하나는 각 교구별로 일감 비축을 의무화하고 각 주에 교화소를 설립하도록 하여 공공 고용을 제도화하는 것이었다. 이 법안은 개회 첫날인 2월 8일 제출된 것으로 보아 사전에 준비된 것으로 보인다.

2차 독회를 거쳐 구성된 위원회는 기록에 거명된 위원들 중 압도적인 다수가 청교도 의원들로 이루어졌다. 당시 하원 내 청교도 수가 62명 수준에 머물렀음을 고려할 때 이는 특기할 만한 사실이라고 할 수 있다. 3월 1일 하원을 통과한 이 법안은 상원으로 넘겨져 약간의 수정을 거친 뒤 일주일 만에 통과했다. 공공 고용의 제도화 및 교화소 설립 등 많은 예산이 소요되는 안건이 별 쟁점이 되지 않은 것은 이례적이라 할 수 있다. 1572년 구빈세라는 새로운 조세가 쟁점이 되지 않은 것과 더불어 당시 담세층의 경제적 여유를 반영하는 것으로 볼 수 있다.51)

이에 비하여 하원에 제출된 부랑인 처벌에 관한 법안은 많은 논란을 불러일으켰다. 법안의 수정과 재작성을 위하여 2월 11일 위원회가 구성되었으나 별 진전이 없었고, 3월 7일에는 공공고용법안을 맡았던 위원들이 추가로 대거 투입되었다. 이 확대된 위원회는 상원과의 합동회의를 개최하는 등 의욕을 보였으나 이 법안은 3월 15일 폐회시까지 법률이 되기 위한 과정을 거치지 못했다. 아마도 법안 심사와 통과에 필요한 시간이 부족했을 것으로 짐작된다.52)

공공 고용을 제도화한 1576년의 빈민법은 '비자발적 실업' 문제의 해결을 위해 신체건장 빈민들에게 일자리를 제공하는 것을 골자로 하고 있다. 이 법은 모든 시와 자치 도시로 하여금 양모, 대마, 아마, 철 등의 재

---

51) *Proceedings*, vol.1, p.477; *Journals*, pp.230. 247, 252-253.
52) Ibid.

료를 비축하도록 의무화하여 일자리가 없는 신체건장 빈민을 고용하도록 규정했다. 이와 함께 치안판사 재량으로 보다 소규모의 지방 단위에도 이 제도를 적용할 수 있게 했다. 또한 이렇게 준비된 공공 작업(public work)을 거부하는 반항적 부랑인을 강제 수용하기 위하여 각 주에 교화소를 설치, 강제 노역과 처벌을 동시에 행하도록 했다. 이를 위해 교화소에도 일감을 비축하도록 하였다.53)

물론 1570년대에 이르러 구빈세의 강제 징수나 공공 고용제도는 더 이상 새로운 아이디어는 아니었다. 1530년대부터 거론된 이 아이디어들은 이미 런던, 노리치 등 여러 지방에서 도입되어 시험되었다. 그러나 노리치를 제외한 대부분의 지방제도는 정착에 실패했고 특히 재정적인 어려움에 봉착하여 지지부진을 면하지 못한 것이 사실이다. 그러므로 몇 안되는 지방에서 시험된, 그것도 대부분 실패로 끝난 아이디어를 전국적 제도로 도입한 것은 여전히 매우 과감하고 야심적인 시도였다. 1572년과 1576년을 끝으로 튜더 빈민법은 더 이상 새로운 제도의 도입을 시도하지 않았다. 다만 현실 적용상의 문제를 보완 정비하는 작업만이 남았을 뿐이었다.

5) 1597~1598년

1594~1597년 동안 계속된 4년 연속 흉작은 영국 곳곳에 대량사망위기(mortality crisis)를 일으키는 등 극심한 기아사태를 초래했다. 1597년과 1598년 사이 사망률이 25퍼센트 증가했으며 지역에 따라 50퍼센트 이상 증가한 곳도 여러 곳 있었다. 또 1596년부터 1598년까지 3년간 물가가 최소한 46퍼센트가 뛰어올랐으며 실질임금도 30퍼센트 가까이 하락하여 실질임금 수준이 '120년 튜더 전 시대를 통해 가장 최저점'으로 떨어졌다. 이렇게 하여 1590년대 중반에 들어 실업문제, 해외무역

53) 18 Elizabeth, c.3, 1576.

의 위축, 계속되는 흉작, 극심한 곡물 가격 인상 등으로 사회가 극심한 혼란에 빠졌다.54)

1580년대 말과 1590년대에 걸쳐 부랑인 문제는 심각한 사회문제로 발전하였는데 이것은 이들이 몇몇 대규모 대중 소요와 조직 범죄에 가담했기 때문이었다. 1595년 한 해 동안 런던 근교에서 발생한 불법 집회가 13회에 이르고, 이 중에는 특히 런던에서 발생한 2개의 대규모 식량 폭동이 포함되어 있다. 근 70년 만에 처음 발생한 런던의 식량 폭동이라는 사실 자체가 문제의 심각성을 말해주고 있지만, 참가자가 수천 명에 이르는 등 그 규모가 엄청난 점 또한 정부를 긴장시켰다. 1587년과 1596년 사이 10년 동안 정부는 사회질서 문제와 관련된 무려 16개의 포고령을 선포하였다.55)

더구나 이들 집단에는 중도 하차한 견습공들과 군사 훈련을 받은 제대군인 등 불평 불만을 가진 자들이 대거 가담하여 위험세력화하는 경향이 있었다. 특히 제대군인들 중 다수가 권총 등으로 무장하고 있어 문제가 더욱 심각해질 우려가 있었다. 정부가 이들이 가담한 소요 사태에 대해 계엄령 선포와 반역죄의 확대 적용 등 극한적인 방법으로 대처한 것은 이들에 대한 우려가 그만큼 컸다는 것을 말한다.56)

식량 부족과 빈민들의 기아 상태에 관한 보고서가 전국 모든 지역에서 올라오는 등 1597년에 들어서도 상황이 호전될 기미는 보이지 않았다. 추밀원은 매점·매석자들을 처벌하는 등 곡물의 정상적 유통 구조를 확보

54) Hoskins, op. cit., 1964, pp.38-39; Peter Bowden, 'Agricultural Prices, Farm Profits and Rents' in Joan Thirsk, ed. *The Agrarian History of England and Wales*, vol.4, 1967; Palliser, op. cit., 1992, p.58; Rappaport, op. cit., 1989, pp.130-145, 150-161.

55) *Tudor Royal Proclamations.*, nos. 692, 703, 712, 715-716, 721, 735-736, 740, 745, 755, 762, 766, 769, 777, 784.

56) *Tudor Royal Proclamations*, no. 769, John Stow, *Annales, or Generall Chronicle of England*, London, 1631, pp.769-770; Roger B. Manning, *Village Revolts: Social Order and Popular Disturbances in England, 1509-1640*, Oxford, 1988, pp.204-210.

하는 데 전력하고 있었지만, 런던에서는 먹을 것과 일자리를 찾아 전국
에서 몰려든 인구 때문에 사회 불안이 가중되고 있었다.[57] 1597년 10월
24일 열린 엘리자베스의 9번째 의회는 1598년 2월 9일까지 계속되었다.

개원 후 약 12일이 지난 11월 5일 프랜시스 베이컨은 매점매석 규제
에 관한 법률안(Bill against Forestallers, Regrators and Ingrossers)에 대
한 지지연설 말미에서 인클로저와 경작지의 목축 전환 금지 등에 관한
위원회 구성을 제의했다. 이에 따라 구성된 위원회에게는 빈민문제와 부
랑인 문제를 다룰 책무도 같이 주어졌다.

그러나 빈민문제에 대해 별 진척이 이루어지지 않자 프랜시스 헤이스
팅즈(Sir Francis Hastings), 헨리 핀치(Henry Finch) 등 청교도 의원들이
빈민 문제만을 중점적으로 다룰 별도의 위원회 설치를 제의했다. 이것이
받아들여져 11월 19일 위원회가 구성되었는데 여기에는 지난 1572년,
1576년, 1593년 회기에서 빈민법 위원회에 소속되었던 의원들이 다수
포함되어 전문성을 살릴 수 있도록 했다.[58]

이 빈민법 위원회에는 총 13개의 빈민문제 관련 법안이 배정되었는데
이 중에는 구빈원과 병원 건립, 무능력빈민의 구제, 빈민의 공공 고용,
구빈세 징수 등에 관한 것이 포함되어 있었다. 그러나 이 위원회는 이들
법안들을 대부분 폐기하고 대신 '빈민구제에 관한 법률안'이라는 하나의
포괄적 법안을 새로 작성했다. 이 새 법안은 다음 해 1월 20일까지 모든
절차를 거쳐 상·하 양원 모두를 통과했다.[59]

이 빈민구제법은 각 교구의 주민과 부재지주에게 구빈세를 부과하고
이를 기반으로 신체무능력 빈민을 구제하도록 하였다. 구걸은 원칙적으
로 금지하였으나 교구 내에서의 걸식은 허가할 수 있게 하였다. 이는 걸
식의 무조건 금지를 규정한 1536년의 원안, 1547년, 1572년 빈민법과

57) *Acts PC*, vol.26, pp.112-113, 116-117, 152-153; vol.27, pp.15-17, 45, 55,
    84, 118-119; vol.28, pp.69, 144-145.
58) *Journals*, pp.551-552, 555, 559-561.
59) *Journals*, pp.557, 559-561, 565, 572, 577, 584.

비교된다 할 수 있다. 또한 이 새 빈민법에 의해 빈민구제에 관한 핵심 업무의 대부분이 치안판사가 아닌 각 교구의 민생위원과 교구위원의 손에 맡겨지게 되었다.[60]

한편 '교화소 건립과 부랑인 처벌에 관한 법률안'에 대해서 위원회는 수차례의 회합을 갖고 대폭적인 수정을 가해 하원을 통과시켰다. 상원에 보내진 이 법안은 거기에서도 많은 논란을 거쳐 수정 및 추가 조항이 삽입되어 상원을 통과하고, 이 수정 및 추가 조항은 다시 하원으로 넘겨졌다.

그런데 이 검토를 위해 양원합동회의가 개최되는 과정에서 상원의 '매너'가 문제되어 양측에 갈등이 일어났는데 이 때문인지 몰라도 이 법안은 1월 17일, 찬성 66표, 반대 106표로 부결되었다. 그러나 부랑인 처벌을 다루는 또 하나의 법안(Bill for Punishment of Rogues, Vagabonds and Sturdy Beggars)이 1월 20일 상원에 제출되어 8일 뒤에는 양원을 모두 통과했다.[61]

이 부랑인 처벌에 관한 새 법은 기존의 부랑인 처벌 관련 법규를 모두 폐지하고 처벌 절차를 대폭 단순화하였다. 치안판사는 상습적이거나 위험성이 있다고 판단되는 부랑인의 처벌을 주로 맡아 이들을 교화소에 보내 노동을 시키고, 누범자를 중형으로 처벌하거나 추방하는 권한을 부여받았다. 단순 걸인 및 부랑인들은 재판 절차 없이 치안관(constables)이 채찍 형벌을 가하거나 연고지로 돌려보낼 수 있도록 했다.[62]

또한 1597년 11월 17일 하원에 제출된 병원과 사설 구빈원 건립에 관한 법률은 별도의 위원회에 배정되어 논란 끝에 양원을 통과되었다. 또 의회는 제대군인과 관련된 두 개의 법률을 새로 제정했다. 하나는 부랑 제대군인들을 엄격한 형벌로 제재하기 위한 것이고, 다른 하나는 치안판사로 하여금 이들 제대군인들에게 일자리를 구해주는 임무를 부여하는 것이었다.[63]

---

60) 39&40, Elizabeth, c.3.
61) *Journals*, pp.531-534, 536-538, 540-542, 563, 579-582, 589-590.
62) 39&40 Elizabeth, c.4.

1597~1598년에는 무려 17개의 빈민관련 법안들이 쏟아져나왔다는
사실 자체가 위기 상황을 대변해주고 있다. 그것도 상당수가 중복된 것
이었다. 1597~1598년에 새로 제정된 빈민법들이[64] 가지는 의미는
1570년대 도입된 제도들을 근간으로 절차상의 효율성과 실행 가능성이
중점적으로 보완되었다는 것이다. 예를 들면 치안판사에게는 주로 감독
책임만 맡기고 실제 구민행정은 민생위원과 교구위원에게 일임함으로써
교구를 기본으로 하는 효율적 행정 체계를 확립하였으며, 부랑인 처벌에
필수적이던 재판 절차를 없애 채찍형 등을 치안관 전권으로 처리할 수
있게 하였다. 또한 처벌 규정을 대폭 완화해 지방 관리들의 법 적용 기
피현상을 없앤 것 등도 이러한 맥락에서 해석할 수 있다.

3. 경제, 사회질서 그리고 복지정책

튜더 빈민법의 의미는 빈민에 대한 규제와 처벌에서 적극적 구제로의
방향전환이라고 할 수 있다. 빈민정책상의 커다란 변화를 가져오게 된
이 빈민법의 입법 동기에 대해서 많은 논란이 있어왔다. 한때는 급격한
인구증가와 인플레이션으로 풀이되는 경제 상황의 악화와 절대 빈곤층의
증가, 그리고 이로 인한 사회불안 등이 16세기의 사회·경제 상황을 보는
주된 시각이었고, 튜더 빈민법의 입법 배경을 이러한 시각에서 풀이하려
는 경향이 있었다. 즉, 튜더정부의 빈민문제에 대한 지속적 관심을 빈곤
문제가 초래할지 모르는 사회 혼란을 최소화하려는 '질서유지 차원'의
노력으로 해석하였던 것이다.

앞 장에서 살펴보았듯이 가격혁명의 결과로 임금 노동자 계층의 빈곤
이 구조화되고 많은 사람들의 삶이 작황(harvest)에 의해 근본적으로 좌

63) *Journals*, pp.530, 560, 565, 558; 39&40 Elizabeth, c.5.
64) 39&40 Elizabeth, c.1, c.2, c.3, c.4, c.5, c.17, c.21.

우되었다. 16세기의 경제적 성장과 사회적 안정 측면을 강조하는 수정주의적 연구 성과가 말해주듯 영국의 빈민 규모는 과거에 생각했던 것보다 훨씬 적은 규모였다는 주장은 나름의 설득력이 있다. 그러나 그 정도의 빈곤문제도 결코 작은 것이 아니었고 상황에 따라 심각한 사회적 위협이 될 수 있었음을 간과해서는 안 된다. 다시 말해서 경제 변화에 따라 대두된 새로운 빈민 문제가 튜더 빈민법의 제정에 결정적 동기를 부여한 것은 틀림이 없는 사실로 보아야 한다는 뜻이다.

그러나 그것만으로는 왜 16세기에, 왜 영국에서 이러한 사회정책이 출현했는가에 대한 완벽한 답이 되지 못한다. 우리는 근대적 빈민법이라는 새로운 사회정책의 무대가 다름아닌 16세기에 역동적인 경제성장을 이루었다고 믿어지고 있는 영국이라는 점에 주목해야 할 것이다. 왜 비슷한 상황, 또는 경우에 따라서는 더 많은 사람들이 열악한 상황에 빠져 있던 유럽의 다른 나라에서는 국가적 규모의, 그것도 일관성이 있고 지속적인 성격을 지닌 근대적 사회정책이 뿌리내리지 못했는가 하는 물음이 제기되는 것이다.

일단의 역사가들은 튜더 빈민법의 제정을 오히려 영국 경제의 성장과 역동성 속에서 이해하고 있다. 이들에 따르면 빈곤문제에 대한 동시대인들의 관심 증가가 빈곤 그 자체의 증가를 의미하는 것으로 보아서는 안 된다. 오히려 경제적 안정을 바탕으로 형성된 빈곤문제에 대한 새로운 인식이 확산된 것으로 해석해야 한다는 것이다.

그런데 튜더 빈민법의 제정 배경을 둘러싼 이러한 논란의 한 원인은 70여 년 간에 걸친 십여 차례의 입법 과정을 통해 비로소 완성된 튜더 빈민법을 뭉뚱그려서 '하나의 사건'으로 취급하는 데 있다. 앞에서 살펴본 바와 같이 여섯 차례의 주요 입법 과정은 각기 특수한 입법 환경에 의해 이루어졌다. 경제적·사회적으로 안정된 시기에 추진된 입법도 있었고 매우 어려운 상황에서 만들어진 경우도 있었다.

사회적 안정의 문제, 또는 정부가 당시의 사회 상황을 어떻게 인식하

고 있었는가 하는 문제는 주로 사회적 소요 사태의 빈도와 성격, 빈민문
제와 관련된 포고령(royal proclamations)이나 추밀원 명령(acts of the privy
council) 등 정부가 취한 행동의 빈도와 성격을 분석하면 대체로 드러난다고
볼 수 있다. 그런데 16세기 영국에서 정부가 사회질서를 우려하며 긴급
행동을 취한 경우는 대체로 연속 흉작과 그에 따른 물가 폭등, 그리고
산업 불황 등이 겹친 시기였다.

경제사가들의 연구에 따르면 1550년대와 1590년대가 바로 연속 흉작
과 주요 산업의 불황이 겹친 시대로서 많은 임금 노동자들이 실업과 물
가폭등의 2중고를 겪으며 절대 빈곤층으로 전락한 시기라고 할 수 있다.
따라서 우리는 이 시기를 급속하게 늘어난 빈곤층과 경제난으로 인해 사
회질서가 흔들리는 위기 상황으로 규정할 수 있을 것이다.

반면에 1530년대, 1570년대는 대체로 풍작 또는 평년작의 작황이 이
어져 식량 가격이 떨어지거나 안정적으로 유지되었고, 주요 산업의 호황
으로 노동시장이 안정되어 있던 비교적 풍요로운 시기였다. 이 시기는
사회적으로도 대체로 안정을 유지한 시기였다.

편의상 전자의 시기에 추진된 입법을 위기입법, 후자의 경우는 정상입
법으로 분류한다면 1552년과 1597~1598년의 빈민법을 위기입법이라
보고 1536년, 1547년, 그리고 1570년대에 이루어진 두 번의 입법을 정
상입법이라고 볼 수 있을 것이다.

입법 환경에 따라 입법의 내용이 달라질 수 있다고 볼 때, 위기입법과
정상입법에는 어떠한 차이가 있을까?

앞에서 살펴본 6개의 입법 사례를 비교 분석해보면, 몇 개의 잠정적
결론을 도출할 수 있다. 첫째, 튜더 정부가 위기 상황에만 빈민문제에 눈
을 돌렸다는 가정은 틀린 것으로 보아야 한다. 빈민구제와 부랑인 규제
에 대한 새로운 입법은 사회·경제적으로 위기 상황뿐 아니라 정상적이거
나 비교적 풍요로운 시기에도 시도되었다는 점이다.

둘째, 후자에 해당하는 정상입법은 거의 예외 없이 혁신적이거나 적극

적 의미의 프로그램을 포함하고 있다는 점이다. 그리고 이 프로그램들은 정부가 사전에 준비하거나 인지하고 있었을 가능성이 큰 것으로 나타났다. 1536년, 1572년, 그리고 1576년의 입법이 이에 속하며 1547년의 경우도 이 범주에 넣을 수 있다. 우리는 이를 적극적 의미의 사회 프로그램이 추진되기 위해서는 필요한 재정 확보가 우선 가능해야 하고, 또한 너무 현실에 얽매이지 않고 새로운 사회 목표를 설정할 수 있는 사회적, 심리적인 여유가 전제되어야 하기 때문이라고 생각할 수 있다.

반면에 위기 상황에서 시도되는 입법의 목적은 당장 눈앞에 닥친 문제를 해결하기 위한 것으로 즉시성과 실용성이 최우선의 고려 사항일 것이며, 이런 상황에서 새로운 아이디어의 실험은 어렵다고 보아야 할 것이다. 1552년이나 1597~1598년과 같이 사회·경제적으로 매우 어려운 시기에 제정된 빈민법의 경우, 현실을 감안하여 당장 시행할 수 있는 조항들이 대부분이었음은 이러한 관점에서 이해할 수 있을 것이다.

셋째, 위기 상황에 추진된 빈민법의 부랑자 처벌 규정이 오히려 정상입법의 경우보다 훨씬 관대하다는 점이다. 여기에서 엘리자베스 시대의 법의 엄격성이나 가혹한 처벌이 사회 혼란의 증가 때문이라는 견해가 최소한 빈민법의 경우에는 맞지 않다는 주장이 가능하다. 위에서 살펴본 정상입법 사례들을 보면, 한편으로 적극적인 프로그램을 도입하면서 다른 한편으로는 가혹한 처벌 조항을 두는 소위 당근과 채찍의 양면정책 (two-directional policy)을 쓰고 있음을 알 수 있다.

반면에 위기상황 입법은 예외 없이 처벌 규정을 완화하고 있다. 이는 지방 관리들이 너무 엄격하거나 가혹한 법률의 시행을 기피하려는 경향이 많았으므로 이를 완화하여 그나마 집행이 되게 만들어야 한다는 긴박성에서 비롯된다고 풀이할 수 있다. 또한 정상입법의 범주에 넣은 1536년, 1547년 그리고 1570년대의 빈민법이 구걸을 금지한 데 반해 위기입법의 경우는 이를 허용한 점도 이러한 맥락에서 이해할 수 있다.[65]

---

65) 허구생, 「사회·경제적 조건과 튜더 빈민법의 의회입법」, 《서양사론》, 제63호,

4. 휴머니즘과 튜더 빈민법

정책 사상(policy thought)의 존재 의미는 동시대인들에게 자신들의 사회와 그 사회가 가지고 있는 문제점을 인식할 수 있는 사고의 틀을 제공한다는 점이다. 따라서 역사상 특정 사회정책의 본질과 성격을 이해하는 데 있어서 동시대에 존재했던 정책 사상을 살펴보는 일은 중요하다. 하부 구조상에 실제로 일어나고 있는 변화의 내용이나 성격이 무엇인지도 중요하지만 실제 정책 결정 과정에서는 여론 주도층이 그 변화를 어떻게 인식하고 있는지가 더욱 큰 변수로 작용할 수도 있기 때문이다.

튜더 빈민법에 영향을 미친 정책 사상(policy thought)으로는 휴머니즘과 프로테스탄티즘, 법 존중주의, 그리고 태동기의 정치경제학(political economy)등이 거론되어왔다. 그런데 앞에서 보았듯이 튜더 빈민법이 약 70~80년간에 걸친 10여 차례의 의회입법을 통하여 비로소 완성된다는 점, 그 과정이 하나의 특정한 방향을 향해서 진행된 직선운동이 결코 아니었다는 점, 그리고 각각의 의회입법이 입법환경, 입법과정, 입법내용 등에서 개별적인 특수성을 가지고 있음을 고려할 때 어떤 사상이 튜더 빈민법과 가장 밀접한 관련을 가지고 있느냐에 대한 논란은 자칫 비생산적인 논쟁에 그칠 수 있는 것이 사실이다.

그러나 이 문제에 관한 논의를 1530년대로 한정한다면 큰 논란은 피할 수 있을 것으로 본다. 사실 튜더 빈민법의 발달 과정에서 1530년대는 큰 의미를 지닌 시기이다. 왜냐하면 이 시기에 빈곤과 빈민문제에 대하여 가히 혁명적이라 할 수 있는 정책의 전환이 시도되었고 이때 논의되고 입법이 시도되었던 빈민정책의 방향이 엘리자베스 말년에 최종적으로 제도화되어 19세기 전반까지 계속된 영국 빈민구제 제도의 사실상의 근간을 이루기 때문이다.

강제적으로 징수되는 구빈세의 규정, 전국적 규모의 시행, 실업대책,

1999.

구걸의 금지, 빈민 자녀에 대한 직업교육 등 당시로는 혁명적이라 할 수 있는 빈민문제의 해결 방향이 제시될 수 있었던 사상적 배경은 무엇인가?

16세기 초반부터 많은 튜더 지식인들이 빈곤문제를 비롯한 여러 가지 사회적 문제들을 비판적으로 분석하고 다양한 대안을 제시하기 시작하였으며, 경제 및 사회 분야에 대한 정부의 책임과 역할을 강조하기 시작하였다. 그런데 이들에게 새로운 패러다임을 제공하고 이 시대의 대표적인 지적 전통으로 자리잡은 것이 휴머니즘이었다. 물론 이들 지식인늘 모두를 휴머니스트의 범주에 넣기에는 무리가 있으며, 이들의 논의가 기본적으로 휴머니즘의 틀 속에서만 이루어졌다고 보기도 어렵다. 더구나 대부분의 휴머니스트들이 사회개혁을 촉구하는 경우 소위 커먼웰스(commonwealth) 또는 공화주의라고 일컬어지는 동시대 지적 흐름의 일부를 이루고 있다는 점에 유의하여야 한다.

커먼웰스사상, 또는 운동은 각 사회 구성원들의 유기체적 관계와 역할 분담론, 그리고 이에 입각한 지배 계층과 정부의 사회·경제문제에 대한 책임론을 강조한 16세기 영국 지식인들의 생각이나 운동을 일컫는 말이다. 그런데 영국 휴머니즘 또한 사회질서와 각 사회 계층 간의 조화로운 관계 유지를 사회 존립의 최우선의 조건으로 간주하고 이를 위해 공동선을 증진해야 할 책임을 정부에 요구하고 있으므로[66] 이 점에서 휴머니즘과 커먼웰스 사상 사이에 어떤 명확한 선을 긋는다는 것은 불가능한 것으로 보인다.

그러나 휴머니즘이 정부 주변의 지식인과 정치인들에게 사회를 보는 새로운 시각을 제공한 것이 사실이며, 정부의 사회적, 경제적 책임의 본질과 범위에 관해 끊임없이 문제를 제기해온 영국 휴머니즘의 전통을 고려할 때 커먼웰스 사상이 가진 사회개혁론의 전개에서 휴머니스트들의 선도적 역할을 부정하기 어렵다고 할 것이다. 그러므로 우리는 휴머니즘

---

66) Quentin Skinner, *The Foundations of Modern Political Thought*, 1978, pp.215, 228-231, 235; M. F. Fleisher, *Radical Reform and Political Persuasion in the Life and Writings of Thomas More*, 1973, vol.1, p.123.

이 가진 사회개혁관, 특히 빈곤 및 빈곤의 문제를 보는 시각이 튜더 빈
민법의 성립 과정에 어떠한 영향을 미쳤는지를 간략하게나마 살펴볼 필
요가 있다.

1) 휴머니즘과 사회개혁

대부분의 휴머니스트들의 경우 사회개혁은 기존의 사회구조를 크게
벗어나는 일이 아니었다. 또한 사회개혁의 방법론으로서 외형적인 제도
상의 변화보다는 정신적인 면이나 덕성의 함양 등 내면적인 변화를 더욱
중시하는 도덕론적 입장이 주된 경향이었다고 말할 수 있다. 때때로 휴
머니즘의 사회개혁사상이 본질적으로 보수적 또는 중세적이라는 평가를
받기도 하는 것은 바로 이러한 점 때문이다.[67]

예컨대 토머스 엘리엇(Thomas Elyot)은 인간은 자연적으로 불평등하
기 때문에 사회 계층의 존재는 불가피하다고 주장하였다. 그는 사물을
이해하는 능력에 따라 배분된 계층과 사회적 역할이야말로 사회질서 유
지의 기본 조건이며, 그렇지 못할 경우 사회는 끊임없는 갈등 속으로 빠
져들고 말 것이라고 경고하였다. 엘리엇은 높은 덕성의 소유자만이 이성
의 지배를 보장할 수 있다고 생각하였으며 이를 위해 귀족 계층의 도덕
교육을 매우 중요시하였다.[68]

엘리엇이 전통적인 지배 계층이 자기개혁을 통해 공동선(common
good) 증진이라는 사회적 책무를 담당해야 한다고 주장한 점은 사실상
대부분의 영국 휴머니스트들이 가진 보수적인 사회개혁관을 대표한다고
볼 수 있다. 토머스 스타키(Thomas Starkey) 또한 '이성'의 요소(element

---

67) See A. B. Ferguson, 'The Tudor Commonweal and the Sense of the
   Change', *The Journal of British Studies*, vol.3, 1963, pp.12-14; W. R. D. Jones,
   The Tudor Commonwealth, 1529-1559, 1970, pp.13-14.
68) Thomas Elyot, *The Book named The Governor*, edited with introduction by S.
   E. Lehmberg, 1962, pp.2-5.

of reason)가 사람들에게 균등하게 분배되지 않았다는 이유로 사회 계층
의 존재와 그에 따른 역할분담을 정당화하였다. 그러나 그는 이렇게 이
성의 요소가 불평등하게 분배된 한 가지 이유로 교육의 기회 불균등을
지적함으로써 엘리엇에 비해서는 상대적으로 진보적인 견해를 피력하였
다.69)

　리처드 모리슨(Richard Morison)의 경우에서 우리는 보다 혁신적인 견
해를 발견할 수 있다. 모리슨 역시 사회질서와 조화의 유지라는 대넝제
를 받아들였으나 세습에 의한 사회 계급의 공고화와 비유동성에 대하여
는 부정적인 견해를 보였다. 그는 진정한 귀족성(true nobility)은 태생보
다는 덕성에 의해서 결정된다고 보았으며 정부 관리의 등용과 승진은 물
론 명예의 배분까지도 능력의 원칙에 입각하여 이루어져야 한다고 주장
했던 것이다.70) 그러나 모리슨의 이러한 급진적인 주장이 '은총의 순례
(Pilgrimage of Grace)' 반란군(1536)이 제기한 평민 출신의 고위관리들,
특히 토머스 크롬웰의 자질 시비에 대한 맞대응으로 나온 것인 만큼, 그
가 얼마나 심각하게 능력의 원칙에 집착했는지는 알 수가 없다. 16세기
의 사회개혁론을 다루면서 토머스 모어의 『유토피아』를 언급하지 않을
수 없다. 유토피아에는 사회 계급도, 사유 재산도 존재하지 않으며 사람
들은 모든 면에서 평등하다. 최고 지도자를 비롯한 모든 관리들은 비밀
투표에 의해서 선출되며 유토피아의 사람들은 이성의 명령에만 복종할
뿐 자신들의 의지에 반하는 그 무엇도 강요받지 아니한다. 그러면서도
유토피아는 질서가 잘 유지되는 사회로 그려지고 있다.

　그런데 우리는 토머스 모어가 그의 작품에서 이러한 이상사회의 모습
을 기술하였던 진정한 의도가 과연 무엇이었던가에 관해서 너무나 다양

　69) S.P. 1/90 fol. 103r; T. F. Mayer, *Thomas Starkey and the Commonweal,* 1989,
　　　pp.8, 138-139; Mayer, 'Faction and Ideology,' *Historical Journal,* vol.28, 1985,
　　　p.18.
　70) *A Remedy for Sedition,* printed in *Humanist Scholarship and Public Order,* ed. by
　　　D. S. Berkowitz, Folger Books, 1984, pp.115-116.

한 해석들이 있었음을 알고 있다. 가장 큰 논란의 여지는 작품 속에 두 가지 목소리가 — 유토피아의 사회제도를 반영할 수 있는 사회개혁을 요구하는 히쓸로데이(Hythloday)와 여전히 사유재산과 사회계층의 정당성을 옹호하는 해설자로서의 모어의 입장이 — 동시에 존재한다는 점이다.

토머스 모어가 사회 계급과 사유 재산의 폐지를 궁극적 이상으로 믿었 는가 하는 문제와는 별도로 그가 과연 당시의 영국 사회에서 그러한 개혁이 실제로 가능했다고 생각했는지에 대한 물음이 있을 수 있다. 많은 학자들은 토머스 모어가 세습 귀족에 대한 에라스무스, 엘리엇 등 동료 휴머니스트들의 온건한 사회철학에 비해 진보적인 사회개혁관을 가지고 있었다는 것은 틀림없으나 계급과 사유 재산의 폐지는 당시의 지식인 사회에 하나의 화두(話頭)로 제시한 것일 뿐 실제 그러한 개혁이 당시 영국 사회에 바람직하다고 생각하지는 않았을 것이라는 데에 의견이 모여지고 있다.[71]

휴머니스트들의 보수적, 제한적 사회개혁관은 이들이 기성 권위에 대한 직접적인 공격을 삼갔다는 점에서 잘 드러난다. 그것은 자칫하면 사회 혼란과 기독교 공동체의 파괴를 가져올지 모른다는 우려 때문이었을 것이다. 휴머니스트들의 사회개혁을 위한 설득의 대상은 언제나 군주와 지배엘리트들이었다. 일반인들의 여론에 호소하는 일을 삼갔을 뿐 아니라 오히려 지식인 사회에서의 논의가 일반인들에게 잘못 전달될 것을 걱정하였다. 예컨대 토머스 모어가 『유토피아』의 영어 번역을 끝까지 거부했을 뿐 아니라 성경이 영어로 번역되어 일반인들에게 배포되는 것을 극구 반대한 것은 이러한 이유 때문인 것으로 풀이되고 있다. 또한 토머스 엘리엇이 그의 저서 『Governor』에서 'common weal' 대신 'public weal'이라는 용어를 선호한 것은 전자가 주는 평등과 관련된 어감 때문이었다.[72]

---

71) See Skinner, *Foundations*, pp.235, 255-262; J. H. Hexter, *More's Utopia*, 1963, pp.52-56; Jasper Ridley, *Statesman and Saint*, 1983, pp.63, 71, 77; Martin Fleisher, *Radical Reform*, pp.126, 137. c.f. A. B. Ferguson, 'Tudor Commonweal,' p.28.

이러한 휴머니스트들의 보수적인 사회개혁관은 왕과 중앙정부, 그리고 소수의 지배엘리트들에게 개혁을 의존하는 논리적 필연성을 낳게 하였으며 많은 휴머니스트들이 왕이나 정부 주변에서 그들의 새로운 배움을 현실정책에 반영하고자 하는 경향으로 나타났다. 이러한 왕이나 정부 실세에 대한 의존성이 휴머니스트들로 하여금 왕권의 절대적 권위를 강조하게 만들었으나,73) 반면에 이들은 사회 경제의 폭넓은 분야에 관한 정부의 책임과 역할을 강조하게 되었던 것이다.

이러한 주장들은 엘튼(G. R. Elton)이 규정하는 튜더 시대의 국가온정주의(state paternalism)의 근간을 이루는 것으로서, 당시의 헨리 8세와 토머스 크롬웰 정부가 종교개혁과 종교개혁이 가져다준 여러 가지 정치사회적 변동에 능동적으로 대처하기 위하여 필요로 했던 논리를 뒷받침해주었다고 볼 수 있다.

2) 도덕론적 휴머니즘과 실용론적 휴머니즘

영국의 휴머니스트들은 개인 이익의 추구보다는 공동선의 증진이 앞서야 한다고 생각하였다. 커먼웰스는 모든 구성원 사이의 상호 필요성과 의존성에 의해 유기체적으로 결합되었으므로74)의 공동선의 우선이 전제되어야만 그 존재 목적이 성립된다고 보았다. 따라서 무분별한 개인 이

---

72) Jones, *Tudor Commonwealth*, pp.25, 69; Elyot, *Governor,* pp.1-2; Elton, *Reform and Renewal*, 1973, p.6.

73) 보수적인 휴머니스트들뿐만 아니라 비교적 진취적 입장에 서있던 스타키와 모리슨 등의 휴머니스트들조차 왕권의 정통성과 무조건적인 복종을 옹호하였다. 예컨대 스타키의 *Exhortation to the People*과 모리슨의 *Remedy*(pp.117, 135)를 보기 바람.

74) 이러한 사회 각 구성원간의 유기체적 관련성과 상호의존성을 부각시키기 위해서 이른바 '신체의 비유(body analogy)'가 자주 사용되었다. 공동선을 외면하고 자신의 사적 이익에만 집착하는 행위에 대한 비판과 빈민 구제의 당위성 설득에 자주 사용되었다. 이 신체의 비유는 원래 중세 영국과 유럽 각국에서 중세의 계급질서를 정당화하는 수사로서 가끔 사용되었던 것인데, 16세기 영국에서는 왕권행사의 정당성과 책임론을 뒷받침하였다.

익의 추구는 사회계층간의 조화를 깨뜨려 커먼웰스의 존립 자체를 위태롭게 할 것이라고 경고하면서, 휴머니스트들은 무분별한 개인 이익의 추구를 통제하기 위해 정부가 그 역할을 적극적으로 담당하여야 한다고 주장하였다. 커먼웰스 사상에 의하면 통치자의 기본 책무는 바로 사회 전 구성원이 각자의 의무를 다할 수 있도록 독려하고 각 구성원간의 협력을 확보함으로써 공동선을 증진하는 것이었다.75)

그런데 영국의 휴머니스트들은 군주 또는 지배 계층에 개혁을 의존한다는 점에서 대체로 의견의 일치를 보았지만, 방법론에서는 상당한 차이를 보였다. 에라스무스의 영향을 받은 많은 영국의 휴머니스트들은 제도적, 법적 개혁 등 어떤 외형적 변화보다는 사람들 개개인의 정신 내부에 덕성을 함양시키는 방법이 진정한 개혁이라고 생각하였으며, 이를 위해 군주나 지배 계층이 도덕적 덕성에서 우러나오는 행위적 모범을 보여야 한다고 생각하였다. 엘리엇 등이 덕성 교육의 중요성을 강조하면서 특히 덕치(virtuous rulership)를 실현하기 위해 군주가 좋은 도덕 교육을 받을 필요가 있다고 주장한 것은 바로 이러한 이유에서였다.76)

그러나 토머스 스타키, 리처드 모리슨, 토머스 스미스 등의 다음 세대 휴머니스트들의 사회개혁관은 에라스무스식의 도덕적 절대주의와는 상당한 거리가 있었다. 이들은 오히려 인간 본성을 감안한 정책이 더 효과적이라고 생각하였으며, 정책에 의한 개혁, 즉 적절하고 효과적인 법의 운용과 정부 주도의 사회제도 재확립 노력이 긴요하다고 보았다. 이들 젊은 세대 휴머니스트들의 새로운 시각은 비교적 실용적이고 유동적인 정책 대안의 제시로 나타났다. 사실상 모든 튜더 개혁이 개혁입법의 방식으로 이루어졌음을 감안할 때, 법에 의해 인간 본성을 조절할 수 있다고 믿었던 이들의 생각이 도덕론적 입장에 섰던 앞 세대 휴머니스트들에

---

75) Thomas Starkey, *A Dialogue between Cardinal Pole and Thomas Lupset*, ed. by J. M. Cowper, E.E.T.S., London, 1878, pp.48, 56, 58; Elyot, *Governor*, p.1; *Tudor Economic Documents*, vol.1, p.44.

76) Elyot, op. cit., 1973, pp.2-5 *et passim*.

비해 정책결정 과정에 보다 직접적인 영향을 끼쳤으리라는 것은 미루어 짐작할 수 있다.

토머스 스타키는 의회입법과 정부의 강제적 공권력이 가지는 효율성에 믿음을 가지고 이를 기반으로 개혁을 실현해야 된다고 주장했다. 그는 법의 본질적 가치를 사회적, 역사적 맥락에서 이해하려 했으며, 법이 사람의 자연적 잠재능력을 발휘할 수 있도록 도와주어야 하며 이를 위해 변화하는 사회 조건에 맞도록 늘 조정되어야 한다고 믿었다.77) 리처드 모리슨도 법의 상대성에 대한 스타키의 견해를 어느 정도 공유하였다. 또한 모리슨은 모든 관습법들을 묶어 체계화함으로써 이를 권리와 의무를 적절히 배분하는 유일한 법적 근거로서 확립하려 하였다. 이들의 인간의 진취적 잠재능력에 대한 믿음과 인간 본성에 관한 비교적 낙관적인 견해는 법이 사회개혁의 효과적인 도구로 사용할 수 있다고 스스로 믿게 하였다.78)

3) 스타키, 모리슨의 휴머니즘과 빈곤의 문제

1530년대의 정치와 사회개혁에 나름의 대안을 제시하고 적극적으로 참여했던 휴머니스트들은 토머스 크롬웰 주변의 사람들이었으며 그중에서도 토머스 스타키와 리처드 모리슨이 가장 활발한 활동을 벌였다.

동시대 대부분의 개혁 성향 지식인들이나 동료 휴머니스트들과 마찬가지로 토머스 스타키는 무절제한 사적 이익의 추구를 사회 화합을 해치는 주요 요인으로 보았다. 그는 진정한 커먼웰스는 사회의 어느 특정 부분만 번영해서는 절대로 이루어질 수 없으며, 잘 단합되고 조화된 전체

---

77) 스키너는 스타키의 이러한 법 존중주의가 이탈리아 휴머니스트 로렌초 발라 (Lorenzo Valla)의 영향을 받은 것으로 보았다. See, Skinner, *Foundations,* pp.206-208.

78) 스타키와 모리슨의 legal humanism에 대해서는 다음을 참조 바람. Elton, 'Reform by Statute,' *Proceedings of the British Academy,* Oxford and N.Y., 1970, pp.174-179; Ferguson, 'Tudor Commonweal,' pp.23-28.

가 함께 번영할 때에만 가능한 것이라고 하였다. 따라서 정부는 모든 정책이나 법률을 제정 또는 시행할 때 어느 특정 그룹이 아니라 사회 전체에 골고루 혜택이 돌아갈 수 있도록 신중을 기하여야 한다고 역설하였다.79)

그러나 동료 휴머니스트들에 비해 비교적 실용적인 입장에 섰던 스타키와 모리슨은 사적 이익의 추구 자체를 사회 전체의 번영과 양립할 수 없는 관계로 규정하지는 않았다. 스타키에게 물질적 풍요는 진정한 커먼웰스 실현을 위한 하나의 필수적인 조건이었으므로, 그는 모든 사람이 공동 이익을 염두에 둔다는 전제하에서라면 사적 이익의 추구가 오히려 사회 전체에 도움이 된다고 보았다.

모리슨 또한 물질적 부나 관직 등, 개인적 성취에 대한 야망은 공동선이나 사회 화합에 꼭 해롭지만은 않다고 보았다. 모든 개인이 자신들의 잠재 능력을 법이 정한 테두리 안에서만 발휘한다면 사회 전체의 일반적 복지가 효과적으로 증진될 수 있다고 주장하였다. 따라서 이들은 개인적 야망이나 사적 이익의 추구 및 사유재산권의 행사가 사회 공동 이익과 안녕을 해치지 못하도록 법률에 의해 규제할 것을 제안하였다.80)

에드워드 6세와 엘리자베스 시대에 많은 활동을 한 토머스 스미스(Thomas Smith)는 남에 대한 배려에 앞서 자신의 이익을 챙기게 되는 것은 인간의 어쩔 수 없는 본능이지만 정부가 이를 잘 통제하기만 하면 사회 전체에 이득이 될 수 있다고 보았다. 그러므로 사적 이익과 공동 이익을 조화시키기 위해서는 정부의 세심한 정책이 필요하고, 이때 정부 정책은 이러한 인간 본성에 적합한 것이어야 한다는 것이 스미스의 지론이었다. 예컨대, 목축을 위한 인클로저가 농촌을 피폐하게 만들고 있다면 단순히 이를 법으로 금하기보다는 경작이 목축보다 더욱 이익이 되도록 하는 정책을 펴는 것이 좀더 효과적이라는 것이다.81)

---

79) *Dialogue*, pp.53, 57-58, 65-66.
80) *Dialogue*, pp.33, 36-38; *Remedy*, pp.112, 117, 135.
81) *A Discourse of the Commonweal of this Realm*, ed. by Mary Dewar, pp.50-60, 118.

이들 실용적 휴머니스트들의 또 다른 특징은 빈곤이나 사회적 궁핍의 문제를 인간의 도덕적, 또는 정신적 결함에서 비롯된 것으로 보기보다는 하나의 경제적 사실로 받아들이기 시작했다는 점이다. 따라서 이들은 에라스무스의 영향을 받은 휴머니스트들이나 프로테스탄트 개혁가들이 한 것처럼 일부 계층 사람들의 무자비한 사적 이윤 추구를 비난하거나 도덕적 회복을 호소하는 데 그치지 않고 정부의 적절한 정책과 제도로 문제를 풀어나가려 하였다.

스타키는 빈곤의 문제가 전에 없이 심각해졌다고 진단하고, 이는 빈민들 자신이 게으른 탓도 있으나 정책의 잘못도 주요 원인이라고 분석했다. 그 근거로 영국은 다른 유럽의 나라에 비해 풍요로운 나라이며, 정책만 바르게 시행된다면 모든 국민을 충분히 먹여 살릴 수 있는 자원을 보유하고 있음을 지적했다. 또한 그는 정부의 잘못으로 "어떤 이들은 너무 많이 가지고 있는 반면 또 어떤 이들은 너무 적거나 아예 가지지 못하는" 부의 편중현상을 방지할 수 있는 적절한 정책이 결여되었음을 지적하였다.[82]

스타키는 종교개혁 이후 왕이 새로이 얻게 된 막대한 종교 재산을 빈민구제 등 공동선을 위해 쓸 것을 가장 먼저 왕에게 제안한 사람들 중 하나였다. 1533년에 그는 모든 초년도 수익(first fruits)을 빈민들에게 분배함으로써 경제적 불평등의 문제를 조금이나마 완화할 것을 왕에게 권고하였고, 몇 년 뒤에는 수도원 해체와 함께 막대한 토지가 왕의 재정에 편입되자 이를 대지주 계급인 귀족이나 젠트리 계층에 넘기지 말고 보다 조그만 단위로 분할하여 하층민에게 임대할 것을 강력히 제안하였다. 또 일부 재원은 빈민층을 위해 할당함으로써 수도원 해체의 혜택이 골고루 돌아갈 수 있도록 해야 한다고 믿었다.[83]

그런데 튜더시대 사람들의 관점으로 볼 때 빈곤의 문제는 무엇보다도

82) *Dialogue*, pp.88-92.
83) *L.P.*, vol.6, 414; SP, 457-504; SP 480(printed in *England in the Reign of Henry the Eighth*, p.lviii.

사회 질서의 혼란을 야기할 우려가 있었고 이 점에서는 스타키와 모리슨도 예외가 아니었다. 이들에게 빈민의 구제는 사회 전체의 안정과 조화를 확보하는 사회적 수단의 하나로 간주되었다. 스타키에게 빈곤은 시기, 적개심, 알력 등을 낳게 하는 근본 원인이었다. 가난한 자들은 '필요' 때문에 강도로 돌변할 수도 있는 것이었다. 따라서 빈곤의 문제는 진정한 커먼웰스와는 결코 양립할 수 없는 요소라고 분석하였다.[84] 모리슨 또한 빈곤은 사회 질서를 어지럽힐 수 있는 위험 요인으로 간주했다.

빈곤을 사회 질서 확보 차원에서 보는 스타키 등의 시각은 동시대인들의 일반적인 경향과 부합되는 것이었지만, 빈곤문제를 처벌과 규제라는 소극적 방법에서 벗어나 정부가 보다 적극적인 정책을 시행하여 해결해야 한다는 그들의 주장은 대부분의 동시대인들과 견해를 달리하는 것이었다.

모리슨은 처벌이나 규제가 사회악이나 범죄를 근본적으로 없앨 수는 없다고 주장하였다. 왜냐하면 "도둑질을 하지 않아도 살아갈 방도가 있으면 모르지만 그렇지 못할 경우 사람들은 비록 교수형을 당하는 한이 있더라도 도둑질을 계속할 것이기 때문"이다. 따라서 모든 사람이 직업을 가짐으로써 다른 사람들에게 해를 끼치지 않고 생계 수단을 확보할 수 있도록 만드는 일이 범죄를 없애는 데 더욱 효과적인 방책이 될 것이라고 주장하였다.[85]

토머스 스미스는 단순히 일자리를 공급하는 것에서 한 걸음 더 나아가 사람들에게 그들의 노동에 대한 적절한 대가를 보장해주는 것이 꼭 필요하다고 보았다. 자신들의 노고에 대한 보상이 적절하게 주어진다면 노동의욕이 절로 나겠지만 그렇지 않다면 누가 육체 노동을 열심히 하겠느냐는 것이다. 그는 법의 강제력도 별 소용이 없는 것으로 보았다. 사람에게 고통을 가함으로써 어떤 특정 행위를 하지 못하게 할 수는 있어도 어떤

84) *Dialogue*, pp.50, 91.
85) *Remedy*, p.135; PRO SP 6/13 fol.22.

일을 열심히 하도록 의욕을 북돋우지는 못하기 때문이라는 것이다.86)

처벌보다는 교육이나 취업 기회의 확대를 통해 빈곤의 문제를 해결하려는 시도의 기저에는 빈곤을 사회의 기능이 제대로 발휘되지 못한 것에서 비롯된 것으로 보는 시각이 있었다. 이러한 발상은 어떤 측면에서 획기적인 것이었다. 빈곤의 원인을 당사자의 게으름이나 도덕적 결함으로 보고 이들을 사회적 청소의 대상으로 보는 시각은 16세기에 들어와서도 여전히 팽배해 있었으며 비자발적 실업의 개념은 아직 생소한 것이었기 때문이다.

처벌보다는 일자리를 제공함으로써 빈민문제를 해결하고자 하는 생각은 영국에서 일정 기간 활동했던 스페인 태생의 휴머니스트 후안 비베스에 의해서도 제기된 바 있고,87) 그의 영향을 받은 것으로 짐작되는 플랑드르 지방의 도시 이프레스의 빈민구제 규정에도 반영되었으나, 빈곤을 여전히 개인의 도덕적 결함에서 비롯된 것으로 보는 데에서 벗어나지 못했다. 이들은 또한 재원과 관련하여 부유층의 자발적기금 희사에 대한 낙관적인 견해를 견지함으로써 강제 징세 등 정부의 적극적 역할에 대해서는 생각하지 못했다.88)

스타키는 청소년기의 아이들이 자질에 따라 직업이나 학문 등의 좋은 교육을 받을 수 있는 제도를 입법화할 것을 제안하였다. 모리슨 역시 빈곤문제와 관련하여 청소년들의 직업 교육을 중요시하였다. 스타키와 마찬가지로 모리슨도 영국의 경제력을 낙관적으로 평가하였기에 누구든지 필요한 실용적 지식만 갖추고 있다면 별다른 어려움 없이 일자리를 구할 수 있을 것으로 내다보았다. 이들의 이러한 견해는 어떤 정해진 목표를 얻는 데 있어서 교육의 역할을 중요시하는 전형적인 휴머니즘의 입장을 따른 것이라고 볼 수 있다.89)

---

86) *Discourse*, pp.60-61.

87) *De Subventione Pauperum*, 1523, in F. R. Salter, ed., *Some Early Tracts on Poor Relief*, pp.11-15.

88) *Forma Subventionis Pauperum*, printed in Salter, *Some Early Tracts*.

4) 1536년의 빈민법과 토머스 스타키

앞에서 살펴보았듯이 1536년의 빈민법 원안은 BL과 PRO 두 개의 초안에서 비롯되었다고 볼 수 있다. 그런데 우리는 토머스 스타키가 이 두 개의 초안 어디에도 직접 관련되어 있다는 증거를 가지고 있지 않다.[90] 또한 모리슨은 이 시기에 이탈리아에 머물고 있었으므로 1536년 빈민법 제정과정과 그를 직접 연결시킬 방법은 없다. 그가 대륙으로 건너가기 전인 1530년 초에 원안 작성에 관여했을 수는 있으나 가능성은 극히 희박하다.

그러나 토머스 스타키의 경우 1536년의 빈민법 입법과정에 직·간접의 영향을 미쳤을 가능성을 여러 곳에서 확인할 수 있다. 앞서 살펴본 몇 가지 정책 제안 이외에도 스타키는 민생문제와 관련, 여러 가지 개혁입법의 입안과정에 적극적으로 참여했다. 토지 임대에 관한 정부 규제의 강화를 주장했으며 모든 제조업을 정부 파견요원에 의해 조직화할 것을 제안한 바 있다. 그는 또한 인구 규제와 가축 사육 등에 관한 법률안을 기초한 것으로 알려져 있다.[91]

보다 직접적으로는 그는 『대화』에서 효과적인 빈민구제를 위해 몇 가지 시책을 제안하고 있다. 무엇보다도 신체건장한 미취업 빈민들을 위하여 공공 고용 제도의 시행을 제안하였으며, 또 유죄가 확정된 범죄자에게 사형이나 신체적 처벌을 하는 대신 일정 기간 공공 사업에 종사하도록 하는 것이 공동의 이익을 위해 바람직하다고 강조했다.

토머스 크롬웰이나 그 주변의 사람들이 새로운 빈민법의 제정을 준비하며 그 내용을 검토하는 동안 PRO초안뿐 아니라 스타키나 암스트롱

---

89) *Dialogue*, pp.152-154; *Remedy*, p.135.
90) 스타키는 마샬과 마찬가지로 이프레스 빈민구제 제도와 같은 빈민법이 영국에 필요하다고 강조한 바 있으나 이프레스 규정에는 1536년 빈민법 원안의 골자인 공공 취업과 그 재원 충당을 위한 세금의 강제 징수가 들어 있지 않다. *Dialogue*, p.176.
91) *Dialogue*, pp.97-99; Elton, 'Reform by Statute,' pp.174-187.

(Clement Armstrong)의 공공 고용이나 직업창 출에 대한 제안도 참고했을 것이라고 추정할 수 있다. 왜냐하면 이러한 제안들이 크롬웰이 1536년의 빈민법 원안을 본격적으로 검토하기 이전에 이미 크롬웰에게 전달되었다는 충분한 증거가 있기 때문이다. 또한 BL초안이 윌리엄 마샬의 손에 의해 최종적으로 작성되었다 하더라도 그가 새로운 빈민법의 제정을 공개적으로 촉구해왔던[92] 스타키 등 주변 지식인들의 의견을 참고했을 가능성이 크다고 할 것이다.[93]

5. 프로테스탄트 개혁가: 헨리 브링클로우

프로테스탄티즘은 휴머니즘, 커먼웰스 사상과 더불어 16세기 영국의 정책 사상을 형성하는 중요한 요소이다. 그러나 현실 사회개혁과 관련하여 구체적인 분석과 해결책을 제시한 프로테스탄트적 저술은 그리 많지 않다. 그래서 헨리 브링클로우(Henry Brinklow)의 사회개혁론은 정책 사상으로서의 프로테스탄티즘을 이해하는 데 매우 중요하다.

그의 생애에 대해서는 태어난 해를 짐작할 수 없을 정도로 알려진 것이 별로 없다. 다만 그가 1546년에 죽었으며 이때 그의 나이는 중년에 가까웠던 것으로 짐작된다.[94] 버크셔에서 중농의 장남으로 태어난 그는 처음에는 성직자의 길을 걸었던 것으로 알려져 있다. 그 자신은 프란체스코회 소속의 수사를 지내다가 "신의 진리를 말했다"는 이유로 주교의 박해를 받아 고향인 버크셔에서 쫓겨났다고 말하고 있으나, 성직자 기록

92) *Dialogue,* p.176.
93) 허구생, 「토머스 스타키, 리처드 모리슨의 휴머니즘과 튜더 빈민법」,《영국연구》, 제2호, 1998.
94) J. M. Cowper는 그의 아버지인 로버트가 그가 죽기 바로 3년 전인 1543년까지 살았으며, 그의 결혼 생활이 그리 길지 않은 점으로 미루어 그렇게 보고 있다. 그의 'introduction' to *Henry Brinklow's Complaynt of Roderyck Mors,* London, 1874, pp.v-vii를 참조.

등에서는 확인이 되지 않고 있다. 어쨌든 고향을 떠난 그는 런던에서 포
목상으로 자리를 잡았는데 그의 이러한 경험은 다른 프로테스탄트 개혁
가들에 비해 당시의 경제 상황을 보다 현실적인 눈으로 분석하는 데 도
움이 되었을 것으로 보인다.

그의 생애뿐 아니라 개혁가로서의 브링클로우의 활동 또한 크로울리
(Robert Crowley), 래티머(Hugh Latimer), 레버(Thomas Lever) 등의 동
료 신교 개혁가들에 비해 잘 알려져 있지 않다. 이것은 아마도 그가 서
머셋이 주도하는 에드워드 6세 초기의 보다 신교적인 종교개혁이 시작되
기 전에 죽었기 때문인지도 모른다. 그러나 그의 것으로 알려진 저술
들[95]이 19세기말 2권의 책으로 재편집 발간되고 보급됨으로써 이들을
통해 그의 생각을 살펴보는 일이 보다 쉬워졌다.

그의 저술들은 여러 번 재발간되는 등[96] 당시 사회에 상당한 반향을
일으킨 것으로 보인다. 그의 논문들은 기본적으로는 종교적 성격의 저술
로 볼 수 있으나, 종교적인 개혁의 필요성을 당시의 사회·경제 상황, 특
히 빈곤층의 경제적 곤란과 밀접하게 연관시켜 부각시키고 있다. 여기에
서는 그의 사회 사상, 특히 빈곤층 문제와 경제력 재분배에 대한 그의
시각을 중심으로 살펴보자.

1) 경제적 불평등의 원인과 처방

브링클로우는 당시 많은 지식인들과 마찬가지로 공동체적 사회관을
가지고 있었으며 공동선의 추구가 사적 이윤에 우선해야 한다고 생각했
다. 그러나 그가 진단한 영국 사회는 '곧 신의 벌이 내릴 정도로 타락한

---

95) *The Complaynt of Roderyck Mors*, 1542; *The Lamentation of a Christen Agaynst the Cytie of London*, 1545; *A Supplycacion to our moste Soueraigne Lorde Kynge Henry the Eyght*, 1544; *A Supplication of the Poore Commons*, 1546 등이다.

96) 특히 의회에 대한 탄원 형식으로 쓰여진 *Complaynt*는 British Library에 4가지 판본이 남아 있는데 제네바(3차례)와 사보이에서 발행된 것이다.

사회'였다. 그는 가난한 민중을 지배층들이 주도한 사악한 법률과 거기에서 비롯된 여러 가지 억압에서 고통받는 희생자로 단정하고, 자신의 영리추구에만 집착하는 탐욕스런 지주, 상인, 성직자들에 의해 정당한 사회 관계의 실현이 방해받고 있다고 주장하였다.[97]

브링클로우는 이러한 비정상적인 상태를 정상으로 돌리는 역할을 군주가 맡아야 한다고 생각했다. 그는 어느 누구도 억압받거나 구속받는 일이 없도록 대책을 강구하는 것이 군주의 의무라고 규정하고, 군주는 모든 종교적 정치적 수단을 다해 백성의 복리를 추구해야 한다고 역설하였다. 그는 또한 국왕이 "지금 자신의 정당한 몫을 빼앗긴 채 거리에서 죽어가는 불쌍한 사람들과 하나도 다를 것 없는 똑같은 자격으로 신의 심판석 앞에 서게 될 것"임을 환기시키면서 만약 빈곤한 자들을 방치하는 등 군주의 책무를 소홀히 하게 되면 반드시 신의 처벌이 따를 것이라고 경고하였다.[98]

그는 하위 계층이 폭력적 반란을 일으키는 것은 용인하지 않았으나 크로울리의 경우처럼 무조건적인 복종을 강요하지는 않았다. 그는 세속군주의 법이 신의 법과 마찬가지로 지킬 의무가 있는 것은 인정했으나, 그것이 신의 뜻에 어긋날 경우, 육신의 죽음을 두려워하지 않고 감연히 맞서 싸울 수 있다고 주장하였다.[99]

브링클로우는 당시의 영국 사회를 매우 불평등한 사회로 규정하고, 과도한 부를 소유한 소수의 착취자들과 절대다수의 빈곤층(inordinate rich

---

97) *Complaynt*, pp.73-74.
98) *Supplication*, 1546, pp.77, 81.
99) *Supplication*, 1546, p.83. 크로울리는 인간은 자연적 불평등 때문이 아니라 신의 임명에 의해 지배층과 피지배층으로 구분되었다고 주장하고, 지배 계층은 신의 뜻에 따라 평민을 보호해야 하는 책무를 지고 있다고 역설하였다. 그는 또한 부모의 재산 크기와 상관없이 이 세상의 모든 어린이들을 이 땅의 차별 없는 상속자로 규정하였다. 그러나 그는 민중의 지배 계층에 대한 무조건적인 복종을 강요한 이외에 부의 재분배 문제와 관련해서는 아무런 정책을 제시하지 못하는 등 대체로 보수적인 관점을 유지하였다. 그의 *The Way to Wealth*, 1550, pp.86-87과 *The Voyce of the Last Trumpet*, 1550, pp.163-164를 참조 바람.

extortioners and a great multitude of poor people)으로 구성되어 있다
고 비난하였다. 그는 이러한 극심한 불평등을 해소하기 위해 신분의 고
하를 막론하고 하나 이상의 농장, 장원 또는 영지를 소유하지 못하도록
의회가 법으로 정해야 한다고 주장했다. 그는 귀족이나 젠트리 계층의
지주도 연간 20파운드 정도의 수입만 있으면 적절한 생활을 영위할 수
있다고 생각했다. 따라서 농장 2개를 합쳐서 연간 수입이 20파운드를 넘
지 못하면 2개의 소유를 허락할 수 있으나, 어떠한 경우에도 3개 이상의
농장 소유는 불가하다고 주장했다. 그는 이렇게 토지 소유를 제한하는
것이 형제애와 신의 뜻에 부합하는 법이라고 말하고, 이렇게 하여 소수
의 빈곤층과 다수의 중간적, 혹은 온당한 재산을 소유한 사람들로(a few
poor and a great number of mean and reasonable substance) 구성되는
것이 커먼웰스의 유지에 진정으로 도움이 될 것이라고 주장하였다.[100]

브링클로우는 앞에서 말했듯이 포목상을 하였는데 그는 의류 공업에
관련하여 한 가지 특이한 제안을 하였다. 양털을 원료로 한 의류 공업은
당시 영국에서 농업 다음으로 큰 산업이었으며, 특히 런던에서는 경제를
성장시키는 견인차 역할을 하였다. 그런데 브링클로우는 의류 생산이 도
시에서만 허용되어야 한다고 주장했다. 또한 모든 의류 업자들은 자신들
의 양식 생산을 위한 것이 아니라면, 농촌에 토지를 소유할 수 없도록
해야 한다고 말했다. 그는 지주나 젠틀맨은 토지의 경영에만, 상인은 상
품에만 관심을 두어야 하며, 또한 의류업자는 의류를 만들고 농부는 땅
을 경작함으로써 서로 도움 받는 사회가 성립될 수 있다고 보았다.[101]

---

100) *Complaynt*, pp.48-49. 토지 소유의 제한은 브링클로우 이전에도 빈부 격차를
줄이는 방편으로 종종 제시되었으며 실제로 의회 입법이 시도되기도 하였는데,
토머스 크롬웰이 앞장섰던 1531년의 한 법안이 그것이다. 1530년대와 1540년
대에 걸쳐 부의 재분배 문제는 새로 왕실재정에 편입된 종교재산의 처리문제와
관련하여 제기되었다.
101) *Complaynt*, pp.51-52. 여기에서 그의 생각은 칼뱅의 천직론(calling) 및 유기
체적 사회관과 유사한 측면을 가지고 있으며, 또한 사회전체의 이익에 부합하
는 이자 수입을 용인하는 점도 칼뱅과 유사하다고 볼 수 있다. 그러나 칼뱅주의
가 영국에 영향을 미치기 시작한 것은 1550년대 말부터이며, 브링클로우의 이

경제적 불평등 완화를 위한 토지 소유의 제한은 그가 경제적 불평등이 심화된 원인을 근본적으로 지배층의 탐욕에 있다고 본 데서 나온 것인데, 브링클로우는 지대의 인상도 그러한 관점에서 분석하였다. 그는 수도원 해체로 인해 좀더 낮은 임대료와 안정적인 조건의 임대조건이 주어질 것을 기대했으나 결과는 완전히 상반되는 방향으로 나타났다고 한탄했다. 즉, 옛 수도원과 맺은 계약의 효력은 새 지주들에 의해 빈번하게 부정되었고 불리한 계약이 강요되었으며, 이에 따라 엔트리 파인(entry fine)과 임대료는 전과 비교할 수 없을 정도로 인상되었다는 것이다. 16세기의 지대 인상이 당시의 물가 상승을 실제로 상당 부분 주도했는지, 혹은 지대가 앞서가는 물가를 단순히 뒤쫓아갔는지에 대해서는 여전히 경제사가들간에 논쟁이 있다. 그러나 브링클로우에 따르면 지대의 인상은 옛 수도원 땅을 차지한 새 지주들의 탐욕에 의해 주도되었다. 브링클로우는 그 결과 자기 노동으로 자녀를 키우고 정직하게 살아가던 수천 명의 소농들이 농업 노동자로 전락하거나 구걸에 의존하게 되었고, 그들의 자녀들이 감옥을 채우거나 교수형을 당하고 있다고 한탄했다.[102]

브링클로우의 관점에서 볼 때 경제적 불평등은 또한 성직자들의 타락에 의해 심화되었다. 여기에서 성직관과 교회재산에 대한 그의 생각을 먼저 살펴볼 필요가 있다. 그는 역사적인 관점에서 이들의 의미를 파악하고자 하였다. 그에 따르면 예수가 이 땅에 있을 때 기독교인들은 모든 것을 공동으로 소유하였으며 따라서 십일조나 빈민구제 용도의 재물이 별도로 필요하지 않았다. 그러다가 기독교인의 수가 점차 증가하고 교회가 확대되면서 사유재산이 발생하였다는 것이다. 이에 따라 구약시대의 사람들이 하던 것처럼 신체무능력 빈민의 구제가 필요하게 되었으며, 이를 위해 설교에 전념하는 성직자 외에 부제 등을 임명하여 빈곤층을 돕

러한 주장을 담은 팜플렛(*Complaynt*)이 발간된 시기가 칼뱅이 제네바에서 자리 잡기 시작한지 몇 년 되지 않은 1541~1542년임을 감안할 때 여기에서 칼뱅의 영향을 논하는 것은 다소 무리가 따른다.
102) *Supplication*, 1546, pp.79-80.

는 일을 맡기게 되었다.

그러므로 십일조는 이들 성직자들의 생활과 빈곤층 구제를 위하여 존재하기 시작했다는 것이 브링클로우의 생각이었다. 그런데 성직자들이 본분에서 벗어나 세속적인 부와 명예를 탐하게 되고 급기야 이 '게으른 건장한 거지들(idle sturdy beggars)' 집단이 영국 전체 재산의 3분의 1을 차지했을 뿐 아니라 이러한 교회재산을 원래 목적과 다르게 사용함으로써 민중의 고통이 더욱 심화되었다는 것이다.[103]

브링클로우는 주교들이 마치 이교도의 왕자들처럼 생활하고 있다고 비난했다. 성과 장원에다 사슴이 넘치는 사냥터, 물고기 노니는 연못 등을 갖춘 사치스러운 생활이 그들을 타락하게 만들고 있다고 주장하였다. 그는 주교들의 그 엄청난 재산이 승진이나 좀더 수입이 좋은 성직을 얻는 데 뇌물로 쓰이거나, 사치스러운 생활에 낭비되고 있다고 비난하였다. 그는 주교들을 낭비자, 약탈자, 강도 등에 비유하면서 이들이야말로 가난한 사람에게 가야할 자선기금을 부당하게 빼앗아 단순 무지한 그들을 궁핍한 상황으로 몰아넣는 주범이라고 단정하였다.[104]

그는 초기 교회처럼 오로지 주교와 사제 두 가지 직책만 남기고 모두 폐지시켜야 하며, 특히 이들이 영지 관리, 이혼 재판 등 모든 세속적인 업무에서 손을 떼도록 해야 한다고 주장했다. 또한 주교직에 딸린 재산 중에서 100파운드만 주교에게 지급하여 본인과 가족이 안락한 생활을 영위하도록 하고(브링클로우는 성직자가 결혼하지 않을 이유가 없다고 생각했다), 나머지 재산은 모두 처분하는 것이 마땅하다고 하였다. 이와 함께 그는 주교좌성당(cathedrals)과 본당성당 내에 기부 재산으로 설치되어 있는 공양당(chantry)을 성서에 입각하여 모두 폐지할 것을 주장하였다.[105]

---

103) *Supplication*, 1546, pp.62, 71-73.
104) *Supplication*, 1544, pp.49-56.
105) *Supplication*, 1544, p.44; *Complaynt*, pp.47-48.

2) 종교 재산의 처분과 사회정의

루터의 사상이나 독일의 종교개혁이 영국의 사회 사상이나 브링클로우에게 직접적으로 미친 영향이 무엇인지는 말하기 어렵다. 그러나 브링클로우가 독일식의 종교 재산 처리를 원칙으로 삼아 모든 종교 재산이 사회 전체에 이익이 되도록 처분되어야 한다고 믿었던 것은 사실이었다.[106] 1536년부터 1539년 사이에 시행된 수도원 해체의 결과가 브링클로우 등의 기대와 완전히 상반된 결과를 가져왔지만 브링클로우는 여전히 큰 종교 재산이 낭비되고 있다고 보고 이의 처분을 끈질기게 주장하였다.

먼저 그는 모든 성직의 초년도 수익(first fruits)과 십일조가 원래 목적대로 빈곤층을 위해 사용되어야 한다고 주장하였다. 그는 이러한 종교적 수입을 로마 교황에 이어 왕이 차지한다는 것은 신의 법에 어긋나는 것이며 강도질에 해당한다고 비난하고, 이러한 악법을 만든 의회가 스스로 이를 빈민에게 되돌려주어야 한다고 주장했다.[107]

브링클로우는 공양당과 성직에 딸린 불필요한 세속적 재산을 모두 처분하여 사회 전체의 이익을 위해 사용하도록 제안했다. 종교적 세금의 목적과 성격에 대한 그의 관점을 고려할 때, 종교 재산의 처분에 관한 그의 제안이 빈곤층을 배려하는 데 집중되어 있는 것은 너무나 당연한 일이라고 볼 수 있다. 그는 우선 종교 재산의 일부를 빈곤층에 직접 분배해야 한다고 생각했다. 이렇게 하여 맹인, 병자, 절름발이 등 신체 무능력 빈민들의 생활고를 덜어주고 기타 빈곤 가구의 가장과 가난한 여자 하인의 결혼을 도와야 한다고 생각했다.

---

106) 브링클로우는 또한 독일의 관리들이 빈곤층의 불만에 얼마나 귀를 기울이고 있는가를 설명하고 연중무휴로 관청에 대기하는 그들의 태도를 교훈으로 삼을 것을 지적하는 등 종교개혁 이후의 독일에 많은 관심을 보이고 있다. *Complaynt*, pp.42-43.

107) *Complaynt*, pp.38-39. 참고로 1535년과 1540년 사이 왕실 재정에 편입된 초년도 수익과 십일조는 연간 약 4만 파운드에 달했다.

그는 또 종교 재산의 일부를 모든 도시 및 읍락뿐 아니라 규모가 큰 촌락 등에 배정한 후, 병자, 맹인, 절름발이 등 무능력 빈민들이 기거하며 요양할 수 있는 구호소를 설치하고 각 구호 시설에는 가난한 여인들을 고용해 이들을 돕도록 해야 한다고 주장했다. 뿐만 아니라 각 구호 시설에 내·외과 의사들을 상주하게 하고, 해당 도시나 읍락은 물론 인근 지역의 빈곤층을 대상으로 하는 진료 활동을 제도화할 것을 주장했다. 그의 제안에 따르면 이때 의사들은 종교 재산 처분으로 축적된 기금에서 나오는 봉급만으로 생활하여야 하며, 만약 한 푼이라도 빈곤층 환자에게 대가를 받는 일이 발견되면 봉급 지불이 중지되도록 하였다.108)

또한 브링클로우는 종교 재산의 일부로 각 도시와 큰 읍락마다 학교를 세워 히브리어, 그리스어, 라틴어의 3가지 언어로 강의하도록 하고, 특히 일정한 수의 빈곤층 자녀들을 대상으로 무료 교육을 시행하여 그들이 자라 사회에 유용한 사람이 될 수 있도록 배려해야 한다고 강조했다.109)

그는 또한 종교 재산을 재정이 어려운 도시와 읍락에 배당하여 생활이 어려운 빈곤층에 우선적으로 대부하여 생활 대책을 마련하게 함으로써 적극적인 의미의 빈민구제의 한 방식으로 활용해야 한다고 생각했다. 그의 제안에 따르면, 첫 해에는 이자를 부과하지 않고, 이후부터 3퍼센트의 이자만을 물리도록 하였는데, 1540년대가 극심한 물가 인상의 시기였음을 감안할 때 이는 극히 낮은 이자율이었다. 그는 또 이 3퍼센트의 이자 수입은 막 결혼한 가난한 남녀가 새로운 생활을 잘 시작할 수 있도록 도와주는 데 사용해야 한다고 주장했다.110)

---

108) *Complaynt*, pp.51-52.

109) Ibid.

110) *Complaynt*, p.52. 16세기 영국에서의 평균적인 초혼연령이 남자 26세, 여자 23세이며 평민층의 경우는 이보다 더 늦었던 것으로 알려져 있다. 핵가족제도가 일반적이었음을 감안할 때, 빈곤층의 경우는 주거공간과 안정된 일자리 등 경제적 독립의 요건을 갖추지 못해 결혼생활을 시작하는 데에 많은 어려움이 따랐을 것이다. 경제적으로 매우 불안정했던 1540년대에 많은 빈곤층 남녀가 경제적인 이유로 결혼을 늦추고 있던 현실을 브링클로우는 간과하지 않았다.

3) 브링클로우 사상의 의미

신교개혁가들은 가난한 자들의 권리를 성서에 입각하여 옹호하면서[111]
젠틀맨, 상인, 법률가 등의 상위 계층에 속하는 자들이 여러 가지 방법으
로 빈곤층을 억압하고 수탈하고 있다고 비난하였다. 그러나 이들은 세속
적 위계질서 자체를 부정하지는 않았으며, 따라서 권위에 대한 직접적
공격이나 하위 계층을 대상으로 호소하지는 않았다. 브링클로우도 여기
에서 크게 예외는 아니었다.

또한 브링클로우가 사회·경제적 문제점을 분석하면서 지배층의 도덕
성을 문제 삼은 것도 다른 신교개혁가들과 다름없었다. 예컨대 래티머
(Hugh Latimer)는 에드워드 6세 앞의 설교에서 자신들의 노동을 유일한
생계 수단으로 삼는 가난한 민중들이 자신들의 땀으로 살 수 없게 만든
품귀 현상의 주범은 일부 부자들의 지나친 영리 추구라고 지적하였으
며[112] 그 점에서 레버(Thomas Lever) 등과도 다르지 않았다.

그러나 브링클로우의 사회 분석과 대안의 제시는 매우 구체적인 것이
특징이다. 지대 인상을 문제점으로 지적하면서 그것이 옛 수도원 땅을
사거나 하사받은 새 지주들에 의해 주도되었음을 상세한 설명에 의해 주
장한 것이나, 성직개혁과 종교 재산 처분의 원칙을 성서적 입장에서 설
명하면서도 그 제안이 매우 구체적인 점 등은 그의 포목상으로서의 경험
에서 비롯된 것일 수 있다. 또한 그는 의회입법이 왕의 동의와 함께 왕
자신을 포함한 모두를 구속한다고 보고 의회입법을 통한 개혁을 주창하
였는데, 이는 제안의 구체성과 함께 그를 인간 내부의 도덕적 개혁에 초
점을 맞추었던 동료 신교 개혁가들과 구별되게 한 또 하나의 요인이었다.

---

111) Paul A. Fideler는 그들의 사회사상이 성서적 근거뿐 아니라 중세 이래의 포
퓰리즘 이론에도 영향을 받고 있다고 지적한다. 'Poverty, Policy and
Providence: the Tudors and the Poor' in P. A. Fideler and T. F. Mayer, eds.
Political Thought and the Tudor Commonwealth: *Deep Structure, Discourse and
Disguise*, London and New York, 1992, p.206.

112) *Selected Sermons*, p.66.

브링클로우가 토지 소유의 제한이나 종교 재산을 사회 전체의 이익을
위해 사용해야 한다고 주장한 유일한 16세기 사람은 물론 아니었다. 토
머스 스타키는 이미 1533년 경제적 불평등 문제의 해소를 위해 왕의 새
로운 수입원인 종교적 초년도 수익을 빈곤층에 분배할 것을 제의한 데
이어, 수도원 해체가 시작된 후에는 이들 종교 재산을 대지주 계층에 넘
겨주지 말고 공리적 원칙(public utility)에 입각하여 조그만 크기로 잘게
나누어 저소득 계층에 임대할 것을 건의한 바 있다.[113] 또한 토머스 크
롬웰을 보좌하던 베일(John Bale)과 에드워드 치하에서 활발한 활동을
벌였던 크로울리도 종교 재산의 일부를 빈민구제에 할당해야 한다고 주
장한 바 있다.[114]

브링클로우가 죽은 직후인 1547년부터 서머셋 주위의 개혁집단은 많
은 경제적·사회적 개혁을 단행하고자 하였으며, 이러한 노력은 에드워드
6세 치하의 첫 두 회기 동안 의회가 통과시킨 법률의 40퍼센트 이상이
경제·사회적 문제를 다룬 것이라는 점에서 잘 나타난다.[115] 서머셋 치하
나 그 이후 추진된 정책 중에는 브링클로우의 주장과 유사한 것도 있다.
단적인 예로 1547년 의회입법에 의해 약 2천 곳에 달하는 공양당이 폐
지되었는데 이는 브링클로우의 영향보다는 보다 신교적인 종교개혁이 서
머셋에 의해 단행된 결과로 볼 수 있으며[116] 보다 직접적으로는 재정적
인 필요가 앞섰던 것으로 볼 수 있다.

헤일즈(John Hales)는 토지 소유에 제한을 가할 목적으로 1548~1549년
의회에 법안을 제출했으나 실패하고 말았고, 비슷한 법안이 1552년 및
1554~1555년 의회에 제출되었으나 이들 역시 좌절되었다. 1552년에는
양의 소유를 제한하려는 입법이 시도되기도 하였다. 사유재산의 소유에

113) *L.P.*, vol.6, 414; SP, 457-504.
114) J. W. Harris, *John Bale,* New York, 1940; Crowley, *Epigrams.*
115) W. K. Jordan, *Edward VI: The Young King,* Harvard U.P., 1968, p.391.
116) 루터가 주장한 '믿음만에 의한 구원 원칙(justification by faith alone)'이나 더
    나아가 칼뱅의 엄격한 '예정설'에 입각할 때 죽은 자를 위한 기도는 무의미한
    일이었다.

일정한 제한을 가하려는 이러한 시도들과 브링클로우를 연결하는 일은 쉽지 않다.

그럼에도 불구하고 브링클로우가 경제 불평등 문제 해소의 방안으로 토지 소유의 제한을 주창한 것과 종교 재산을 사회공동체와 빈민층을 위해 사용하도록 하기 위한 의회입법을 제창한 것은 자칫 1530년대 말에서 1540년대 말까지 일어날 뻔했던 경제적 평등주의의 공백을 메워줌으로써 그 연결고리 역할을 했다는 점에서 의미를 찾을 수 있다고 할 것이다.117)

6. 사회 질서와 빈민법

1) 부랑자의 문제

앞에서 살펴본 경제적 변화, 사상적 배경들 모두가 튜더 빈민법의 제정에 직·간접으로 영향을 미친 요소로서 거론된 것이고 나름의 근거가 있음이 확인되었다. 그렇다면 정부로 하여금 법의 제정을 통해 새로운 사회정책을 추진하게 했던 보다 직접적인 요인은 무엇이었을까?

정부가 보다 많은 국가의 역할을 강조하는 지식인들의 의견을 매우 진지하게 받아들였다는 증거는 많이 있고, 그 때문에 엘튼이 주장하는 튜더시대의 국가온정주의(state paternalism)의 확산을 중심으로 한 해석도 일리가 있는 것으로 판단된다. 그러나 보다 직접적인 요인들로 논의를 좁혀가다 보면 아무래도 튜더 정부가 가장 심각하고 예민하게 받아들였던 부분은 부랑빈민의 문제였다고 생각된다. 이런 입장에서 보면 튜더 빈민법상의 공공 고용 등 실업대책 부분은 이 문제의 해결을 위한 적극적 정책이었으며, 교화소에서의 강제 노동이나 엄격한 처벌조항들은 소극적 대책으로 해석할 수 있다. 우선 튜더 시대 부랑빈민의 문제가 얼마

---

117) 허구생, 「헨리 브링클로우와 사회개혁」, 《영국연구》, 제3호, 1999.

나 심각하였는가를 살펴볼 필요가 있다.

2) 부랑빈민의 구성원들

16세기의 영국인 윌리엄 해리슨(William Harrison)은 영국의 빈민에는 세 가지 유형이 있으니 그 하나는 신체 무능력(impotency)에 의한 진짜 빈민(true poor)이요, 두번째 유형은 불의의 사고나 재난으로 인한 빈민이요, 이들과는 별도로 세번째 유형의 빈민이 존재한다고 하였다. 이 마지막 유형의 빈민들은 "모든 걸 먹어치우고 난동이나 부리는 절약심 없는 빈민(thriftless poor)과 이곳 저곳을 돌아다니는(일을 찾아 헤매지만 소득이 없는) 뿌리 없는 방랑자(vagabond), 그리고 왕국 전체를 이리저리 몰려다니는 불량배(rogue)와 매춘부(strumpet)" 들이었다.[118] 이들 마지막 유형의 빈민들이 부랑자들의 주요 구성원들이었다.

자신과 가족의 생계를 전적으로 구걸에 의존하던 빈민들이 존재했던 것은 틀림없는 16세기의 현실 모습 중의 하나였으며 이들 중 상당수가 한 곳에 정착하지 않고 이리저리 옮겨다니며 구걸을 한 것도 사실이었다. 또한 이들이 부랑자 집단의 다수를 차지했을 가능성도 다분히 있다.

그럼에도 불구하고 해리슨도 인정했듯이 부랑자 중에는 이들과는 달리 '일을 찾아서' 끊임없이 이동해야 했던 노동 빈민들도 있었음을 간과하면 안 된다. 물론 이들도 때때로 일거리가 떨어지면 부랑걸인들과 마찬가지로 구걸에 의존했을 것이므로 양자간의 엄밀한 구분이 쉽지는 않았을 것이다. 그렇다고 해서 부랑자 모두를 걸인이나 노동 기피자로 보는 것은 옳지 않은 관찰이다. 호스킨즈가 주장하듯 계절적, 비정기적 고용 상황은 16세기 경제의 본질적 부분이었고 따라서 일부 노동 인력의 지리적 이동은 불가피했기 때문이다.[119]

---

118) *An historical description of the iland of Britaine,* 1577; reprintes by the Folgers Shakespeare Library under the title, *The Description of England,* ed. Georges Edelen, 1994, p.180.

<그림 8>

16세기 초의 부랑빈민가족. 부랑빈민들은 종종 집단으로 이동하기도 하였으나 대개는 개인이나 가족 단위의 이동이 많았다.

사실상 16세기에 '주인 없는 자들(masterless men)'이라는 용어는 부랑자라는 용어와 같은 뜻으로 사용되었으며, 이는 과거에는 직업을 가지고 있었을지라도 현재에는 일정한 직업이 없는 자들을 포함하는 용어였다. 더구나 이들 실업자뿐 아니라 일용직이나 임시직에 종사하던 노동빈민들의 상당수도 '주인 없는 자'의 범주에 속할 수 있었다.[120)

튜더 정부도 부랑걸인과 이동성 노동 빈민을 명확하게 구분하지 않았다. 1563년의 장인법이나 1572년 빈민법의 규정을 보면 토지나 점포 등

---

119) W. G. Hoskins, *The Age of Plunder*, 1976, pp.110-112, 226-227.
120) Penelope Corfield, 'Urban Development in England and Wales in the Sixteenth and Seventeenth Centuries,' in J. Barry, ed., *The Tudor and Stuart Towns*, 1990, p.61.

의 독립적 생계 수단 또는 일정 규모 이상의 소득 또는 재산을 갖지 못
한 신체건장자 그 누구라도 당국이 지시한 노동에 종사할 것을 거부하면
처벌받을 수 있었다. 다시 말해 이동성 노동 빈민과 부랑걸인을 구분하
지 않고 이들 모두의 부랑을 금지한 것으로 볼 수 있다. 그러니까 이 규
정들은 부랑이라는 행위의 목적은 구분하지 않고 다만 일정하게 규정된
특정 집단의, 즉 독립적 생계 수단이 없는 모든 빈민들에 대하여 부랑이
라는 행위 자체를 처벌하는 것이 목적이었던 셈이다.[121]

3) 부랑빈민의 숫자

많은 동시대인들은 부랑빈민이 상당히 많고 또 나날이 증가하고 있다
고 믿었다. 또 이들은 범죄도 늘어나고 있으며 이는 부랑빈민들의 증가
현상과 결코 무관하지 않다고 생각했다. 1530년의 정부 포고령도 이러한
인식을 반영하고 있었다. 이 포고령은 질서교란 행위, 강도, 살인, 그리고
다양한 흉악 범죄의 증가를 가져오는 등 걸인과 부랑빈민의 문제가 온
나라에 심각한 짐이 되고 있다고 지적하였다. 범죄와 부랑빈민의 문제를
직접적으로 연결시키는 정부의 시각은 1531년 빈민법의 전문(preamble)
에도 표현되었다.[122]

부랑빈민의 규모에 대한 동시대인들의 추정은 1만 명에서 20만 명에
이르기까지 매우 다양하다. 부랑빈민의 숫자를 추정하는 데 어느 정도의
편차가 있는 것은 이해할 수 있다. 이들은 끊임없이 이동하는 성격의 인
구집단이므로 전국적으로 특정한 날짜를 잡아 일제히 조사하지 않는다면
이중, 삼중으로 복수 계산될 수 있었다.

그중 가장 신뢰할 만하다고 평가된 것은 서머셋주의 치안판사였던 에
드워드 헥스터(Edward Hexter)의 것으로서 그는 각 주마다 3백 명에서

---

121) 5 Elizabeth I, c.4; 14 Elizabeth I, c.5.
122) *Tudor Royal Proclamations*, no.128, June 1530; 22 Henry VIII c.12.

4백 명에 이르는 부랑빈민들이 있다고 추정하였다. 이는 나라 전체(잉글랜드와 웨일즈)로 볼 때 약 2만 명이라는 수치가 나온다는 것을 의미하였다. 그러나 헥스터의 관찰이 이루어진 시기가 연이은 흉작으로 경제가 극도로 어렵던 1596년임을 감안하면 평시의 부랑빈민 숫자는 이보다도 훨씬 적은 규모였을 가능성이 있다.

대도시일수록 불황기에 일자리를 잃고 떠돌 가능성이 많은 일용 또는 반(半) 취업상태의 노동빈민들이 많았을 것으로 추정된다. 부랑빈민의 숫자에 대한 일부 동시대의 추정치는 이들 비정규직의 노동빈민들까지 포함했을 가능성이 다분히 있다.

어찌됐건 1580년대와 1590년대에 걸쳐 수도 런던의 시내와 교외를 배회하는 부랑빈민들의 수가 눈에 띄게 증가한 것은 사실인 것 같다. 한 예로 런던의 브라이드웰(Bridewell) 교화소에서 처벌받은 부랑인의 숫자를 보면 1560년 69명, 1578년 209명이던 것이 1600년경에는 500명을 넘어섰다.[123] 이 교화소는 노동 능력이 있으면서도 노동을 기피하는 빈민들을 교화시킬 목적으로 설립되었으나 16세기 말에 이르러 처벌 위주의 기능으로 전환되었다. 아마도 부랑빈민의 폭발적인 증가가 이 기관의 본래적 기능을 포기하게 만들었을지도 모른다. 그렇다고 해도 1600년 무렵 당국에 체포되어 처벌받은 런던의 부랑빈민수는 런던 인구 8백 명 중의 1명에 불과했다. 이렇게 보면 부랑빈민문제가 통제 불능의 상황에까지 갔다고 단정지을 수는 없을 것 같다.

4) 부랑빈민의 증가 요인

그렇다면 이들의 숫자가 증가한 이유는 무엇일까? 동시대인들은 물론 일부 현대의 역사가들도 수도원의 해체를 주요 요인으로 지목하고 있다.

---

123) A. L. Beier, 'Social Problems in Elizabethan London' in J. Barry, ed., *The Tudor and Stuart Town*, 1990, pp.121-138.

수도승이나 수도원에 봉직하는 기타 성직자, 그리고 수도원에 고용된 일반인 등 만 명 이상이 갑자기 일자리를 잃게 되었다는 동시대의 관측이 있었거니와 현대의 역사학자 디킨스(A. G. Dickens)는 이 수치를 훨씬 웃도는 8만 명이라는 추정치를 내놓았다.[124]

조던(W. K. Jordan) 등의 연구자들은 부랑빈민이 증가하게 된 주된 요인은 인구증가로 비롯된 경작지 부족에 있었다는 결론을 이끌어내었다. 전환 농업을 위한 인클로저와 토지 소유 구조의 변화로 수천 명의 영세농들이 졸지에 땅을 잃고 일자리를 찾아 헤매게 되었다는 것이다. 런던의 모직물 산업 등 새로운 성장 산업들이 유휴 노동력을 상당 부분 흡수하였으나 모든 노동력을 끌어들이기에는 역부족이었던 것이 이들의 판단이었다.[125]

이들의 주장에 무리가 없는 것은 아니나, 16세기 영국 도시들이 대거 유입된 유휴 노동력을 완전히 흡수하지 못한 것은 사실이었던 것으로 보인다. 16세기 중반 에드워드 6세 시기의 포고령은 런던 부랑민의 상당수가 런던 태생이 아닌 외부 유입인구였음을 시사하고 있다.

또한 전(前) 산업화 단계의 경제가 가진 고용 불안정성도 한몫 하였다. 소규모의 자산과 전 근대적 생산 기술 등의 산업 생산 여건하에서 안정적인 고용은 사실상 불가능하였다. 1590년대 말의 경제 위기 상황에서 체포된 부랑빈민 중의 절반 정도가 런던 태생이었다는 사실은 이들이라고 고용 불안에서 자유롭지 못했음을 말해주는 것이다.

브라이드웰 기록은 체포된 빈민의 3분의 2가 해고당했거나 중도 하차한 하인이나 견습공이었다는 사실을 밝혀주고 있다. 7년간의 견습 계약은 경기 불황 등을 이유로 빈번하게 파기되었고 가내 하인도 1년 단위로 계약되는 것인 관행이었지만 종종 단기통지(short notice)에 의해 해고되었다. 주인이 도시를 떠나거나 갑자기 죽어버리는 경우에도 비슷한 운명

---

124) *The English Reformation*, 1968, p.151.
125) *Philanthropy in England*, 1959, pp.61-62.

에 처해졌다.126)

5) 부랑빈민과 공공 질서

동시대인들의 묘사에 따르면 부랑빈민들은 조직적이고 전문화된 범죄 집단이었다. 이러한 묘사는 이들의 이미지를 범죄자, 또는 잠재적 범죄자로 고착시킴으로써 많은 사람들에게 공포와 경계의 대상으로 떠오르게 만들었다. 이들의 묘사는 얼마나 사실에 기초한 것일까? 오늘날 대부분 학자들의 의견은 부랑빈민들의 범죄 행위는 과장되었다는 것이다. 조직적 범죄는 예외적인 것이었고 이들에 의한 대부분 범죄는 우발적인 단독 범행이었다는 데에도 대체로 의견이 일치되고 있다.

노상강도, 폭행, 살인 등의 강력 범죄가 다른 인구집단과 비교하여 높았던 것은 사실이라 해도 부랑빈민들에 의해 저질러지는 가장 흔한 범죄는 단순절도나 불법 구걸이었다.127)

그렇다면 역대 튜더 정권이 이들을 상당히 부담스럽게 느끼고 특별히 경계했던 이유는 무엇이었을까? 그것은 이들의 범죄 성향에 대한 의구심뿐만 아니라 이들의 존재가 적대세력에 의한 반란에 이용되거나 민심불안을 야기시켜 대규모 폭동으로 발전시키는 촉매제의 역할을 하지 않을까 하는 우려에서 비롯된 것으로 보인다.

무엇보다 부랑빈민들은 높은 이동성(high mobility)을 가지고 시장 등 주로 공공 장소에서 활동한다는 특성을 가지고 있었다. 정부 당국은 이들에 의해 불온한 루머나 선동적인 메시지가 급속히 확산될 수 있다고 판단했던 것이다. 예컨대 에드워드 6세 치하의 포고령들은 평민들이 법률에 의하지 않고 폭력으로서 자신들의 불만을 해결하려는 불법 사태는 주로 루머 때문에 발생한다고 지적하면서 이러한 선동적 루머는 이리 저

---

126) Beier, 'Social Problems,' pp.131-133.
127) Ibid. p.137.

리 돌아다니는 부랑빈민들에 의해 주로 생산되고 있다고 단정짓고 있
다.128) 교통과 통신 수단이 크게 미흡했던 근대 초기의 상황을 감안하면,
이 지역 저 지역으로 끊임없이 이동하는 부랑빈민들의 높은 이동성에 대
한 정부 당국의 경계는 충분한 이유가 있었다. 더구나 그들은 더 이상
잃을 것이 없는 사람들이 아니던가?

1530년대에 발생한 '은총의 순례 반란(The Pilgrimage of Grace)'을
비롯한 16세기의 몇몇 대규모 반란에서 부랑빈민들에 의해 확산된 루머
가 사태를 악화시킨 것은 사실로 확인되고 있다. 더구나 1590년대에 발
생한 대규모 식량 폭동에는 불만에 찬 부랑빈민들이 적극 가담하였다.

특히 16세기 후반 들어 런던의 치안이 부랑빈민들에 의해 실제적 위
협을 받았던 것은 사실인 것으로 보인다. 그것은 무엇보다 부랑빈민의
통제와 처벌을 목적으로 빈번하게 쏟아져 나오는 정부의 포고령에서도
확인할 수 있다. 왕실의 궁정과 의회의 바로 지척에서 삶을 영위하며, 그
곳에서 아이도 낳고 살다가 그곳에서 죽어가는 빈민집단이 존재한다는
사실만으로도 그것은 정부 당국에 커다란 부담이 되었을 것이다. 거기에
다 부랑빈민의 전통적 속성에 점차 폭력성이 가미되기 시작함으로써 이
들은 더 큰 골칫거리로 발전하였다.

16세기 후반 런던을 주무대로 한 부랑빈민들의 연령 구조를 보면 다
른 지역의 동일집단과 비교했을 때 혈기왕성한 젊은이들의 비율이 특히
높았다. 아마도 그것은 농촌 청소년들에게 런던이 제공하는 경제적 기회
가 상대적으로 높은 유인 작용을 했기 때문일 것이다. 그러나 많은 젊은
이들이 꿈을 이루기보다는 좌절하기 쉬운 것이 현실이다. 우발적 폭력이
나 통제불능의 욕구불만 폭발 또한 좌절된 젊음이 지닌 속성이기도 하였
다. 그러므로 해고당하거나 중도 하차한 견습공들이 고향으로 돌아가지
않고 부랑빈민 집단에 합류했다는 사실은 정부 입장에서 볼 때 그만큼
위험 인자가 커졌음을 의미하였다.129)

---

128) *Tudor Royal Proclamations*. nos. 281, 337, 352, 356, 363, 371.

<그림 9>

부랑빈민은 계절적 실업 노동자에서 방랑예인에 이르기까지 매우 다양하였으나 그림에서 보듯이(오른쪽에서 두번째) 무기를 소지한 자들도 있었다. Giusdeppe Maria Mitelli의 1687년 작품.

　여기에 해산된 군인이라는 또 다른 위험 요소가 가세함으로써 부랑빈민은 더욱 더 위험한 집단으로 인식되었다. 1589년 포르투갈 원정에서 귀환한 군인들 중 상당수가 해산 후 고향으로 돌아가지 않고 부랑빈민 집단에 합류하였다. 해산된 군인들은 권총과 그밖의 금지된 무기로 무장한 집단이었다. 더구나 이들은 전쟁에서의 폭력이 몸에 배어 있는 집단이었다. 전쟁터에서 적에 대한 폭력은 합법적이었을 뿐 아니라 칭송의 대상이었다. 정상적인 사회 적응 과정도 없이 거기에다 적정한 보수도 받지 못한 채 차가운 사회 현실에 내던져진 이들에게 폭력적 습관이 없어지기를 바라는 것은 애당초 무리였다.[130]

　정부의 다급함은 해산 군인은 물론 모든 부랑민들에 대해서 군법을 적용하는 초강경정책을 취한 것에서도 엿볼 수 있다. 1589년 이래 영국 정

---

129) Archer, op. cit., 1991, p.207.
130) Lindsay Boynton, 'The Tudor Provost-Marshal,' *English Historical Review*, vol.77, 1962, p.442.

부는 이러한 조치를 수 차례에 걸쳐서 반복 시행해야만 했다.[131] 이러한 맥락에서 볼 때 부랑민에 대한 영국 정부의 우려와 항구적인 통제대책의 필요성이 빈민법 제정의 직접적인 동기 중의 하나였을 것으로 판단하기 는 그리 어렵지 않다.

---

131) *Tudor Royal Proclamations*, nos. 712, 715, 716, 735, 740, 769.

제6장 스핀햄랜드, 그리고 자유주의의 반격

1. 산업혁명과 빈민

18세기 후반부터 산업혁명이 본격적으로 추진되면서 영국 경제는 급격한 팽창과정을 밟게 되었다. 특히 증기기관이 발명되어 면직물 공업과 철도에 사용되는 등 기계화가 확산되면서 획기적인 생산성 향상이 이루어졌다. 1788~1830년 사이 철의 생산은 6배가 되었으며 1760~1820년 사이 면직물의 생산은 60배로 늘어났다. 1820년대에 이르러 산업 부문의 비중이 처음으로 전체 생산의 50퍼센트를 넘어섰다.[1]

국내 수요의 확대와 값싼 노동력의 증가는 영국의 급속한 산업화과정을 가능하게 만든 중요한 요인이었다. 영국의 인구는 1700~1820년 사이 2배 이상 늘어났다. 전체 브리튼의 인구는 약 천만 명에서 2천 2백만 명으로, 잉글랜드의 인구는 5백만에서 천 백만 명으로 늘어났다.[2] 인구 증가의 요인은 다각도로 분석될 수 있겠지만 초혼 연령이 낮아진 것도 그중의 하나였다. 인구론적 관점에서 더욱 중요한 사실은 농업인구의 감소였다. 1759년 현재 48퍼센트를 차지했던 농업인구는 1801년에는 40퍼센트 내외 그리고 1841년에는 25퍼센트로 그 비중이 떨어졌다.[3] 이는 곧 공업인구의 증가를 의미하는 것이기도 하였다. 여기에는 산업화의 진

---

[1] Thomas William Heyck, *The Peoples of the British Isles,* vol.2, 1992, pp.207-208.
[2] Chris Cook and John Stevenson, eds., *The Longman Handbook of Modern British History, 1714-1980,* London, 1983, pp.96-97.
[3] 차명수, 「산업혁명」, 『서양사 강의』, 배영수 편, 한울, 2000, 324쪽.

<그림 10>

18세기 말기의 증기기관. 산업혁명 초기에 핵심적인 기계장치 역할을 하였다.

전이 가져온 고용 기회의 확대 이외에 농업혁명이라는 또 하나의 주요 경제 현상과도 관련이 있었다.

19세기 초에 이르러 농업혁명은 완성 단계에 도달한 것으로 보인다. 그 결과 잉글랜드와 웨일즈에서 1800년의 농업생산은 100년 전에 비해 최소한 60퍼센트가 늘어났다. 그러나 농업혁명은 인클로저와 인그로싱 (engrossing)의 확산을 수반하였으며 이 때문에 많은 영세농들이 땅을 잃고 임금 노동자로 전락하였다.[4]

19세기 후반에 이르러 대다수의 영국인들은 100년 전의 사람들보다 향상된 삶의 질을 누리고 있었다. 이것이 산업혁명의 성과인 것은 확실

---

4) 과거의 역사가들은 농업혁명이 산업혁명과 동시에 일어난 것으로 생각하였지만 오늘날은 영국에서의 농업혁명이 16세기에 시작된 것으로 믿어지고 있다. 우리는 이 책의 제4장에서 16세기에 이루어진 성과를 살펴보았다. 그러나 농업혁명의 모든 부분에 걸쳐, 그러니까 소유 구조의 재편성, 신작물, 돌려짓기의 새로운 패턴, 체계적 축산기술의 도입 등 종합적인 측면에서 괄목할 만한 진전이 일어난 것은 17세기 말부터였다고 할 수 있다.

<표 18> 19세기 영국 노동력의 배분현황

(단위:%)

	1801년	1821년	1841년	1861년	1881년	1901년
농업, 임업, 어업	35.9	28.4	22.2	18.7	12.6	8.7
제조업, 광업	29.7	38.4	40.5	43.6	43.5	46.3
상업, 운송	11.2	12.1	14.2	16.6	21.3	21.4
가내하인, 개인비서 등	11.5	12.7	14.5	14.3	15.4	14.1
공무원, 전문직	11.8	8.5	8.5	6.9	7.3	9.6

자료: Maxine Berg, *The Age of Manufactures: Industry, Innovation and Work in Britain, 1700~1820,* 1985, table 13, p.46

하며 아마도 이것을 부정할 사람은 없을 것이다. 그러나 1815년까지만 해도 산업화는 아직 그같은 가시적 결실을 맺지 못하고 있었다. 물론 1760~1815년 사이 국민총생산(GNP)이 2배로 증가한 것은 사실이었다. 1810년에서 1850년 사이 3배 이상이 늘어난 것에 비하면 상대적으로 느린 것이었지만 그것만 해도 상당한 의미가 있었다. 인구가 늘어났음에도 불구하고 경제성장률이 인구증가율을 앞질러 맬서스의 인구론과 상반되는 현실이 처음으로 나타났던 것이다. 그러나 프랑스를 상대로 한 전쟁 비용 등으로 임대료와 물가가 크게 올라 실질임금이 1750년 수준을 넘어가기 시작한 것은 1815년 이후의 일이었다. 어쨌거나 대다수의 사람들은 생산성의 향상이 인구증가를 앞지르고 있는 경제 현상이 정확하게 무엇을 의미하는지 알지 못하고 있었다.

더구나 경제적 번영의 과실은 모든 계층에 골고루 분배되지 못했다. 경제의 팽창은 중간 계층의 확산을 가져왔다. 임금 노동자들은 초기 산업사회에서도 최대의 희생자였다. 특히 농촌 지역에는 노동력의 과잉 공급으로 낮은 임금과 비정규적 고용 행태가 지배적인 모습으로 나타났다. 공장 노동자들은 상대적으로 높은 임금을 받았으나 이는 대부분의 사람들이 공장일을 좋아하지 않아 높은 임금으로 유인할 수 밖에 없었기 때문이다. 그나마 완전고용은 이루어지지 못하였으며 불경기에는 대규모의

<그림 11>

린네르 방적을 하고 있는 여성과 어린 노동자의 모습(Ulster Folk and Transport Museum).

실업 사태가 야기되었다. 예를 들면 1842년 볼턴(Bolton)의 경우 공장 노동자의 60퍼센트가 일자리를 잃었으며 건설 노동자들의 경우는 더욱 심했다. 노동 조건도 열악하기 짝이 없었으며 하루 12시간에서 15시간의 노동은 보통이었다.

아동과 여성들의 노동이 크게 늘어났다. 1835년 당시 전체 방적공장의 노동자 중 여성과 아동이 차지하는 비율은 60퍼센트가 넘었다. 여성과 어린 노동자들에게는 턱없이 낮은 임금이 지급되었으며 비교적 길들이기 쉽다는 이유로 선호되었다. 석탄 광산의 갱도에서 일하는 여성이나 어린아이들을 보는 것은 그리 낯선 풍경이 아니었다. 공장에서의 여성 노동은 대개 미혼여성에 의해 이루어졌으며 대개는 결혼과 함께 가사를 전담하며 경우에 따라 집 안에서 할 수 있는 부업에 종사하는 것이 고작이었다. 공장의 여성 노동자 중 기혼자는 약 4분의 1 정도였다.

공장제의 도입으로 노동자들의 작업은 매우 엄격한 통제와 감독 속에

<그림 13>

탄광에서 일하고 있는 여성과 어린 노동자의 모습. 1842년 어린 노동자들의 광산 고용실태에 대한 왕립조사단의 보고서에 수록된 그림이다.

기계적으로 진행되었으며, 과거 수공업시대의 자율적 노동 관행은 사라졌다. 노동빈민들은 그들의 본성과 리듬에 맞추어 일하는 데 익숙해 있었다. 그러나 공장제산업에서는 그들의 리듬이 아니라 기계의 페이스에 맞추어 한치의 오차 없이 작업하도록 '길들여져야(had to be tamed)' 했다. 시계, 벨소리 등은 새로운 노동 규율을 상징하는 것이었으며 이제 시간은 곧 돈이었다. 고용주들은 교육과 훈련뿐 아니라 벌금, 체형, 해고로 이어지는 노동 규율 수단을 상황에 따라 사용하였다.

1815년 이후 실질임금이 상승했다고 하나 누구에게나 그 혜택이 돌아간 것이 아니었다. 기계화가 진행되면서 가장 심한 피해를 입은 직종의 노동자들은 수직기(handloom, 手織機) 직조공들이었다. 1700년 말경 그 숫자가 40만 명에 이르고 주당 평균임금이 23실링에 이르던 것이 1830년대에는 숫자도 반으로 줄고 평균임금은 과거의 4분의 1에도 못미치는 5실링으로 떨어졌다. 1815년까지만 놓고 본다면 산업화의 덕을 본 노동

자들보다 피해를 본 노동자의 숫자가 더 많았을 것이라는 추정이 가능하다.[5]

과반수 이상의 사람들의 생활을 지배하게 된 것은 전통적 농촌사회의 '관습'이 아니라 새로운 질서로 자리잡은 도시의 '계약적 환경'이었다. 공장제가 가내수공업을 대체함에 따라 얼굴을 맞대고 살아가는 전산업화 시대의 세계는 이제 종말을 고하고 있었다. 공장주와 지주 모두가 경쟁과 실패에 대한 우려로부터 자유로울 수 없는 상황에서 전통적인 온정주의(paternalism)는 설 곳을 잃게 된 것이 19세기 전반부의 상황이었다.

거기에다 계급 사회의 갈등은 심화되었다. 자유노동시장을 확보하기 위한 부르주아 계층의 노력은 노동조합을 금지하는 수십 차례의 의회입법으로 이어졌고 1813~1814년에는 임금과 견습공의 계약을 규제하는 엘리자베스 1세 시대의 법률을 폐지하였다. 반면, 기계파괴 활동을 벌였던 1810년대의 러다이트(Luddite) 운동은 전통적인 생계와 삶을 파괴하는 산업화에 대한 저항이었으며 1830~1831년 그들로부터 겨울 일을 뺏아간 탈곡기를 때려부순 농업 노동자들의 스윙 폭동(Swing Riots)도 변화에 대한 불만이 표출된 것이었다.

그러나 우리가 주의할 부분은 산업혁명과 농업혁명이 그 진행 과정에서 여러 가지 다른 얼굴을 나타내었다는 점이다. 계층간의 이익과 쟁점이 달라졌으며 빈민들의 삶의 질과 그들에 대한 가진 자의 시각도 끊임없이 변화하였다.

---

5) Heyck, *The Peoples of the British Isles,* vol.2, 1992, pp.219-225.

2. 스핀햄랜드(Speenhamland system)

1) 개혁의 필요성

17세기 말부터 19세기 초에 이르기까지 튜더 빈민법의 골격을 변화시키려는 시도가 반복되었다. 의회에서의 논의가 계속되었고 일부 조항에 대한 수정이 이루어지기도 하였다. 그러나 대부분의 수정조항은 지역별 특수성을 인정해주는 데 그쳤으며, 전체적 구조는 큰 틀의 변화 없이 유지되었다. 그러나 끊임없이 개혁의 필요성이 제기되었다는 것은 무언가 문제가 있었음을 시사하는 것이다. 그렇다면 무엇이 문제였을까?

우선적으로 이야기할 수 있는 것은 구제 비용의 증가였을 것으로 보인다(<표 19>). 주된 원인은 빈민법이라는 공적 자선제도가 수행해야 할 목표에 대한 기대가 상승한 데다 공적 자선을 요청하는 사람들이 늘어났기 때문으로 보인다. 인구추세도 영향을 미쳤을 것이다. 장기적으로 보면 인구의 연령구조가 변화하면서 노령 인구가 늘어났기 때문일 것이고[6] 중·단기적으로는 인구증가나 경제 불황으로 고용 기회가 줄어든 탓일 수도 있다.

이론적으로는 경제가 발전하면 구제 비용의 감소가 예상된다. 모든 국민들에게 경제발전의 혜택이 돌아간다는 전제 조건이 충족되면 더욱 그렇다. 그러나 역동적인 산업화 과정을 겪고 있던 영국에서 빈민구제 비용은 오히려 증가했다. <표 19>에서도 확인할 수 있듯이 절대적 액수만 늘어난 것이 아니라 전체 국민 소득에서 차지하는 비중도 늘어났으며 특히 18세기 후반 들어 그 증가세가 두드러졌다. 1800년에 이르면 빈민구제 예산은 중앙 정부 전체 예산의 20퍼센트 수준에 육박하였다. 표의 4번째 항목은 구빈세에서 지출된 식량 지원을 근거로 피지원자의 수를

---

6) 예컨대 17세기 후반에서 18세기 초에 60세 이상의 노령 인구는 전체 인구의 8~9퍼센트 가량으로 늘어났다.

<표 19> 잉글랜드와 웨일즈의 연간 구빈비용(1696~1803년)

연도	총지출액 (파운드)	인구일인당 지출액(실링)	인구일인당 지출액 (밀1쿼터환산치)	총인구 대비 수혜자비율 추정치(%)	국민소득 대비 구빈비용 지출비(%)
1696년	400,000	1.5	0.04	3.6	0.8
1748~ 1750년 (평균)	689,971	2.3	0.08	7.9	1.0
1776년	1,529,780	4.4	0.10	9.8	1.6
1783~ 1785년 (평균)	2,004,238	5.3	0.11	10.9	2.0
1802~ 1803년	4,267,965	9.5	0.15	14.7	1.9

자료: Paul Slack, *The English Poor Law, 1531~1782*, Cambridge, 1995, table 1, p.22.

추정하고 이를 바탕으로 전체 인구 중에서 이들이 차지하는 비율을 계산
한 것인데 이 수치 또한 증가하였다. 만약 이 계산이 맞다면 전체 인구 7 명
중 한 명이 수혜자였다는 결론이 나온다.[7]

얼마나 많은 사람들이 구빈세의 담세자(rate-payers)였을까? 지역별로
많은 차이가 있어서 단정짓기는 어렵지만 대략 3분의 1에서 3분의 2가
구빈세를 낸 것으로 추정되고 있다. 영국 전체로 봤을 때 구빈세의 부담
증가에도 불구하고 이 담세 계층의 비율은 늘어난 것 같지 않다. 그렇다
면 빈민구제 예산의 증가는 결국 이들 담세자의 일인당 부담을 그만큼
증가시켰다는 결론이 나온다. 결국 개혁의 방향은 빈민구제 비용을 축소
하여 담세자들의 불만을 잠재우는 데 있었을 것이고, 성공의 열쇠는 빈
민구제 제도의 합리적 구조조정이었다고 할 수 있다.[8]

2) 정주법

정주법의 존재도 빈민정책의 개혁과 관련하여 논란이 된 부분이다. 빈

---

7) Paul Slack, *The English Poor law, 1531-1782*, Cambridge, 1995, pp.21-26.
8) Ibid.

민구제와 구빈세와 관련된 모든 행정이 지방에 위임된 상황에서 개별 빈민을 지원해야 할 의무를 지닌 교구를 명확하게 지정해줄 필요가 있었다. 어느 교구이던 자기 주민들의 세금을 외지인들에게 낭비하려고 하지 않는 것은 당연한 일이었다. 한 지역에서 태어나고 성장해서 현재도 그곳에 살고 있는 사람들의 경우에는 이런 혼란이 일어날 이유가 없었다. 그러나 A라는 교구에서 태어나고 성장했지만 현재는 B라는 곳에서 일자리를 가지고 있거나 살고 있는 사람이 있다고 가정하자. 이 사람이 경제적 곤란을 당하면 어느 교구가 지원 의무를 져야할까?

우리의 본적지나 주민등록지처럼 모든 사람이 하나의 특정한 소속 교구를 가지고 있어야 한다는 개념은 상당히 오래된 것으로 16세기 이후 부랑빈민의 처벌 규정이 체계화되면서 이 개념 또한 법제화되는 과정을 밟았다.

1662년에 제정된 정주법(定住法, Settlement Act)[9]에 의하면 모든 교구는 타 교구의 사람이 자기 지역에 거주하고 있는 것을 발견하고 그 발견 시점이 그 사람이 거주하기 시작한지 40일 이내이면 고발할 수 있었다. 그리고 고발당한 사람이 일년 임대료 10파운드 이하의 주택에 거주하고 있다면 이 사람은 강제퇴거(removal)의 대상이 되었다. 그러나 그가 만약 자신의 원래 소속 교구가 지원책임을 명시하여 발행한 '정주 확인서(certificate)'를 소지하고 있는 경우라면 상황에 따라 거주 허가를 내주기도 하였다.

이 법의 목적이 빈민에 대한 교구의 지원책임을 명확하게 정리하는 데 있었음을 짐작하는 것은 힘들지 않다. 이 법의 서문에서도 빈민 증가에서 비롯되는 재정 압박 문제를 거론하고 있기 때문이다. 1686년 이 법의 규정은 더욱 강화되어 고발 조건이 되는 40일의 기산(起算) 시점이 거주를 시작한 날에서 거주자가 신고한 날로 변경되고 신고하지 않은 사람은 언제든지 퇴거당할 수 있었다.

---

9) 13 & 14 Car. II c.12.

1690년대에는 타 교구 사람들에 대한 거주 조건이 다소 완화되는 경향이 있었다. 1692년에는 연 임대료 10파운드 이상의 주택에 거주하는 조건을 충족시키지 못하더라도 지방세를 내거나 1년 이상의 고용계약이 있으면 거주를 허가받을 수 있도록 법규정이 개정되었다.10) 1697년에는 원(原)교구의 정주 확인서만 있다면 새 거주지에서 나름의 안정성을 확보할 수 있는 길이 열렸다.11) 그들이 빈민복지 지원을 받아야 하는 상황이 발생하는 경우에만 퇴거 밍링을 내릴 수 있도록 하였던 것이다.

1795년에는 모든 이주자가 원 교구가 발행하는 정주 확인서를 지참하도록 함으로써 어떤 외래 이주자이건 복지 지원을 신청하기 전에는 강제 퇴거시키는 일이 불가능해졌다. 물론 이 규정이 생기기 전에도 교구 당국은 법을 융통성 있게 운영하고 있었다. 정주 확인서가 없더라도 이들이 교구 재정에 부담으로 작용할 우려가 없다면, 다시 말해 젊고 일할 능력이 있는 사람들이라면 퇴거 대상자로 간주하지 않았다. 그러나 여자거나 부양가족이 딸렸거나 하는 경우는 사정이 달랐다.

타교구에서의 거주 조건이 완화되었음에도 불구하고 18세기 들어 정주법의 폐지를 주장하는 목소리가 높아졌다. 폐지론자들이 주장하는 근거는 두 가지였다. 하나는 행정 업무의 과중이었다. 이주자의 정주 확인서를 일일이 유지, 보관해야 하고 퇴거 명령을 집행하여야 했다. 거기에다 퇴거 명령에 대한 항소가 끊임없이 제기되었고 이에 관한 재판이 열렸으며 교구간 갈등이 심화되었다. 특히 한 도시 내의 다른 교구간에 벌어지는 빈번한 갈등은 빈민법의 행정구역 단위를 확대해야 한다는 주장의 원인이 되었다.

다른 하나는 정주법이 결과적으로 주민의 이동성을 제한하고 있다는 비판으로서 주로 자유주의자들에 의해 제기되었다. 한 지역의 잉여 노동력이 노동력 부족 지역으로 자연스레 옮겨가게 되면 사회 전체의 경제에

---

10) 3 William and Mary c.11.
11) 8 & 9 William III c.30.

이득이 되는데, 정주법이 이를 막고 있다는 주장이었다. 정주법이 주민들의 원거리 이동성에 얼마나 큰 제약이 되었는지는 불투명하다. 노동력 부족 지역에서는 불법 거주라고 해서 독립적 노동 인력을 강제퇴거하지는 않았을 것이라는 주장을 하는 사람들도 있기 때문이다.

자기 교구 이외의 사람들이 빈민복지를 신청하는 것을 억제하기 위하여 외부 빈민들에게는 정주권을 내주지 않는 것이 관행이었다. 그 때문에 농장 등에서 계약을 할 때 고용 기간을 1년 이내로 하는 경우도 종종 있었다. 그러므로 원거리 이동은 빈민들에게 하나의 모험으로 간주될 수 있었다. 예를 들면, 일거리를 찾아 자기 교구에서 100킬로미터를 이동한 사람이 실직 등으로 갑자기 빈민복지에 호소할 상황이 생기면 그는 100킬로미터를 다시 이동하여 고향으로 돌아와야만 했던 것이다. 이렇게 볼 때, 정주법이 노동력의 자유로운 이동을 억제하는 요소로 작용한 것은 틀림없는 것 같다. 최소한 이것이 교구 관리들에게 외부에서 유입된 노동력을 통제할 수 있는 수단을 부여한 것은 사실이었다.[12]

18세기에도 부랑 빈민들이 있었다. 그러나 16세기와는 달리 대부분 여자나 어린아이들이었다. 18세기에는 이들에 대한 처벌 규정도 많이 완화되어 약식 처벌로 채찍형을 받는 일은 사라지고 대신 통행 허가를 받는 경우가 많아졌다. 그러나 게으르고 난폭한(idle and disorderly) 자들은 일정 기간 교화소에서 중노동에 종사해야 했으며 필요에 따라 채찍의 사용도 허용했다.[13]

3) 복지신청 억제책으로서의 공공작업장

튜더 빈민법은 공공 노동을 통하여 노동능력이 있는 빈민(able-bodied poor)들을 고용하도록 규정하였다. 근대 초기의 빈곤을 '생존을 위해 노

---

12) Paul Slack, op. cit., 1995, pp.28-30.
13) 13 Anne c.26.

동을 해야 하는 상태'로 정의한다면 이들에게 적용된 튜더 빈민법의 원칙은 엄밀히 말해서 빈곤으로부터의 구제가 아니라 생존 수단의 결핍 상태로부터의 구제를 의미하였다. 생존 수단이란 곧 일자리를 의미하며 튜더 빈민법은 이들 노동능력이 있는 빈민들에게 공공 고용(public employment)을 통해 일자리를 제공하도록 규정했던 것이다. 만약 이러한 정책이 효과적으로 시행되었다면 빈민들의 복지 신청을 억제하기 위해 다른 방책을 모색하는 수고를 덜 수 있었을 것이다. 그러나 현실은 그렇지 못했다.

예전과 같이 작업 재료를 비축해놓고 실업 빈민들에게 일자리를 제공하는 교구도 더러 있었지만 그 수는 소수에 불과했다. 1697년 이후에는 빈민 견습공(pauper apprentice)의 고용을 거부하는 업주에게 벌금을 부과하면서14) 지역에 따라 수백 명에 달하는 빈민 견습공을 고용한 도시들이 있었다. 그러나 실업 또는 반(半)실업 상태의 성인들이 더 문제였다. 그들에게 노상 작업을 시키기도 하고, 18세기 말 이후에는 지방 업주들에게 의뢰하여 일시적으로 고용하는 일꾼(roundsman)으로 활용하게도 하였지만 근본적인 대책은 되지 못했다.

공공 고용이 여의치 않은 상황에서 사람들이 복지에 의존하지 않도록 억제할 수 있는 방안은 무엇일까? 전통적인 복지신청 억제책은 창피를 주거나 복지에 의존하는 행위를 부끄럽게 만드는 것이었다. 1697년 개정된 빈민법15)은 복지 수혜자로 하여금 배지(badge)를 착용하게 하였다. 과거 길거리에서 부랑빈민에게 옷을 벗겨 채찍질을 하거나 묶어두는 것과 의도는 비슷하였다. 다시 말해 일반인과 구분하여 스스로 무엇인가 열등한 집단으로 느끼게 만들자는 의도가 깔려 있었다. 그러나 이러한 시책의 실행에 대한 교구 민생위원들의 호응이 크지 않아서 흐지부지되고 말았다.

18세기에 운영된 공공작업장(workhouse)은 구제를 받는 상황을 덜 매

---

14) 8 & 9 William III c.30.
15) Ibid.

력적으로 만들고자 하는 전통적 아이디어와 결부되어 있었다. 다시 말해 공공작업장 내의 생활 조건을 열악하게 만들어 사람들로 하여금 입소를 꺼리게 해야 한다는 것이었다. 공공작업장이 복지신청 억제라는 소기의 목적을 달성하기 위해서는 모든 빈민복지 신청자들을 반드시 공공작업장이나 빈민수용소에 입소하도록 강제하는 장치가 필수적이었다.

1723년의 공공작업장 법(Workhouse Test Act 또는 Knatchbull's Act)[16]은 이러한 방책을 법률로서 정한 것이다. 이 법은 교구의 민생위원 등 교구의 빈민구제 관리들에게 공공작업장을 설치할 수 있는 권한을 주고 민간 사업자와 계약을 맺어 이를 운영하도록 할 수 있는 권한을 부여했다. 이런 목적을 위해 다른 교구와의 연대도 가능하도록 했다. 물론 이 법은 강제적 규정은 아니었고 교구민의 동의를 얻어 실시할 수 있다는 권고 또는 허가 규정에 불과했지만 기왕에 확산되고 있던 공공작업장의 설치가 이 법의 제정 이후 한층 탄력을 받은 것을 보면 빈민구제정책에 큰 변화를 일으킨 점이 인정되었다고 할 것이다.

공공작업장은 실직 빈민에게 일자리를 제공한다는 점에서 노동 기피자에게 강제 노역을 부과하던 과거의 교화소(house of correction)와는 기능이 다르다고 할 수 있었다. 그럼에도 불구하고 공공작업장의 확산에는 런던의 브라이드웰(Bridewell)로 상징되는 빈민에 대한 도덕성 교화 기능에 대한 당국의 기대도 함께 작용한 것이 사실이었다. 노동 규율의 경제적 효용성에 대한 믿음도 근저에 있었다. 공공작업장이 원활하게 기능하면 빈민들의 도덕적 타락을 방지하는 동시에 이들의 생산적 노동은 구빈세 납부자들의 재정부담을 경감시키고 나아가 국가 경제에 기여하는 효과를 기대할 수 있다는 것이었다.

많은 사람들이 공공작업장의 경제적 효용에 기대를 표시하였다. 그러한 기대를 하는 근거는 첫째, 원내 구제가 원외 구제에 비해 비용이 절감될 것이며, 둘째, 공공작업장에 입소하느니 차라리 빈민복지 지원을 받

16) 9 Geo. I c.7.

지 않겠다는 사람들이 증가할 것이라는 것에 있었다. 사람들이 공공작업장을 계속해서 브라이드웰 또는 교화소(house of correction)라 부르고 있었던 것을 감안하면 최소한 두번째의 근거는 타당성을 갖추고 있었다.17)

17세기 말에서 18세기 초에 이르러 많은 도시에 대규모의 공공작업장이 설치되었고, 1720년대와 1730년대에는 스페인 왕위 계승 전쟁의 여파로 인해 구빈세 부담 증가에 시달리던 농촌 교구들이 적극 호응함으로써 1732년에는 영국 전역에 무려 700개 정도의 공공작업장이 설치되었다. 그렇다면 공공작업장 제도는 빈민복지의 재정부담을 줄이는 데 얼마나 성공적이었을까? 일단 단기적인 성과는 곧 확인되었다. 작업장을 설치하자마자 리버풀을 비롯한 여러 지역에서 구빈세의 부담이 대폭 경감되었다.18)

그러나 공공작업장 제도가 지속적인 성공을 거두기 위해서는 원외구제, 즉 공공작업장에 입소하지 않은 빈민에 대한 지원 거부라는 원칙을 확고하게 유지하는 것을 전제로 하였다. 그러나 아직은 경제적 효용성보다는 자선의 개념이 더 지배적인 사회에서 이것은 결코 쉬운 일이 아니었다. 당장 눈앞에 보이는 참상을 외면하는 것이 쉽지 않았던 것이다. 특히 농촌 교구에는 민생위원과 교구 빈민들 사이에 아직도 공동체적인 유대가 남아 있어서 산업사회의 특징이라 할 수 있는 익명(匿名)적 특징은 아직 확실히 자리잡지 못하고 있었다.

또한 산업혁명이 확산되면서 공장제의 장점을 살리는 방향으로 작업장을 설계하는 것이 유행이 되었으나 농촌 지역의 작업장들은 규모가 영세하였고 무엇보다 이익을 내지 못해 재정적 부담을 감당하기 어려웠다. 몇몇 교구가 연대한다 하더라도 상황은 크게 달라지지 않았다.

이렇게 해서 공공작업장은 소기의 경제적 효용성을 얻지 못하고 점차 노동능력이 없는 노인이나 장애인의 수용 시설 역할을 하게 되었다. 이

17) Karl de Schweinitz, *England's Road to Social Security,* New York, 1961, pp.63-65.
18) Slack, op. cit., 1995, pp.31-34.

렇게 해서 노동 능력이 있는 빈민이나 노동 능력이 없는 빈민을 가리지 않고, 모두 원외 구제의 관행으로 돌아가게 되었다. 이러한 움직임에 반전을 꾀하려는 시도가 없었던 것은 아니지만 18세기 후반 들어 인구가 늘어나고 인플레이션과 실업문제가 심각해지면서 원외구제의 허용은 불가피해졌다.

이든(Frederic Eden)은 1780년대 공공작업장의 경제적 효용성을 공공작업장 설치 이전과 비교 분석하였다. 그의 연구는 세인트 앤드루와 브리스톨 등 16개 교구를 대상으로 하였는데 한 교구를 제외한 나머지 15교구에서의 구빈세 부담 증가율이 물가 인상률을 상회한 것으로 나타났으며 특히 세인트 앤드루의 경우는 2배로 증가하였다.[19]

공공작업장의 실패에도 불구하고 확인된 사실이 하나 있었다. 작업장 내의 열악한 조건과 일단 입소하면 빈민(pauper)이라는 딱지가 붙는 열등 시민으로 지위가 전락하고 만다는 생각이 빈민들의 입소를 꺼리게 만들었던 것이다. 특히 까다로운 입소심사(workhouse test)는 그러한 역할에 제격이었다. 다시 말해서 원외구제 불허라는 원칙이 철저히 지켜졌더라면 복지의존 억제, 구빈세 부담 경감이라는 원래 목적이 달성될 수 있었다는 사실이다. 또 하나 확인된 사실은 대도시에 설치된 대규모 작업장의 경제적 수익이 농촌 교구들의 영세한 작업장보다 훨씬 높았다는 것이었다. 1830년대 빈민법 개혁을 주도한 사람들에게 이러한 사실들은 일종의 교훈 역할을 하였을 것이다.

작업장의 열악한 조건은 의도적으로 기획된 측면이 있었다. 그러나 작업장 내부의 비참한 생활이 외부에 알려지면서 비판의 목소리가 높아졌다. 작업장 내의 영아사망률을 보면 작업장의 참혹한 현실이 도를 넘었음을 확인할 수 있다. 18세기 영국의 저명한 상인이요, 박애주의자였던 한웨이(Jonas Hanway)는 14개 대규모 교구의 작업장을 대상으로 원내의

19) Eden, Frederic, *The State of the Poor; or An History of the Labouring Classes in England...* , London, 1797.

영·유아 사망 실태를 조사했다.

그의 조사 결과 1750~1755년 사이 이들 작업장에서 출생하거나 입소한 영·유아는 모두 2,339명이었는데 이 중 1,074명만이 생모에게 맡겨졌다. 나머지 1,200여 명 중 1755년 조사 시점에 생존하고 있는 영·유아는 168명에 불과했다. 어떤 작업장에서는 53명 전원이 사망한 경우도 있었다. 한웨이는 또 1764년과 1765년의 영·유아사망률을 계산한 결과 82퍼센트라는 끔찍한 결과를 얻기도 하였다.[20] 그것이 과장이 아니었음은 곧 확인되었다. 1767년 14세 이하의 빈민 자녀들의 상황에 대한 하원의 한 위원회의 조사 결과 공공작업장에 수용된 빈민 자녀 100명 중 7명만이 생존하였다고 발표되었다.[21]

4) 길버트의 법

토머스 길버트는 빈민구제와 관련하여 다양한 방안을 꾸준하게 제시하고 의회에도 수 차례에 걸쳐 법안을 제출한 사람이었다. 1782년 그의 법안이 받아들여져 길버트의 법(Gilbert's Act)[22]이 제정되었다.

이 법은 지방 당국의 재량에 궁극적 선택권을 남겨놓았다. 만약 지방 당국이 이 법에서 정한 권고 사항을 받아들인다면 노령, 질병, 장애 등의 이유로 자신의 노동으로 생계를 유지하지 못하는 사람은 구빈원(poor house)에 입소하여 구제받도록 하고 고아들도 빈민구제위원(guardian of the poor)[23]의 판단하에 입소할 수 있도록 하였다. 반면에 노동능력과 노동 의지가 있는 빈민들은 능력과 신체 조건에 맞는 고용을 추진하도록 했다. 구제위원은 이들이 일자리를 얻을 때까지 숙식을 제공하도록 하였

---

20) Hanway, Jonas, *An Earnest Appeal for Mercy to the Children of the Poor*, London, 1766.

21) Schweinitz, *England's Road to Social Security*, New Yo가, 1961, pp.65-66.

22) 22 George III c.83.

23) 민생위원(overseer of the pooor)제도가 폐지되고 새로이 만들어진 빈민구제 담당관의 이름이다.

다. 만약 일자리를 찾지 못하거나 소득이 최저 생계비에 미달될 때에는 부족분을 구빈세 재원에서 보충해주어야 했다.

1764년만 해도 공장제 모델의 공공작업장을 지지하던 길버트가 1780년대 들면서 원외 구제로 급선회하게 된 까닭은 무엇일까? 무엇보다도 공공작업장 제도가 그 효용성을 입증하지 못했기 때문이라고 할 수 있다. 거기에다 당시의 사회 분위기도 큰 작용을 하였을 것이다. 공공작업장의 가혹행위에 대한 비판 여론이 확산되고 이스트 앵글리아(East Anglia) 지역에서는 공공작업장 설치에 반대하는 폭동이 일어나기도 하였다. 또한 박애주의자들의 활발한 활동도 빈민들에게 동정적인 여론을 조성하는 데 도움이 되었을 것이다. 억압적 빈민정책의 완화에는 경제적인 여건도 작용하였다.

18세기 후반 경제적으로 가장 큰 고통을 겪은 계층은 농촌 지역의 임금 노동자들이었다고 할 수 있다. 이들의 경제적 삶에서 최후의 안전판 노릇을 한 것은 마을의 공유지(commons)와 유휴지(wasteland)였다. 이들은 이곳에서 소규모 농작물을 재배하기도 하고 가축을 놓아 먹였다. 또한 이곳에서 재목과 땔감을 구했으며 낚시와 야생동물을 잡아 식탁에 올렸다. 그러나 18세기, 특히 후반에 들어 대지주들이 인클로저를 통한 경제적 이윤 확대를 추구하면서 사정이 달라졌다.

1760~1800년 사이 통과된 인클로저 법안은 1720~1760년 사이 통과된 것보다 10배는 증가했으며, 영향을 받은 면적은 약 3백 만 에이커에 달했다. 결과적으로 인클로저는 1700~1820년 사이 2배로 증가한 인구를 감당해낼 수 있을 정도의 농업생산성 향상을 이루어내는 데 큰 몫을 한 것으로 받아들여지고 있다. 농업생산성의 향상은 또한 농업인구의 감소를 가져와 많은 농촌의 잉여 노동력이 도시의 제조업으로 이동하게 한 발판이 되었다. 문제는 인클로저 과정에서 대부분의 공유지와 유휴지가 분할되어 개인 소유재산으로 전환된 데 있었다.

이 과정에서 문맹이거나 법적 지식이 없던 대개의 농민들은 형편없는

<그림 13>

18세기 영국의 토끼 사냥꾼과 그 가족. 전형적인 농촌 노동 빈민의 생활상을 엿볼
수 있는 그림이다. 이들에게 공유지나 유휴지의 존재는 생명줄과도 같았다.

몫을 할당받기 일쑤였으며 아예 권리가 없는 것으로 판정받는 경우도 허
다하였다. 이렇게 해서 많은 농촌 노동자들이 임금 외에 올릴 수 있었던
추가 소득의 원천이 사라졌으며 그나마 약간의 식탁용 소출이 있었던 농
작물과 땔감 등 생필품을 이제는 시장에서 사지 않으면 안되게 되었다.
거기에다 가내공업을 공장제로 대체하는 산업화의 여파가 농촌에까지 미
쳤다.

18세기 중반까지만 해도 주도적 산업의 위치를 지켜냈던 모직물의 방
적과 직조 작업은 가족이 생산 단위인 가내수공업에 의해 이루어졌다.
가내수공업은 도시뿐 아니라 농촌 지역에도 광범위하게 산재했으므로 농
촌 노동자들은 농업 노동과 가내수공업을 병행할 수 있었던 것이다. 그
러나 기계화가 진행되면서 공장들은 공업용수의 확보가 용이한 곳이나
도시로 이동하게 되었다. 거기에다 기계화가 가장 먼저 이루어진 산업

중의 하나인 면직물에 대한 수요가 엄청나게 빠른 속도로 모직물에 대한 수요를 제압하면서 농촌에 뿌리를 둔 가내수공업은 사라지게 되었다. 농업 노동자들의 도시 이주, 즉 이농(離農)현상이 일어났으나 그것으로 농촌의 실업난과 생활고는 해결되지 않았다.

특히 1793~1815년 사이 혁명 프랑스와 전쟁을 수행하는 동안 생활물가가 치솟고 임금 인상은 이를 따라가지 못해 노동자들의 경제적 곤란이 심각한 상황에 이르렀다. 그러나 이 시기의 경제 상황이 누구에게나 어려운 것은 아니었다. 이를테면 인구증가로 인해 식량에 대한 수요가 증가하여 농업 이익의 증대가 기대되었다. '규모의 경제'에 대한 기대가 높아지면서 인클로저가 더욱 기세를 떨쳤다. 이 전쟁기간 동안에만 통과된 인클로저 법안만 해도 무려 2천 개에 달했다. 다시 말해서 지주들은 임금 노동자에 도움이 되지 않는 방향으로 농업 이익을 실현하고자 했던 것이다.

연이은 흉작으로 식량 가격이 폭등하고 각지에서 소요 사태와 식량 강제점유 사태가 줄을 이었다. 대지주나 대농장주들에게 이러한 상황은 달갑지 않았다. 노동자들의 굶주림만 해결되면 자신들의 경제적 번영이 지속될 수 있을 것이라는 이들의 기대는 정부에 대하여 임금문제의 해결을 촉구하는 여론을 형성하였다.

영국 정부가 사회·경제적 문제에 개입한 전통은 이미 16세기에 확립되었다. 임금 문제에 대해서도 엘리자베스(1563)와 제임스 I세(1604) 때에 정부가 의회입법을 통해 개입한 바 있었다. 전자의 경우, 즉 장인(匠人)법(Statute of Artificers)은 전염병 이후 노동력이 일시적으로 부족한 상황에서 나온 것이었다. 각 주의 치안판사가 임금의 '상한'을 설정할 수 있다는 내용으로서 노동자들에게는 억압적 성격의 것이었다. 이에 비해 후자의 경우는 치안판사에게 '최저 임금'을 설정할 수 있는 권한을 부여한 것으로써 노동자들 입장에서는 진일보한 정책이었다. 길버트의 법이 실업 또는 노동 빈민의 최저 생계비 보전을 규정하게 된 데는 이러한 정책적 전통과 대지주들의 이익 보전이라는 경제적 동기가 맞물려 작용한 측면이 있었다.

5) 스핀햄랜드

1795년 5월 6일 버크셔(Berkshire)의 치안판사 등 빈민구제 담당자들이 스핀햄랜드(Speenhamland)의 펠리컨 인(Pelican Inn)에 모인 것은 임금 문제를 논의하기 위한 것으로 알려져 있다. 그 때문에 일용 노동자의 임금 수준을 곡물 가격 등에 연동시켜 조정하는 방안 등이 논의되었으나 참석자들의 의견은 '최소 임금'을 설정하는 대신 교구가 노동자의 소득을 보조해주는 방향으로 모아졌다. 노동자 소득 보조 수당의 설정과 관련하여 버크셔의 모든 교구들이 보편적으로 적용할 수 있는 계산표를 만드는 작업이 진행되었다. 식량 가격과 부양가족의 숫자를 기계적으로 대입하여 노동자 소득 보조 금액을 정할 수 있도록 하자는 것이었다.

바꾸어 말하자면, 빵값과 부양가족수에 따라 가구당 최저 생계비를 설정하고 개별 노동자의 소득이 이에 미달할 경우 교구의 구빈세 재원에서 이를 보충해주는 방안이었다. 만약 1갤런의 곡물로 만들어지는 빵의 가격이 1실링이라면 노동자의 최종 소득이 3실링이 되도록 채워주고, 만약 아내가 있다면 3실링 6펜스, 아내와 아이 하나가 있다면 4실링을 만들어주는 것이다.

이러한 제도가 펠리컨 인에서 처음 고안된 것은 아니었다. 이미 영국의 일부 교구에서 시행된 적이 있었다. 그러나 이곳에서 내려진 버크셔 관리들의 결정은 그러한 일부 지역의 관행을 정규적인 제도로 탈바꿈시킨 의미가 있었다. 버크셔의 이러한 최저 생계비에 기준한 보조금 산출 기준표는 인쇄되어 영국 전역에 퍼져나갔으며 30년이 채 안되어 스핀햄랜드 제도는 영국의 대표적 빈민정책이 되었다. 그해 말 영국의회는 빈민법을 개정하여 치안판사들의 빈민구제에 관한 재량권을 확대함으로써

제도의 확산을 도왔다.[24]

최저 임금을 설정하기보다는 저소득 빈민에게 소득 보조를 해주는 스핀햄랜드식의 빈민정책은 정계에서도 지지를 받았던 것으로 보인다. 빈민법 개정안을 통과시킨지 얼마 안되어 의회에는 최저 임금 설정에 관한 법률안 하나가 상정되었다. 2차 독회(讀會)가 끝난 후 수상인 피트(William Pitt)가 직접 나서서 이에 대한 반대 연설을 하였다. 그는 최저임금을 설정하는 기준을 정하는 것의 어려움을 이야기한 후, 이 제도는 대체로 대가족에게는 불리한 반면 소가족에게는 유리한 제도로서 형평성이 결여된 것이라고 비판하였다. 그는 결국 사회적 지원은 많은 자녀를 낳아 국가를 부강하게 하는 사람들, 그러나 그로 인해 지원이 필요한 사람들에게 집중되어야 한다는 취지의 연설을 함으로써 스핀햄랜드 제도에 찬동하고 있음을 표현하였다.[25]

스핀햄랜드 제도의 차용 형식은 지역적 실정에 따라 조금씩 달랐으며 지원 대상 빈민의 고용 상황에 따라서도 달라졌다. 이미 일자리가 있는 빈민들에게는 최저 생계비에 미달되는 부분에 대해서만 소득 보조 수당(allowance)을 지급하면 되었다.

문제는 일자리가 없는 실직, 또는 반(半) 취업 상태의 빈민들이었다. 이들에게 적용된 가장 흔한 방식은 라운즈맨(roundsman)제도와의 결합이었다. 실직자가 교구에 지원을 요청하면 민생위원은 그를 고용할 교구민을 찾아 각 가정을 방문하게 만든다. 만약 누군가가 그를 고용하고 6펜스를 노임으로 지불하면 교구는 설정된 최저 생계비 10펜스와의 차액인 4펜스를 보충해주는 것이다. 이것을 선(先)고용 후(後)지원의 방식이라고 한다면, 선지원 후고용의 방식도 있었다. 즉, 지원을 요청하는 실직자가 있으면 최저 생계비 10펜스를 먼저 지원한 후 그가 라운즈맨 방식으로 벌어오는 임금을 그것이 얼마가 되든 간에 회수하여 구빈세 재원으

---

24) 36 George III c.23.

25) *The Parliamentary Register*, vol. XLIV, 1796, pp.25-26; Schweinitz, *England's Road to Social Security*, p.73.

로 다시 돌리는 방식이었다.

라운즈맨 방식 이외의 방안도 시행되었다. 교구가 직접 나서 고용주를 물색하여 일정수의 빈민들을 일정한 노임에 고용하도록 계약을 맺는 경우도 있었다. 그밖에 '경매'를 통하여 노임 단가와 고용주를 정하는 방식도 시도되었다. 이 경우 노인과 장애자를 포함한 모든 실업자들이 경매의 대상이 되기도 하였다.

고용주들에게 직접적인 압박 수단을 사용하는 방식도 채택되있다. 고용주들이 일정한 수의 실업자들을 고용하는 것을 의무화하거나 아니면 구빈세 증가분을 부담하게 하는 것이다.

이밖에 교구가 직접 공사를 일으켜 실업자들에게 일자리를 주는 방식도 시도되었다. 길을 닦거나 보수하는 작업으로부터 자갈 채취장이나 채석장 작업에 이르기까지 전통적인 공공 고용 방식이 동원되었으나 공공작업에 투입된 예산이 전체 빈민구제 비용의 5퍼센트에 지나지 않을 정도로 그 비중은 크지 않았다.

3. 자유주의의 반격

1) 자유주의와 복지

실업 또는 저임금으로 야기된 빈곤문제를 구빈세라는 공공 재원의 지원으로 해결하려한 스핀햄랜드는 가구당 최저 생계비의 개념을 도입함으로써 사회복지의 발달사 측면에서 큰 의미를 가졌다. 그러나 이 제도는 곧 격렬한 비판에 봉착했는데 그 비판의 선봉에 자유주의적 철학이 있었다.

애덤 스미스는 1776년 『국부론(*An Inquiry into the Nature and Causes of the Wealth of Nations*)』에서 모든 사람이 자유경쟁의 원칙에 입각하여 이기심(self-interest)을 합리적으로 추구한다면 개인에게 최선일 뿐 아니라 사회 전체에도 최상의 결과를 얻을 수 있다고 주장하였다. 그는 절약, 근면 같은 습관이 본질적으로 이기적인 동기에서 생기는 것이라고 보고 인간의 이기심을 하나의 덕성으로 간주하였다. 각 개인이 의도하던 안하던 사람들의 이기적 행위의 총체적 결과는 '보이지 않는 손'에 의해 공익(public interest)의 실현으로 귀결되는 것이므로 이기적 동기는 공익과 대립하는 요소도 아니었다.

이미 앞에서 16세기 휴머니스트 리처드 모리슨의 경우에서 보았듯이 공익 또는 공적 선(publis good)이 합리적 기획의 산물이 아니라 이기적 동기에 의한 우연적 산물이라는 인식은 오랜 전통을 가지고 있었다. 18세기의 맨드빌(Bernard Mandeville)도 스미스에 앞서서 그러한 주장을 한 사람 중의 하나였다.

그는 자기 절제나 금욕 등의 전통적인 덕성의 함양은 오히려 공적 복지에 파괴적 역할을 한다고 주장했다. 동시에 그는 이타주의(altruism) 속에 깃든 허위와 기만의 오류를 적시하면서 인간의 본능적 욕구, 그중에서도 '탐욕' 본능이 충분히 발휘되도록 하는 것이 사회의 번영과 진보에 필수적이라고 보았다.[26]

그러므로 각 개인이 본능적 열정을 좇다보면 복지는 저절로 이루어진다는 맨드빌이나 스미스의 입장은 공화주의적 전통과는 거리가 멀었다. 후자는 개인의 사리사욕보다 사회와 공적 이익을 우선적으로 생각하는 도덕적 품성을 갖춘 시민집단의 존재를 전제로 하였기 때문이다.

스미스의 경제학은 또한 분배적 정의에 무관심하였다. 국가에 공공복지를 증진시킬 책무를 준다는 것은 국가가 합리적 설계에 의해 그러한 목적을 달성할 수 있다는 것을 전제로 하는 것이므로 '의도하지 않은 결과로서의 사회복지'를 생각하는 스미스로서는 인정할 수 없는 것이었다. 그가 생각하는 정의는 분배의 정의 같은 적극적 정의가 아니라 소극적

---

26) Mandeville, Bernard, *The Fable of the Bees*(1720), F.B. Kaye, ed., Oxford, 1924; Norman Barry, *Welfare*, University of Minnesota Press, 1990, pp.17-20.

의미의 정의였다. 다시 말해서 언어에 문법이 필요하듯이 시장의 원만한 운영과 관련하여 기본적인 규칙들이 필요하다는 정도였다. 예를 들면 스미스는 공적 자금에 의한 강제 교육의 실시가 바람직하다고 보았는데 이는 각 개인이 상업적 사회를 지탱할 수 있는 기본적 도덕률을 갖추어야 한다는 것이었지, 복지국가의 이념이나 후기 공리주의자들이 생각했던 이유와는 거리가 멀었다.[27]

물론 그가 노동자들의 빈곤 문제를 생각하지 않은 것은 아니었다. 오히려 그는 노동자들이 사회의 대부분을 차지하고 있음을 주시하고 이들의 생활 조건이 향상되지 않고는 사회 전체의 복리가 향상될 수 없음을 인식하였다. 또한 사회가 필요로 하는 상품의 생산자로서 그들도 그것을 적절하게 공유해야 한다고 생각하였다.[28] 또한 저임금이 자연적이고 경제적으로 필요하다는 당시의 지배적 논리를 거부하였다. 반대로 임금이 가지는 인센티브를 통해 최상의 노동력을 공급받을 수 있다는 논리를 내세워 높은 임금을 주장하기도 하였다.[29] 그러나 그의 이러한 주장들은 어디까지나 시장의 진보라는 낙관적인 전망에 기초하고 있었다.

분배적 정의의 실현에 무관심했던 스미스는 사회복지의 문제에서도 적극적 해결책을 내놓지 못했다. 그는 자선을 통해서 더욱 쾌적한 사회 질서가 창조될 수 있음을 인정하였으나 자선은 어디까지나 강제가 아닌 여분적 도덕(supererogatory morality)의 일환으로 이루어져야 한다고 강조했다. 그는 상업사회의 가장 못사는 사람이 원시사회의 부족장보다 훨씬 안락하고 번영된 삶을 살 수 있으며 부자의 지출이 궁극적으로 빈민에게 도움이 된다는 논리로서 불평등의 문제를 비켜갔다.[30] 그러나 그는 빈민법에 대한 반대 의사를 표명하지는 않았다.

---

27) cf: Gertrude Himmelfarb, *The Idea of Poverty: England in the Early Industrial Age*, New York, 1985, pp.57-60.

28) Smith, Adam, *Wealth of Nations*, ed., Edwin Cannan, New York, 1937, pp.78-79.

29) Himmelfarb, *The Idea of Poverty*, New York, 1985, pp.50-53.

30) Barry, op. cit., 1990, p.19.

벤덤(Jeremy Bentham) 또한 '각 개인이 자신의 이익을 가장 잘 안다 (each individual knows his own interest best)'는 믿음 아래 자유주의의 원칙을 신봉하였다. 그런데 우리는 벤덤의 공리주의(utilitarianism)가 공동체의 행복을 증진시키는 데 있고 이를 위해 국가에 일정한 책무를 부여했음을 알고 있다. 알다시피 벤덤은 최고 입법기구인 의회에 행복 창조의 기능을 부여하면서 사악한 욕망(sinister interest)으로부터의 압력을 배제하기 위해서는 모든 사람에게 선거권을 허용하는 보통선거권을 확립해야 한다고 생각했다. 서로 다른 의견들이 자유롭게 교환되고 투표에 의해 견제되어야 최대다수의 최대행복이라는 공리주의의 원칙이 실현될 수 있다고 믿었던 것이다.31) 그렇다면 벤덤의 사상 속에서 자유방임의 원칙과 정부의 역할은 어떻게 공존할 수 있는가?

스미스와 마찬가지로 벤덤 또한 시장의 역할을 낙관적으로 바라보았다. 각 개인의 사적 이익 추구는 시장에서 자연스럽게 조화로운 상태에 도달하게 되어 있다고 믿었던 것이다. 그러나 그것은 어디까지나 '정상적인 시장'에서 가능한 것이다. 정부의 역할은 시장이 정상적으로 가동될 수 있도록 파수꾼 노릇을 하는 것이다. 그러나 정부의 역할은 그것에 머물러야 하며 개인의 활동을 국가 권력이 제약하고 고통주는 것은 공리주의 원칙에 어긋나는 것으로 생각했다.

벤덤은 빈민법을 통한 국가 복지, 공장 조건의 통제에 대한 입법, 실업 대책으로서의 공공작업제도에는 찬동하였다. 그러나 벤덤에게 이러한 것들은 어디까지나 정상적 시장을 유지시키기 위한 방편일 따름이었다. 그가 시장의 자율적인 움직임을 해치거나 기업가의 모험 정신을 저해할 만한 정책에 반대한 것을 보면 이것은 자명해진다. 그는 최고 이자율을 제한하려는 움직임에 강하게 반발하였으며 항해법이나 공립 우편제도, 무임교통 서비스제도 등에도 반대하였다. 현금 소득의 한계효용에 대한 기

31) Michael James, 'Public Interest and Majority Rule in Bentham's Political Theory,' *Political Theory*, vol. 9, 1981, pp.49-64.

초적인 인식이 있었음에도 불구하고 그의 논의가 부의 재분배나 사회복
지에 대한 국가의 증대된 역할로 연결되지 못한 이유가 여기에 있었던
것이다. 결국 그에게 진정한 사회 복리는 시장 기능에 의해 자연발생적
으로 이루어지는 것이었고 국가의 역할은 시장의 정상적 가동을 담보하
기 위한 단순 보조 활동에 그쳐야 한다는 것이었다.[32]

2) 인구, 산아제한 그리고 섹스

그러나 모든 자유주의자들이 시장을 낙관적으로 바라본 것은 아니었
다. 수공업의 단계에서 본격적인 산업화 단계로의 이행이 진행되면서 나
타난 여러 가지 경제적, 사회적 부작용을 경험한 19세기 초반 상당수의
영국 지식인들은 전 세기 말에 간행된 맬서스의 『인구론』의 기저에 깔
린 비관적 전망에서 자유로울 수 없었다. 특히 일부 사람들은 인구와 빈
곤의 문제를 관련짓기 시작했다.

빈민 문제와 관련하여 인구와 식량이라는 명제를 처음 끌어들인 사람
은 성직자인 타운센드(Joseph Townsend)였다. 그는 익명으로 발행된 소
책자[33] 속에서 인구 조절의 필요성을 강력하게 제기하였다. 그에 따르면
식량의 양이 곧 인구 숫자를 결정한다는 것이다. 나라에 따라 인구가 식
량생산 수준을 초과하는 경우가 있는데 이렇게 되면 사람들이 그때까지
누려온 안락함과 풍요는 바로 사라지고 만다는 것이다. 그는 식량의 생
산이 늘지 않는데도 불구하고 인구증가에 대해 어떠한 압력도 행사하지
않는다면 점차 많은 사람들이 굶어죽고 공동체 전체가 불행해진다고 주
장하면서 굶주림(hunger)은 이 경우 적절한 압력이 될 것이라고 강조했다.

타운센드는 이러한 취지에서 구빈세의 점진적 감세를 주장했다. 빈민

---

32) Jeremy Bentham, *A Constitutional Code*, F. Rosen and J. H. Burns, eds.,
   Oxford, 1983; Barry, op. cit., 1990, pp.21-25.
33) Townsend, Joseph, *A Dissertation on the Poor law by a Well-Wisher to Mankind*,
   1786.

들이 검약하는 습관을 가지기 위해서는 그들의 한정 없는 요구를 들어줄
것이 아니라 그들 스스로가 보다 노예스러운(more servile), 보다 더러운
(more sordid), 가장 열등한(most ignoble) 직무를 수행하도록 압력을 가
해야 한다는 것이었다. 왜냐하면 그렇게 하는 것이 자연의 법이고 공동
체의 이익에 기여하는 길이기 때문이라는 것이다. 그는 9년 안에 구빈세
부담을 10분의 1로 줄여야 된다고 주장하면서 아예 이 강제적 자선제도
를 폐지한다면 더 좋은 결과를 맺을 것이라고 하였다.[34]

맬서스는 남녀간의 성욕은 필연적이어서 인구는 기하급수적으로 증
가하는 데 비해 인간 생존에 필수적인 식량을 공급하는 자연의 능력에는
한계가 있어서 모든 인구가 빈곤해지는 운명을 감수할 수밖에 없으며 종
국에는 질병, 기아, 전쟁 등 자연의 '적극적 제동(positive checks)'에 의
해 인구가 감소하게 되는 것이 자연의 법칙이라 하였다. 그는 이러한 파
국을 면하고 인류가 빈곤 상황에서 벗어나기 위해서는 오로지 결혼을 미
루거나 성적 충동을 억제하거나 임신을 피하는 성교 방식 등 산아제한
밖에는 방법이 없다고 하였다. 즉, '예방적 제동(preventive checks)'이 최
선의 방법이었다.

인구와 빈곤 문제에 대한 이러한 비관적 견해는 윌리엄 페일리의 『자
연신학』에서도 주장되는 등 19세기 전반의 여론 주도층에게 퍼져나갔으
며 산아제한에 대한 담론이 활발하게 진행되었다. 원칙적으로 산아제한
의 필요성에는 공감하지만 그 방법론에 대해서 의견은 크게 두 갈래로
나뉘어졌다. 하나는 인위적 산아제한보다는 도덕적 절제를 강조하는 입
장이었다. 이성의 한계 내로 성욕을 억제해야 한다는 것이었다. 섹스는
저급한 동물적 본능으로 비하되었다. 혼전 섹스는 물론 경제적 능력도
없이 조기 결혼하여 다산하는 '흥부형'의 노동 빈민들은 사회악으로 간
주되었으며, 19세기 부르주아 계급이 가지고 있던 빈민의 또 다른 이미
지인 나태와 도덕적 타락 등도 함께 공격받았다.

---

34) Schweinitz, op. cit., 1961, pp.115-116.

또 하나의 입장은 산아제한을 위한 인위적 수단의 사용을 옹호하는 것이었다. 성적 쾌락을 즐기는 것은 남녀의 '권리'이며 억제의 대상이 아니라는 생각이 바탕에 놓여 있었다. 이러한 의견에 동조하는 사람들은 자유연애와 자유로운 이혼에 대해서도 관용적인 태도를 보였다. 이들이 인위적 산아제한의 방법으로 제시한 것은 성교중 중단(coitus interruptus) 또는 콘돔, 스펀지 등의 피임 기구 사용이었다. 이들은 이른바 '인구를 증가시키지 않는 섹스'의 전도사 역할을 자임하였던 것이다.35)

맬서스는 가장 유명한 빈민법 반대론자가 되었다. 그는 영국의 빈민법이 빈민들로 하여금 노동 의욕을 잃게 만들고 가난한 사람들의 조기 결혼과 다산을 부추기는 결과를 초래하고 있다고 비난하였다. 특히 그는 가족을 부양할 능력도 없이 결혼하는 노동자는 사회악으로 간주하였다. 그리고 자기 노동이 아니라 복지에 의존하여 살아가는 빈민에게는 치욕을 주는 것이 자연의 법칙이며 공익에 합당한 것이라고 하였다. 맬서스는 또 빈민법의 폐지가 빈민 개개인에게는 가혹한 일일지 모르나 사회전체로 볼 때 이익이 되고 그것만이 빈곤의 참상에서 벗어날 수 있는 길이라고 주장하였다. 애덤 스미스가 경제 성장에 의해 빈곤이 줄어들 것이라고 본 반면, 맬서스는 인구의 법칙에 의해 전체 인구가 빈곤하게 될 것이라고 본 것이다.

3) 스핀햄랜드의 실패

자유주의자들이 제기하는 비판의 핵심은 스핀햄랜드 제도였다. 앞에서 살펴보았듯이 이 제도는 가족수와 식량 가격을 감안하여 표준 생활비를 상정하고 노동자의 소득이 거기에 못미칠 때 그 부족분을 교구의 구빈세 재원에서 보전해 주는 제도였다. 최근에는 이 제도에 의한 소득 보조액

---

35) 김기순, 「밀, 글래드스턴, 여성문제」, 《영국연구》, 제5호, 2001, 5-6쪽; 조승래, 「산업혁명시대 영국의 급진적 성 담론」, 《역사학보》, 제173집, 2002, 281-299쪽.

이 과거에 생각했던 만큼 크지 않았다는 연구 결과도 나오고 있으나 스핀햄랜드가 구빈세 부담을 크게 늘린 것은 사실인 것으로 보인다. 1760년~1784년 사이 구빈세 부담 증가율은 60퍼센트에 불과했다. 그러나 스핀햄랜드가 확산된 이후인 1801년이 되면 1760년 대비 3배로 뛰어올랐고 1818년에는 무려 6배나 되었다.

그러나 이를 정점으로 완만한 하강세를 보이기 시작해서 1832년에는 5.5배 수준으로 내려앉았다. 인구 증가세를 고려하면 확실한 하향 안정세로 돌아선 것이라고 볼 수 있다. 이러한 경향은 그 시점에 이르러 많은 지역에서 스핀햄랜드의 시행이 중단되고 있었다는 분석과도 일치하는 것이다. 1834년 당시 소위 길버트 조합(Gilbert union)은 924개 교구가 참여하여 만든 67개가 전부였다. 참여 교구의 숫자로 본다면 잉글랜드와 웨일즈 전체 교구의 약 5분의 1에 불과한 것이었다.[36]

그럼에도 불구하고 당시 대부분의 자유주의 지식인들은 스핀햄랜드 제도가 몰고올 부작용에 대한 우려를 떨치지 못하고 있었다. 구빈세 부담이 점차 안정된다고 해도 일부 계층에게 그것은 아직도 엄청난 부담일 수 있었다. 그것은 경제발전의 수혜자와 구빈세 담세자가 일치하지 않기 때문이기도 했다. 19세기 전반 영국의 부(富)는 제조업과 관련분야에 종사하는 사람들의 것이었으나 구빈세는 모든 가구주와 재산 소유자의 부담이었다. 지역적으로 보아도 구제를 필요로 하는 빈민이 많은 지역은 대개가 경제적으로 어려운 지역이었다. 그러나 빈민법, 특히 스핀햄랜드에 대한 비난은 세금 부담의 증가에서만 비롯되는 것은 아니었다.

고용주들은 '노동의 질' 저하에 대해서 강도 높은 불만을 표시하였다. 이들은 모자라는 소득을 보조해주는 스핀햄랜드 제도에 그 원인이 있다고 보았다. 결국 보조수당 지급 후의 최종 소득이 노동자의 기술, 근면성, 정직성에 따라 결정되는 것이 아니라 노동자의 부양가족 숫자에 의해 결정되는 시스템에 문제가 있다는 것이었다. 그러나 인클로저와 기계

36) Schweinitz, op. cit., 1961, p.68.

화에 밀려 전통적인 삶의 방식을 포기해야 했던 빈민들의 무기력이나 정주법의 제약으로 잃어버린 삶의 열정 같은 요인은 고려되지 않았다.

스핀햄랜드를 악용하여 의도적으로 낮은 임금을 지급하는 고용주들도 많았다. 어차피 노동자의 모자라는 소득은 구빈세 재원에서 보충될 것이라는 이유 때문이었다. 이웃의 고용주가 보조 수당을 받는 노동자를 고용하면 여기에 질세라 자신의 노동자들을 교구 민생위원에게 보내거나 임금을 삭감하는 고용주들이 허다했다. 이런 상황이므로 임금이 너무 적다고 불평하는 노동자들은 해고당하기 일쑤였고, 그 자리는 보조 수당을 받는 노동자로 대치되었다. 따라서 숙련 노동자의 부족으로 생산성이 떨어진다는 지적도 있었다. 이런 상황에서 숙련 노동자는 제임금을 받기가 점점 어려워지고 노동 의욕마저 떨어질 수밖에 없었다. 이렇게 볼 때 노동의 질 저하는 편법적 임금 지불을 일삼는 고용주들에게도 있었다.[37]

가장 손해를 보는 계층은 중농층이라고 할 수 있었다. 이들은 구빈세의 담세계층이면서도 임금 보조금제도로부터 아무런 이득을 보지 못했다. 고용한 노동자들에게 일부러 부족한 임금을 지급하여 부당이득을 취한 대규모 농장주들과 달리 이들은 노동자를 고용하지 않고 직접 농사를 지었기 때문이었다. 이 때문에 이들 중 상당수가 임금 노동자로 전락할 위기에 있다는 주장이 나오기도 하였다.

농업 분야서 생산성 저하는 식량 부족사태를 야기할 것이라는 우려도 끈질기게 제기되었다. 더구나 스핀햄랜드 제도의 시행이 부추기는 노동자 계층의 조기 결혼과 다산은 인구증가와 함께 심각한 식량문제를 일으켜 사회를 위기로 몰고 갈 것이라는 비관적 견해가 등장하였음은 앞에서 살펴본 바와 같다. 이러한 비판 여론을 등에 업고 튜더 빈민법의 골격을 근본적으로 바꾸는 개혁이 단행되었다.

---

37) J. L. Hammond와 Barbara Hammond의 관찰에 따르면 1820년대 스핀햄랜드를 시행한 지역의 임금 수준은 그렇지 않은 지역에 비해 낮았다. *The Village Labourer*, 4th edn., London, 1936, p.153; Schweinitz, op. cit., 1961, p.77.

4. 신빈민법(1834)

1) 시니어(Nassau Senior) 보고서

1830년 연말 농촌 지역에서 소요 사태가 연달아 일어났다. 여기저기서 곡식이 불타고 탈곡기를 비롯한 재산이 파괴되었다. 스윙 폭동(Swing Riots)이라고 불리게 된 이 폭력 사태의 성격은 생활 필수품마저 이윤 추구의 대상이 된 시장경제에 대한 저항이었다. 1833년에는 농업 노동자들의 노조 결성 움직임을 폭력으로 저지하는 사건(Tolpuddle martyrs)이 일어나기도 하였다.

1832년 참정권의 확대로 승리자가 된 중간 계급은 노동 계급에 대해서 억압적인 정책을 추진하였다. 폭동의 주모자들은 처형되거나 투옥되었다. 1832년 2월 빈민법 시행에 관한 실태 조사를 위해 왕립조사단이 구성되었다. 영국 역사상 가장 광범위하고 조직적인 사회 조사는 이러한 배경 속에서 시작되었다. 조사단의 활동은 2년간 지속되었는데 거의 모든 주(county)와 도시가 조사 대상이 되었고 상당수의 농촌 마을까지 포함되었다. 무려 만 3천 페이지에 이르는 1833년 보고서에는 직업, 계층, 이해관계, 교육 정도를 달리하는 그야말로 각계 각층의 사람들이 쏟아낸 의견이 포함되었다.

조사단의 결론은 명확하였다. 조사단은 1834년 만들어진 최종 보고서의 서두에서 스핀햄랜드식의 빈민법 운영이 빈민법의 법 정신에 위배될 뿐 아니라 노동 계급의 도덕과 사회 전체의 이익에 파괴적 역할을 하고 있다고 명시하였다.

보고서는 빈민들이 복지에 의존하게 된 경제적 상황이나 원인에 대해서는 언급하지 않고 빈민복지 수혜자의 도덕적 타락을 중점적으로 부각시켰다. 이러한 목적으로 독립 노동자 가정의 검약과 질서를 복지 수혜자 가정의 더러움, 낭비, 무질서와 대비시켰다. 또한 스핀햄랜드 제도가 가지고 있는 문제점을 행정개혁 등을 통해 보완하는 방안에는 전혀 관심을 보이지 않은 반면, 소득 보조 방식의 빈민구제제도가 가지고 있는 부정적 측면에만 초점을 맞추었다.

빈민법의 폐지 또는 개선을 주장하는 사람들의 입장에서 보면 스핀햄랜드, 즉 보조수당제도로 우려되는 최악의 상황은 자신의 노동으로 생계를 유지하는 정상적 독립 노동자들(independent labourers)마저 복지의존자(pauper)로 전락하는 것이었다. 고용주들이 제도를 악용하여 정상 임금보다 훨씬 낮은 임금을 지불하는 상황에서 이들도 교구 지급의 보조 수당에 의존할 수밖에 없게 되고 복지 의존자가 독립 노동자보다 더 많은 수입을 올릴 가능성을 배제할 수 없다는 것이다. 이렇게 해서 독립적인 경제적 지위를 상실하게 되면 자긍심, 책임, 절제, 근면 등 이들의 도덕적 덕성도 한순간에 사라져버릴 수 있다는 것이다. 이들의 관점에서 볼 때 물질적 빈곤의 상태보다 더욱 심각한 것은 도덕적 타락이었다.

그러므로 빈민법 개혁의 목적은 독립적 노동 계층이 복지 의존자가 되지 않도록 예방하는 것이었으며, 이를 위해서는 독립적 노동자 계층과 복지 의존자 사이에 확실한 물리적, 심리적 경계선을 만들 필요가 있었다. 시니어 보고서의 핵심은 이 경계선을 어떻게 획정할 것인가에 대한 이론적 논의와 이것을 어떻게 제도적으로 유지할 것인가에 있었다.

경계선의 기본은 열등 처우(less-eligibility)의 원칙이었다. 이것은 노동 능력이 있는 복지 수혜자의 생활 여건이 가장 열악한 독립 노동자 계층의 그것보다 우월한 것이어서는 안 된다는 것이었다.[38] 사실 이 원칙은 누구나 공감할 수 있는 내용이고 새로운 것도 아니었으나 보고서는 이 원칙을 체계적으로 확고하게 실제에 적용하고자 했던 점이 다른 부분이었다.

열등 처우의 원칙이 가지고 있는 하나의 측면은 상대성에 있었다. 스

---

38) The condition of the able-bodied pauper should be less eligible than that of the 'lowest class' of independent labourers.

핀햄랜드 제도가 식비와 가족수에 의해 결정되는 객관적인 최저 생계비를 설정, 운영하려 했던 것과는 달리 열등 처우의 원칙은 독립 노동자 계층의 생활 여건과 상대적 관계 속에서 적용점을 찾는 것이었다. 시니어 보고서에 의해 건의된 빈민법의 개정 방향을 정리하면 다음과 같다.

(1) 노동능력이 있는 자와 그들의 가족에 대한 구제는 공공작업장 (workhouse) 내에서 이루어져야 한다. 단 의료시술은 원외에서 행할 수 있다. 공공작업장의 개념은 공식적, 비공식적 명칭(almshouse, poor house, correction house)이 어떻게 변화했든 간에 빈민법의 역사만큼 오래된 것이었다. 여기에는 빈민을 구제하되, 빈민이 자신에게 소요되는 비용의 일부를 보충해야 한다는 자조(self-help)의 개념이 포함된 것이었다.

(2) 공공작업장은 수용자들이 인간적인 삶의 조건을 유지하도록 하는 것이 목적이지만 공공작업장 내의 조건(음식, 잠자리, 노동, 규율 등)을 독립 노동자에 비해 열악하게 유지되도록 통제해야 한다. 그러나 음식, 잠자리 등을 최하의 상태로 끌어내리지 않아도 열등 처우의 원칙은 유지가 가능하다. 왜냐하면 공공작업장에 '수용'된다는 것은 외부와의 단절, 자유의 상실, 술과 담배 등 습관의 희생을 전제로 하기 때문에 그 자체로서 원내 생활을 독립 노동자 생활보다 덜 바람직한 상태로 만드는 효과가 있다.

(3) 공공작업장의 입소심사(workhouse test)는 신청인 스스로가 하는 것이다. 공공작업장 내의 조건이 다른 어떤 생활보다 열악하므로(less eligible than any other mode of life) 이 조건을 감수한다는 것 자체가 신청자의 필요 상황, 즉 절대적인 결핍 상황을 증명하는 것이다. 원외 구제시 필요하던 복잡하고 많은 시간이 걸리는 복지 수혜자격 심사 절차와 비용의 절약을 기대할 수 있다. 신청자의 생활 조건이나 재정 상황 등에 대한 조사가 필요하지 않고 신청자가 공공작업장 내의 조건과 규율에 따르겠다면 그것으로 심사 절차는 끝난다.

(4) 분리의 원칙은 독립 노동자와 복지 수혜자 간에만 적용되는 것이 아니라 신체 무능력자(노인, 장애자), 어린이, 신체건장 남자, 신체건장 여자 사이에도 적용된다. 이들을 별도의 독립 건물에 분리 수용한다. 가족도 예외일 수 없으며 부부도 분리 수용한다.

(5) 공공작업장이 전국적인 통일성을 가지고 운영, 통제될 수 있도록 하기 위하여 구제의 방식, 예산, 수용자들의 노동 행위에 대한 결정 등에 관한 업무를 맡는 중앙행정기구(central board)를 설립한다.

(6) 정주법의 폐지는 거론되지 않았다.

2) 신빈민법과 자유주의

많은 사람들이 자유주의를 신빈민법의 사상적 배경으로 거론하여왔다. 자유주의자들은 경쟁이야말로 시장의 효율을 극대화하는 조건이라고 생각했다. 그러므로 태생에 따르는 특권이나 보호뿐 아니라 농산물에 대한 국가의 중상주의적 보호도 없애야 할 대상이었다. 빈민에 대한 보조 수당의 지급도 마찬가지였다.

그런데 보고서 내용을 정리한 것 중 마지막 두 가지 항목은 시니어 보고서의 작성자들이 자유주의자들의 주장을 그대로 대변하고 있다고 말하기 힘들게 만드는 대목이다. 중앙 행정기구의 창설은 정부 개입의 확대를 가져오는 효과를 낳게 되며 이는 자유방임의 원칙에 위배되는 것이다. 무차별적 복지 시여는 개인들로 하여금 복지 의존자가 되게 하는 경향이 있음은 부정할 수 없는 사실이다. 그런데 보고서 작성자들은 이 문제의 해결을 위해 사회복지를 덜 매력적으로 만드는 방안을 채택했고, 이의 효율적 시행을 위해 정부의 개입을 확대하였던 것이다.

시니어와 더불어 시니어 보고서의 주요 입안자인 채드윅(Edwin Chadwick)이 벤덤의 비서를 지낸 것은 잘 알려진 사실이고, 그 또한 공리주의의 신봉자였다. 스미스와 벤덤의 자유주의는 본질적으로 시장에 대한 믿음을 공

유하고 있음에 틀림없다. 그러나 채드윅과 벤덤이 가지고 있던 자유에
대한 개념과 스미스의 자연적 자유(natural liberty)는 상당한 차이가 있
다는 점이 가끔 간과되는 경우가 있다. 벤덤식의 자유 개념에 따르면 자
유는 최고 입법기구에 의해 허용되는 것이고, 자유의 실행은 즉각적이고
식별할 수 있는 이익을 가져올 경우에 한해 정당화되는 것이다. 그렇지
못할 경우 자유는 취소될 수 있고 국가 행위에 의해 대치될 수도 있는
것이다. 일반적 복리를 증진할 책무를 가진 국가가 특정집단에 속한 사
람들의 행복 추구권을 결과적으로 제한하는 신빈민법의 조항도 이러한
측면에서 이해할 수 있을 것이다.

더구나 채드윅은 시장의 실패에 대해서 기업가적 경계심을 가지고 있
었고 복지증진에 대한 정부의 역량에 대해 낙관적인 견해를 가지고 있었
다. 시장의 실패 또는 비효율성은 개인적인 독점, 쓸데없는 경쟁, 상품의
공급 실패 등에 의해 초래될 수 있었고 정부는 시장의 효율성 회복을 위
해 개입하여야 한다는 것이 그의 주장이었다.[39] 시니어도 정부의 시장
개입을 옹호해온 입장이었다.

정주법의 존속도 자유방임의 원칙과 어긋나는 것으로 볼 수 있다. 노
동자의 자유로운 이동을 제약하는 정주법은 보조 급여 이상으로 자유노
동시장의 형성을 막는 요소로서 지적되어왔다. 그런데 보고서에서 정주
법의 폐지가 거론되지 않았다는 것을 보면 빈민법 개혁의 목적이 자유주
의자들의 주장처럼 과연 자유노동시장의 확립에 있었는지 의문이 생긴
다. 여기에서 자유방임이 신빈민법의 배경 이데올로기로 작용했다고는
하지만 지배적 동기나 원칙은 아니었다는 해석이 나오는 것이다.

사실상 빈민법 개혁을 주장했던 사람들 중에는 자유주의자들만 있는
것이 아니었다. 정당으로 치면 휘그와 토리에도 있었으며 지주와 공장주
들 중에도 있었다. 농촌에도, 도시 거주민들 중에도 빈민법 폐지론자들이
있었다. 어떤 사람들은 경제 효용의 측면에서 이 문제에 접근했고, 어떤

---

39) Barry, op. cit., 1990, pp.29-32.

이들은 정부의 역할이나 인간 본성에 대한 인식에서 문제를 제기하였다. 그러나 이들이 공통적으로 인식하고 있던 문제는 빈민의 복지 의존자화 (pauperization)에 대한 것이었다.

귀족과 중산 계층의 빈민 경멸은 빈곤을 구조적 요인으로 파악하는 것이 아니라 개인의 도덕적 타락이 결과한 상태라는 인식에서 나오는 것이었다. 자신의 노동으로 생계 수단을 삼지 않고 복지에 의존하여 돈과 음식을 쉽게 얻으려는 빈민들의 습관을 도덕적 타락의 징표로 보았으며, 그런 자들이 모여서 오락을 즐기는 것은 뻔뻔스러움의 증거라는 것이 이들의 일반적인 인식이었다. 경제적 능력도 없으면서 조기 결혼하여 많은 수의 자녀를 출산하거나 무분별한 사생활로 사생아를 낳으면서도 보조급여를 신청하는 빈민들의 행위는 사회악에 지나지 않았다. 이런 시각으로 바라본 빈민법의 역할은 온갖 사회악을 생산하는 온상이었다. 이렇게 본다면 신빈민법의 공공작업장은 이들 복지수혜 빈민(pauper)에게 오욕의 징표(stigma)를 찍어주는 효과가 있었다.

빈민법 반대론자들의 이러한 인식에는 맬서스의 인구론적 주장이 만들어내는 음울한 빈민의 이미지가 작용한 것이 사실이었다. 그러나 보고서를 주도한 시니어나 채드윅은 빈민법이 인구를 증가시킨다는 입장에 동의하지 않았다.

시니어의 견해를 보다 자세히 살펴보면 이들이 맬서스적인 입장에서 빈민법 개혁을 추진하지 않았다는 것은 명확해진다. 시니어는 인구보다는 생산성이 경제 상황을 결정짓는다고 보았다. 산업인구의 증가는 생산력 측면에서 오히려 긍정적일 수 있었다. 시니어는 생산성이 향상되면 임금도 올라가고 보다 많은 사람이 안락한 생활을 할 수 있을 것이라고 믿었다. 또한 시니어는 인간 본성에 관한 애덤 스미스의 낙관론을 공유하고 있었다. 노동자들이 좀더 나은 생활을 위해서 자발적으로 결혼을 연기할 것이라고 생각했으며 보다 나은 삶에 대한 노동자들의 기대는 생산성 향상과 함께 발전적 경제와 노동인구의 번영을 가져오는 결정적 요소라고 내다보았던 것이다.

다만 시니어나 채드윅은 노동 능력이 있는 빈민에 대한 복지 지원이 정상적인 독립 노동자들의 노동 의욕을 꺾는 방식으로 시행되고 있는 것이 문제라고 생각했다. 튜더 빈민법은 노동 능력이 있는 빈민들의 경우에는 노동을 통해서 생계를 유지하게 하는 원칙을 확립하였으며 그 원칙은 100년 이상 지켜져왔다. 그런데 18세기 들어 이들에게 보조 급여를 지급하기 시작함으로써 법의 제정 정신이 훼손되었다는 것이 이들의 생각이었다. 보고서가 노동 능력이 없는 빈민에 대한 복지 지원에는 반대하지 않았다는 것도 이들이 맬서스적인 빈민법 폐지론자가 아니었음을 증명한다. 이들에 대해서는 현금, 식량, 의료 지원, 주택 제공 등 어떠한 종류의 지원도 허용되어야 하며 원외 구제도 가능하다는 것이 보고서에 담긴 입장이었다.[40)]

3) 신빈민법의 입법과 실제

조사단이 보고서에 건의한 내용들은 신속하게 입법 과정을 거쳤다. 1834년 4월 17일, 그러니까 최종 보고서가 나온 지 두 달이 채 안되어서 새로운 빈민법의 법률안이 의회에 상정되었다. 8월 13일 법률안은 양원을 모두 통과하였고 다음날 국왕의 재가를 받아 법이 되었다. 노동 능력이 있는 빈민에 대한 원외 구제를 금지하며 이들에 대한 구제는 공공 작업장의 입소를 전제로 하는 방안이 실현되었다. 또한 새 빈민법의 시행을 감독하고 통제할 중앙기구인 빈민구제위원회(Board of Commissioners)를 설치하여 세부적인 정책의 수립 및 조율을 담당하게 함으로써 전국적으로 통일된 구빈 행정과 모든 빈민에 대한 동일처우의 원칙(national uniformity)의 추진을 가능하게 하였다. 또한 여러 개의 교구가 연대하여

40) Maurice Bruce, *The Coming of the Welfare State*, 3rd ed., London, 1966, pp.74-80; Schweinitz, op. cit., 1961, pp.114-127.

조합(union)을 만들어 공공작업장을 설치, 운영할 수 있도록 하는 것도 위원회의 업무 중 하나였다.

시니어 보고서 또는 법률안의 내용과 의회를 통과한 실제 법률을 비교하면 다음과 같은 차이점을 발견할 수 있다. 첫째, 원외 구제 금지라는 원칙은 수용하되, 지역적 다양성에 대한 고려와 타협적 예외 인정으로 많은 교구에서 원외 구제를 지속할 수 있도록 허용하였다는 점이다. 둘째, 공공직업장 실립을 위한 지방세의 강제 징수비율을 너무 낮게 책정하여 재정 부족 상황을 초래하였다. 셋째, 빈민구제위원회의 권한이 축소되었다. 그나마 존속 기간을 5년으로 한정하고 그후에는 의회입법에 의해 갱신되도록 규정하였다. 이 기구는 1847년 빈민법위원회(Poor Law Board)로 개칭되었고 위원회의 장(長)이 의회와 내각에 대하여 헌정적 책임을 가지도록 하였다.

새 빈민법은 일정 규모 이상의 작업장에서는 빈민들을 유형별로 별도 수용할 수 있도록 하였다. (1) 노인과 장애인 등 신체무능력 빈민(impotents) (2) 어린 아이들 (3) 노동 능력이 있는 여자 빈민 (4)노동 능력이 있는 남자 빈민이었다. 이는 가족이라도 격리 수용되었어야 함을 의미하였다. 그러나 보고서가 주장한 것처럼 독립 건물을 지어 격리 수용하지는 못하고 같은 건물에 격리된 독립 공간을 확보하는 데 그쳤다.

법이 통과된 9일 후 중앙감독기구인 위원회가 구성되었다. 보고서의 공동 저자인 채드윅을 사무총장으로 하여 모두 5명의 위원으로 구성되었다. 그러나 얼마 되지 않아 15명의 부(副)위원을 충원함으로써 당시 영국의 중앙정부기구 인원 규모로는 상당히 큰 조직이 되었다.

위원회가 구성된 3년 만에 전체 교구의 약 90퍼센트에 해당하는 13,264 교구가 168개의 조합으로 통합되는 등 새 법의 시행이 본격화되었다. 그 기간 동안 기존 시설의 확장, 개량을 포함하여 200개 이상의 공공작업장이 설치되었다. 1837년에 이르러 빈민구제 비용은 1834년에 비해 3분의 1 이상이 감소되었다. 일단은 새 법의 가장 중요한 제정 목적이라고 할 수 있는 빈민구제 비용의 절감이 성공을 거둔 것으로 해석할 수 있다. 그러나 기간 중 영국 경제가 보인 긍정적 측면과 노동 수요의 증가를 감안할 때 이러한 절감 효과를 모두 새 빈민법의 성과물로 돌리는 것은 다소 성급한 것이라는 주장도 있다.

새 빈민법의 시행과 관련하여 빈민구제 위원회의 역할은 중요한 것이었다. 위원회는 법이 정한 원칙하에서 세부적인 정책을 결정할 수 있었으며 시행규칙을 만들 수 있는 권한을 부여받았다. 그러므로 새 빈민법의 정책 방향을 두고 각계의 여론은 위원회의 결정 과정에 압력으로 작용하였다.

빈민법의 정책 방향과 관련된 여론은 크게 두 갈래로 나누어졌다. 그 하나는 보다 엄격한 법의 집행을 촉구하는 것이었다. 다시 말하면, 새 빈민법의 제정 목적은 모든 원외 구제를 폐지하여 구빈세 부담을 줄이는 것이므로 이 목적을 성공적으로 달성하기 위해서 장애인, 병자 등을 포함하여 어떠한 경우라도 원외 구제의 예외적 허용을 막아야 된다는 것이었다. 다른 하나는 빈민의 권익을 옹호하는 입장이었는데 원외 구제의 규제와 관련하여 위원회가 만든 규정들이 너무 엄격하여 빈민 계층의 전통적 권리를 박탈하는 효과가 있다는 주장이었다.

위원회는 대체로 이 극단적인 견해의 사이에서 중도적인 입장을 취하였다. 위원회는 스핀햄랜드, 즉 구빈세 재원으로 노동자의 부족한 임금을 보전해주는 제도의 폐해가 주로 나타났던 곳이 농촌 지역이었으므로 도시보다는 농촌 조합에 중점을 두는 경향이 있었다. 거기에다 런던이나 산업지대에 위치한 도시를 중심으로 하여 원외 구제를 허용하는 예외 지역의 인정은 처음부터 불가피한 듯 보였다. 노동 능력이 있는 빈민들에 대한 원외 구제 금지는 새 빈민법의 성공 여부가 달린 핵심 중의 핵심사항이었으나 지역에 따른 특수 상황을 감안하지 않을 수 없었던 것이다.

그러나 예외적 상황을 인정하는 데 따르는 부작용을 최소화하려는 차원에서 보완책을 강구하지 않을 수 없었다. 위원회가 1834~1835년 하달한 지침에 따르면 교구 주관의 사업에 참여하는 빈민들에 대한 임금이나, 과부 또는 미혼여성에게 지급되는 보조금 지불은 최소한 그 반을 현금이 아닌 현물로 지급해야 함을 명시하고 있다. 이는 복지수혜자의 도덕적 타락에 대한 경계에서 비롯된 것이었다.

예외적인 인정은 점차 늘어났다. 예기치 못한 급작스러운 상황에 의해서 원외 구제가 불가피하다고 인정된 경우가 대부분이었다. 질병, 사고, 육체적 정신적 장애가 발생했을 때가 그러했다. 지아비의 사망으로 가장(家長)이자 가구의 주된 소득원(breadwinner)을 잃은 과부에게도 6개월간의 한시적인 원외 구제가 허용되었다. 과부가 아이를 낳았을 때에도 예외적인 경우로 인정받았다. 그러나 유복자가 아닌 사생아를 낳았을 때에는 그것이 인정되지 않았다. 공공작업장에 대한 여론이 좋지 않던 지역일수록 예외 조항의 적용이 보다 빈번하게 발생하였다.

1842년은 불황이었고 공공작업장은 그 필요에 제대로 부응하지 못했다. 많은 조합들이 근로작업장(Labour Yard) 제도를 도입하였다. 실업 노동자들에게 뱃밥(oakum)[41]을 만들게 하거나, 나무를 자르고 돌을 캐는 작업을 하게 하고 일정액의 임금을 지불하는 제도였다. 이들은 공공작업장에 수용되는 대신, 자신의 집에서 가족들과 같이 지내는 것이 허용되었다. 다시 말해서 이 제도는 원외 구제의 허용을 의미했다. 조합에 따라 사업의 성격, 예산은 말할 것도 없고 노동의 강도도 천차만별이었다.

원래 근로작업장은 경제 불황 등 비정상적 수요 발생시에만 한정 운영되도록 기획된 것이었다. 그러나 많은 지역에서 이 제도는 공공작업장을 회피하는 대용 수단으로 활용되었다. 빈민구제위원회는 예외적 상황을 인정해달라는 지역의 요구를 수용하지 않을 수 없었다. 1843년에는 이러한 방식으로 약 4만 명이 고용되었다.[42]

1852년에 발표된 원외 구제에 관한 규칙(Outdoor Relief Regulation

---

41) 낡은 밧줄을 푼 것으로 배의 틈새를 매워 누수를 막는 데 사용하였다.
42) Schweinitz, op. cit., 1961, pp.128-139: Bruce, op. cit., 1966, pp.87-99.

<그림 14>

아일랜드 대기근(1846). 수용인원이 넘쳐 공공작업장에도 입소할 수 없는 굶주린 농민들이 공공작업장 앞에 몰려 있다.

Order)은 노동능력이 있는 빈민에 대하여 원외 구제를 실시하였을 때에는 반드시 그 임금의 반 이상을 식량, 땔감, 그밖의 생필품 등 현물로 지급할 것을 규정하였다. 이러한 규정은 새 빈민법의 기본 원칙 중의 하나인 열등 처우의 원칙(less-eligibility)이 적용된 결과였다. 현물이 현금보다 덜 바람직한(less-eligible) 상태인 것은 예나 지금이나 마찬가지였다. 또한 과거의 뱃지와 같이 현물은 독립 노동 빈민과 복지 의존자(pauper)를 구분하는 상징이기도 했다. 현대의 푸드 스탬프(food stamp) 제도가 목적하는 바를 생각해보면 이해하기가 쉬울 것이다.

어쨌든 신빈민법의 실제 적용에 있어서 다양한 지역적 특수성과 예외적 상황의 인정은 결국 법안의 기초자들이 생각했던 목표에 충실하지 못했음을 의미하였다.

5. 복지국가의 성립

1) 웹 부부의 소수파 보고서

20세기의 복지정책을 본격적으로 설명한다는 것은 이 책이 정한 논의의 범위를 벗어나는 것이다. 빈곤의 문제를 정치적, 사회적, 경제적, 사회심리적, 문화적인 여러 측면에서 종합적으로 살펴본다는 이 책의 목적에 합당하게 20세기의 서구 사회복지사를 서술하는 작업은 별도의 저서를 필요로 하는 방대하고 복잡한 작업이기 때문에 이 책의 범위에서 부득이 제외했음은 이미 머리말에서 밝힌 바 있다. 그러나 지금까지 살펴본 빈민정책이 역사적으로 어떠한 의미를 가지는지, 역사발전 과정에서 어느 정도의 좌표상에 위치하는 것인지 가늠하기 위하여 간단하게나마 복지국가의 탄생 과정과 사회정책상의 특징을 살펴볼 필요가 있다. 16세기 튜더 빈민법으로 시작된 근대적 사회정책의 연장선상에서 비교적 용이하게 맥을 잡을 수 있도록 영국을 중심으로 설명하고자 한다.

20세기로 접어들면서 실업, 노인, 질병, 아동의 문제를 빈민법이 아닌 새로운 사회제도에 의해 관리해야 한다는 주장이 제기되기 시작하였다. 특히 '빈민법 및 빈민구제에 관한 왕립조사단'에서 소수파보고서를 낸 웹 부부(Sidney and Beatrice Webb)는 빈곤을 하나의 사회적 현실로 받아들이면서 억압과 통제보다는 예방(prevention)과 진료(treatment)로서의 빈민정책을 주장하였다. 특히 이들은 노동부를 창설하여 실업 문제의 해결을 위한 적극적 정책을 추진할 것을 건의했다. 전국적인 규모의 노동교환 네트워크와 노동시장의 공적 조직을 구축하고 직업안정책을 추진함으로써 실업을 예방 또는 최소화해야 한다는 것이었다. 또한 노동부는 다양한 산업에 걸쳐 노동조합을 활용한 실업보험(unemployment insurance)을 활성화할 것을 제의했다. 이러한 제도의 적용을 받지 못하는 사람들에게는 직업 교육이나 원외 구제를 시행하되 이로 인해서 참정권의 제한을 받지 않도록 해야 한다는 것도 소수파 보고서의 내용이었다.

웹 부부는 또한 빈민법을 폐지하고 노동 능력이 없는 빈민들을 대상으로 한 빈민법상의 구제 기능은 지방 정부의 전문화된 행정조직이 분산 담당할 것을 건의했다. 예를 들면, 무료 의료 시술과 노인 및 미취학 아동 등의 시설 수용에 관한 업무는 보건위원회가, 학령 아동의 교육과 학교급식에 관한 문제는 교육위원회가, 그리고 노령 연금에 관한 업무는 연금위원회가 각각 관장함이 옳다는 것이다. 다수파 보고서는 빈민법의 유지 개선을 주장한 점에서 소수파와 견해를 달리했으나 신빈민법과 같은 억압과 통제를 주된 목적으로 하는 빈민정책은 더 이상 존재 가치가 없으며 이제는 예방과 진료 위주의 정책으로 전환해야 한다는 원칙론에서는 일치된 견해를 보였다.

2) 사회보험과 공적부조의 발전

그러나 1908년에서 1911년 사이 추진된 자유당 정부의 개혁정책은 이들 왕립조사단의 보고서와는 직접적인 관련이 없는 것이었다. 무엇보다도 조사단 내부에서도 사회복지와 관련하여 개인주의적 전통과 국가의 적극적 개입과 역할을 요구하는 주장이 충돌하여 쌍방간의 합치점을 찾기가 어려웠던 탓이다. 거기에다 보고서가 제출되었을 때 자유당 정부는 이미 자체의 개혁정책을 마련하고 있었다. 그러나 장기적인 관점에서 볼 때 소수파보고서는 영국의 복지정책 발전에 상당한 영향을 끼쳤다.

1906년 총선에서 승리한 자유당은 로이드 조지와 윈스턴 처칠의 주도 하에 여러 부분에 걸쳐 의욕적인 사회복지 프로그램을 법률로 정하였다. 1906년에는 노동쟁의법과 급식법(Provision of Meals Act)[43]이 제정되었고, 1908년에는 노령연금법(Old Age Pensions Act)이, 1909년에는 인민예산(The People's Budget)[44]과 노동교환법(Labour Exchanges Act)[45]이

---

43) 빈민가정의 초등학생에게 무료급식을 제공하는 것을 규정한 법이다.

각각 제정되었다. 또 1911년에는 국민보험법(National Insurance Act)이 만들어졌다. 이 중에서 가장 중요한 제도는 노령연금과 국민보험이라고 할 수 있다.

노령연금은 저소득층 노인(연간 소득 31파운드 10실링 이하)을 대상으로 국가 일반재정에서 최저 생계비에 해당하는 수당을 지급하는 제도였다. 습관적 노동 기피자는 대상에서 제외되었으며 습관적 음주자는 법원의 판단에 맡기노록 하는 등 도덕적 타락을 경계했는데 이 규정은 1919년까지 존속되었다. 노령연금은 사회적 약자에 대해 최저 생계비를 보장하는 적극적 프로그램임에는 틀림이 없었으나 사회의 일부 계층에게만 선별적으로 적용되는 한계를 가지고 있었다.

1911년 제정된 국민보험법은 두 부분으로 나뉘어져 있었는데 하나는 건강보험, 다른 하나는 실업보험의 성격을 가지고 있었다. 노령연금과 마찬가지로 국민보험도 보편적 프로그램이 아니라 육체 노동자와 일정 소득 이하의 임금 노동자들을 대상으로 선별적으로 운영되는 프로그램이었다. 연령, 직종에 따라 가입 자격 여부가 결정되었으며 강제성도 없었다. 특히 실업보험 부분의 가입 실적은 상대적으로 저조하여 1920년에 들어서야 전체 임금 노동자의 3분의 2 가량(천 2백만 명)이 가입할 수 있었다. 이에 비하여 건강보험 부분의 가입자는 처음부터 천만 명 수준에 이르렀으며 1920년에는 새로이 창설된 보건부(Ministry of Health)가 건강보험의 운영을 맡았다.

국민보험이 이와 같이 선별적, 임의적 보험으로 운영되기는 하였으나 사회보장정책의 역사에서 매우 의미 있는 원칙 하나를 확립하였는데 그것은 3자 기여제(tripartite contribution)였다. 이것은 가입자 본인의 기여 이외에 고용주와 국가도 일정 부분의 기여금을 공동으로 부담하도록 한

---

44) 사회정책의 재원을 확보하기 위하여 고액소득자, 불로소득이 있는 토지소유자, 사치품에 대해 특별세를 추징하는 것을 정한 법이다.

45) 노동력의 자유로운 이동을 보장함으로써 실업의 예방과 감소를 목적으로 하였다.

것으로서 현재 대부분의 나라가 채택하고 있는 복지 재정의 구성원칙이 되었다.

1929년에는 지방정부법(Local Government Act)에 의해 빈민법위원회가 폐지되고 그 이듬해에는 노동 능력이 있는 빈민에 대한 구제를 원내구제, 즉 공공작업장 입소자에 한정한다는 원칙을 공식적으로 폐기함으로써 1834년에 시작된 억압적 빈민정책에 사실상 종지부를 찍었다. 이어 1934에는 실업법(Unemployment Act)이 의회를 통과하였는데, 이에 의하여 중앙정부조직 내에 실업부조위원회(Unemployment Assistance Board)가 설치되어 급여 지급기한이 경과된 실업자 등에 대한 국가의 공적 부조를 관장하게 하였다. 노동장관을 의장으로 하는 여섯 명의 위원을 정점으로 지방에 300여 개의 사무소와 6천 명의 직원을 둔 대규모의 행정조직이었다. 제2차세계대전이 발발한 1939년에는 노동장관의 재량에 의하여 실업부조급여의 대상 계층을 확대할 수 있게 하여 공습 피해자와 부상한 민방위 요원 등도 공적부조 대상으로 편입되었다.

1940년에는 이 위원회를 부조위원회(Assistance Board)로 확대 개편하고 60세 이상의 노령연금 수혜자와 미망인연금 수혜자에 대해서도 공적부조 급여를 지급할 수 있는 권한을 부여했다. 이렇게 하여 영국에서는 사회보험과 국가의 공적 부조를 근간으로 하는 복지정책이 이루어졌으나 아직도 많은 사람이 대상에서 제외되어 있었으며 대상이라고 할지라도 그중 3분의 1이 엄격한 생계 조사(means test)를 거쳐야 했다. 또한 조직과 행정의 간소화 문제도 해결해야 할 과제로 떠올랐다.

3) 베버리지 보고서

영국을 복지국가로 전환시키는 야심찬 계획은 전쟁이 한창 진행중이던 1940년대 초반에 세워졌다. 당시 영국은 본토가 적에게 침공당할 위험에 직면하여 전국민의 희생이 요구되는 상황이었다. 그러므로 이러한 시기에 평등주의적 정책의 입안이 추진된 것은 '위험의 공유'라는 전쟁 상황의 특성과 밀접한 관련이 있다고 보아야 할 것이다. 경제학자이며 사회보험의 전문가인 윌리엄 베버리지(William Beveridge)를 의장으로 11개 관련 부처의 대표가 참여한 12인 위원회는 전쟁 이후의 영국 사회가 지향하는 청사진을 담아 1942년 11월 의회에 제출하였다.

흔히 베버리지 보고서로 불리는 '사회보험과 관련 서비스(Social Insurance and Allied Services)'에 관한 보고서의 핵심은 영국 국민 그 누구라도 노령, 질병, 상해, 실업, 가족의 사망과 출생 등으로 경제적 어려움을 당하게 되면 '계약상의 권리'에 의해 최저 생계비를 보장받도록 하는 사회보험 제도를 운영한다는 것이었다. 새로이 제정될 국민보험은 과거의 국민보험과 마찬가지로 3자 기여제가 운영의 원칙이지만 몇 가지 근본적인 차이점을 가지고 있었다. 첫째, 분산 운영되던 각종 사회정책을 하나의 체계로 통합 운영한다는 것, 둘째, 전국적으로 통일된 최저 생계비를 산출하여 보험급여의 기준으로 적용한다는 점, 셋째, 모든 국민에게 강제적, 보편적으로 적용한다는 점 등이었다. 이는 보편성, 강제성, 기여성, 권리성의 원칙에 입각한 사회보험 제도가 전후 영국의 사회복지정책의 근간을 이루게 됨을 의미하였다.

베버리지 보고서는 이밖에 보조급여 제도(Supplementary Benefit System)와 가족수당(Family Allowance) 제도의 도입을 건의하였다. 이 두 프로그램은 국민보험과는 달리 비기여형 수당으로서 생계 조사(means test)를 조건으로 하였다. 보조급여 제도는 본인의 과실 또는 그밖의 사유로 국민보험에 가입하지 못한 사람이 생길 것을 대비해서 마련된 제도였다. 이는 다시 말해 특별한 경우 한정적으로 국가가 지원하는 성격의 공적부조 제도였다. 베버리지는 이와 관련하여 보조급여를 받는 것이 보험급여를 받는 것보다 바람직하지 않은 것으로 느껴지도록 해야 한다는 '열등 처우(less-eligibility)의 원칙'을 제시하였다.

가족수당은 소득 수준에 관계없이 보편적으로 적용되는 비기여형 수

당으로서 둘 이상의 자녀를 가진 가정을 대상으로 자녀수에 따라 차등
지급되도록 계획되었다. 베버리지 보고서에 포함된 핵심 정책들은 전쟁
이 끝난 후 새로 집권한 노동당 정부에 의해 추진되어 1946년에서 1948
년 사이 입법과정을 거침으로써 영국 복지정책의 근간으로 자리잡게 되
었다. 1944년에는 국민보험을 전담하는 부처(Ministry of National Insurance)
가 이미 신설되었다. 1948년 통과된 국민부조법(National Assistance Act)은
빈민법의 효력을 공식적으로 정지하였다. 그러나 베버리지 보고서가 주
장했던 국민보험의 균등기여, 균등급여(flat-rate contribution, flat-rate
benefit) 원칙은 받아들여지지 않았다. 1948년 국민건강보험법에 의해 시
행되게 된 국민보건서비스(National Health Service)는 전국민을 대상으
로 무상의 의료 서비스를 제공하는 제도로 모든 병원을 국유화하고 모든
진료비를 국가가 부담하도록 하였다. 사회보험과 같이 개인이 일정 부분
을 기여하는 것이 아니라 예산의 거의 대부분을 국가의 일반 재정에서
충당하도록 한 것이 특징이다.46) 이렇게 이루어진 영국의 사회보장제도
는 적지 않은 변화를 겪으면서도 기본적인 골격을 유지한 채 오늘날까지
지속되고 있다.

---

46) 현재의 경우를 보면 치과와 안과 진료에 한하여 진료비의 25퍼센트를 환자가
   부담하도록 되어 있으며 그밖에 경우에는 환자 본인의 부담이 없다.

제7장 억압과 동정: 빈민정책의 역사적 의미

1. 낙인의 정책과 온정주의

1) 억압과 통제

빈민을 도덕적으로 타락한 사람들이라 간주하고 경멸하는 사회 일반의 태도는 매우 오래된 것이다. 빈민은 천성이 게으르며 스스로의 삶을 향상시키려는 의지라고는 없는 무기력하고 의존적인 집단이거나, 언제 어디서 절도, 강도, 사기 등의 범죄를 저지를지 모르는 잠재적 범죄 집단이기도 하였다. 빈민을 보는 사회 일반의 이러한 시각은 빈민에 대한 억압적 정책의 동기로 작용하기도 하였다.

주류 사회의 규범에 합당하지 않은 일탈적 행위에 대한 법적 제재의 성격을 가진 사회정책은 중세 말기부터 본격화되었다. 예를 들면 독일의 뉘른베르크에서는 정기적인 빈민 조사를 통해 꼭 지원이 필요한 빈민들을 가려내고 이들에게는 금속으로 만든 토큰을 소지하게 하였다. 이러한 제도의 시행은 '진짜 빈민'에게만 자선이 돌아가게 하려는 목적도 있었지만 타지역 빈민들에 대한 통제의 목적도 있었다. 중세 말기에 억압적 목적의 정책이 나타난 이유로는 뿌리를 알 수 없는 빈민 집단인 부랑 빈민들의 출현으로 사회 일반의 경계와 공포 심리가 확산되었기 때문이라는 해석이 있다. 또는 흑사병 이후, 노동 여건이 훨씬 좋아졌음에도 불구하고 여전히 구걸에 의존하는 신체 건장한 빈민들이 있다는 사실에 대하여 사람들의 의구심과 경멸적 시각이 더욱 확대되었다는 분석도 있다.

빈민에 대한 억압적 정책은 근대 초기에 들어 더욱 강화되었다. 일탈적 빈민들의 명예를 박탈하고 제재를 가하는 방식은 다양하였다. 1531년에 제정된 영국의 빈민법은 노동 능력이 있는 빈민과 그렇지 못한 빈민을 법률로써 차별화했다는 이유로 진일보한 정책이라는 평가를 받고 있으나 노동 능력이 있는 빈민들에게는 채찍의 형벌을 가한 후 출신 지역으로 돌려보내는 처벌과 규제의 정책이기도 하였다. 영국의 16세기는 빈민의 구제를 위한 여러 가지 적극적인 정책이 모색된 시기였으나 노동을 기피한다든가 하는 일탈적 빈민들에게는 가혹할 정도의 처벌 조항을 적용한 시기이기도 했다.

1547년 제정된 영국의 빈민법은 소위 노예 조항으로 유명해졌다. 부랑 자체가 범죄로 규정된 상황에서 부랑 걸인으로 체포되어 유죄가 확정되면 민간인 고용주 밑에서 2년간의 강제노동을 해야 했고 누범시에는 무기한의 강제 노동 또는 사형에 처하도록 규정하였던 것이다. 1572년의 빈민법은 부랑 걸인에 대하여 채찍형과 함께 귀에 구멍을 뚫는 형벌을 가하게 하였다. 재범은 중죄로 다루고 세번째에는 사형에 처할 수 있도록 하였다. 이러한 억압적 정책은 영국에 국한된 것이 아니었으며 다른 유럽 지역에서도 시행되었는데, 때로는 불에 달군 인두로 가슴 등에 글자를 새겨 평생토록 지워지지 않게 하였다. 이러한 흔적은 이들에 대한 고용 기피로 이어져 재범을 불가피하게 만드는 효과도 있었다.

빈민집단을 차별화하고 오욕(stigma)을 주는 정책이 노동 능력이 있는 빈민들에게 집중된 것은 사실이지만 이들에게만 국한된 것은 아니었다. 노동 능력이 없는 빈민들에게 착용하게 한 배지(badge)는 구제를 받을 자격이 있거나 기독교적 이웃사랑의 대상임을 나타내는 측면이 있었던 반면, 다른 한편으로는 자신들의 생존을 남에게 의존해야 하는 빈민집단의 사회적 정체성을 나타내는 것이기도 했다. 결국 이 또한 매춘부, 이단자, 유대인, 나환자 등 사회의 주변집단에게 부착하게 했던 여러 가지 차별적 표지(標識)의 연장선상에 있었다. 그 때문에 많은 사회적, 또는 사적 자선의 대상자들이 당국에 배지착용 의무의 면제를 청원하였고 '부끄러워하는 빈민(shame-faced poor)', 질병 또는 사고로 인해 사회적 지위를 상실한 빈민들을 중심으로 허가되었다. 빈민에게 차별적 정체성을 부여하는 표지로서의 배지착용 관행은 근대에 들어서도 사라지지 않았다. 예컨대 1697년 개정된 영국의 빈민법은 복지 수혜자로 하여금 배지를 착용하게 했는데 이는 '낙인 효과(stigma effect)'를 노린 것으로 분석되고 있다. 다시 말해 이들 스스로 부끄러워하게 만들고 또한 다른 사람들에게 이들이 열등집단임을 공개적으로 확인시킴으로써 복지 의존자(pauper)를 줄이려는 목적이 있었던 것으로 해석되고 있다.

17세기의 시작을 전후해서 완성된 영국의 튜더 빈민법은 부랑 빈민에 대한 처벌 규정을 많이 완화하였으나 채찍형의 형벌은 대체로 존속되었고 노동 기피자에 대해서는 교화소에 감금하여 중노동에 처하게 하였다. 비자발적 실업 빈민에게 일거리를 제공한다는 취지에서 도입되었던 18세기 영국의 공공작업장(workhouse) 제도는 노동 기피자의 도덕성 교정 차원에서 존재하던 런던의 브라이드웰과 같은 교화소(correction house) 제도와는 달랐으나 이 또한 억압적, 통제적 정책의 성격이 있었던 것은 부인할 수 없는 사실이다. 공공작업장 내의 생활 여건은 매우 열악하여 노동 능력이 있는 빈민들은 입소를 꺼려했다. 공공작업장에 입소하면 열등 시민으로 전락하고 만다는 사회적 인식도 빈민들의 입소를 주저하게 만든 이유였다. 결국 공공작업장은 원래 취지와는 달리 노약자나 장애인 등의 수용 시설로 변모하고 말았다. 18세기 중반 공공작업장에 수용된 영유아의 생존율이 불과 10퍼센트도 안되었다는 조사 결과는 공공작업장의 생활 조건이 얼마나 열악했었는지를 대변해주는 것이다.

19세기 영국에서 전개된 자유주의자들의 빈민법 폐지 움직임은 빈민들에 대한 부정적인 사회적 인식을 적나라하게 보여준 사건이었다. 모든 사람에게 생존을 법적으로 보장한 빈민법은 그렇게 함으로써 대부분의

<그림 15>

17세기 초 네덜란드 암스테르담에 있던 교화소 내부의 작업장 풍경. 그림 오른쪽 하단에는 규율을 어긴 수용자에게 혹독한 처벌이 가해지고 있다. 화가 미상.

사람들로부터 노동의 동기를 빼앗는 것이라는 주장이 제기되었으며, 복지 의존자라는 사회적 지위는 자존의 상실과 도덕적 타락으로 이어질 것이라는 의견도 대두되었다. 또한 빈민법이 가난한 사람들의 조기 결혼과 다산을 부추기고 있으며 이대로 두면 사회 구성원 모두가 빈곤을 면하기 힘들 것이라는 견해에 많은 사람들이 손을 들어주기도 하였다. 경제적 능력도 없이 결혼하여 아이를 낳는 빈민들은 이제 사회악으로 규정되기도 했으며 굶주림만이 늘어나는 인구문제의 해결책이 될 수 있다는 주장도 공공연히 거론되었다.

1834년 신빈민법의 토대가 된 시니어 보고서는 빈민복지 수혜자의 낭비와 무절제 등 도덕적 타락을 부각시키면서 이들과 독립적 노동 빈민을 물리적, 심리적으로 격리시키는 방안을 모색하였다. 보고서는 이를 위해 복지를 신청하는 노동 능력이 있는 모든 빈민들을 공공작업장에 수용하도록 하고 거부하는 자에 대해서는 일체의 복지 지원을 하지 않는다는 것을 개정 빈민법의 기본 원칙으로 삼았다. 그리고 공공작업장 내의 생활 여건을 독립 노동자 계층의 최저 생활 여건보다 열악하게 한다는 소위 '열등 처우(less-eligibility)의 원칙'을 마련하였다. 일부 예외 조항의 인정을 제외하면 이 보고서의 건의 사항은 대부분 법률이 되었다. 수용된 빈민들은 이 원칙에 따라 통제되었으며 강도 있는 노동의무가 부과되었다. 이들은 자유의 상실, 외부와의 단절, 습관의 희생은 물론 부부간의 강제적 별거까지 감수해야 했다. 이렇게 볼 때 신민법의 공공작업장은 빈민복지 의존자들에게 오욕의 징표를 찍도록 의도적으로 기획된 것이라고 할 수 있다. 이러한 억압적 정책으로 인해 19세기 영국에서는 아주 극심한 경제 불황 시기를 제외하고 노동 능력이 있는 빈민이 복지에 의존하는 비중이 크게 줄어들었다.

20세기에 들어서면서 많은 환경의 변화가 있었다. 특히 영국의 노동자들에게 참정권이 부여되고 노동조합운동이 활성화되었다. 1920년대에 들어서는 노동자 대표들의 의회 진출이 두드러졌고 마침내는 노동자 정당이 급성장하여 국정 운영의 한 축을 형성하게 되었다. 복지정책에도 이러한 변화가 반영되었다. 그러나 빈민들에게 오욕의 징표를 안겨주는 정책은 지속되었다. 채찍형이나 공공작업장 수용 같은 전 근대적 제도는 사라졌지만 빈민복지 의존자들의 참정권이나 공무담임권을 제한하여 열등 시민으로 낙인찍는 방식은 20세기 중반까지 지속되었고, 까다로운 생계 조사를 통해 빈민복지 신청을 억제하고 통제하는 정책은 현재까지도 일부 존속되고 있다.

20세기 초반 영국에서 실시된 빈민법 및 빈민구제에 관한 왕립조사단(1905~1909)의 보고서는 억압적 빈민정책을 지양하고 빈곤의 예방과 사회보험의 창설을 건의하는 등 전향적인 빈민정책을 수용하였다. 그중에서도 웹 부부가 주도한 소수파 보고서는 복지국가라는 새로운 사회 시스템을 전망했다고 평가될 정도로 획기적인 빈민정책을 제시하였다. 보고서는 빈곤을 개인의 도덕적 결함이 아닌 사회적 현실로 인정하면서 과거의 빈민정책이 빈민에게 부여해온 오욕의 징표를 제거하려 했다. 그러나 이 보고서에서조차 억압적 빈민정책의 흔적은 발견된다. 즉, 실업자 중에서 갱신 교육이 필요한 사람들을 수용소(detention camp)에 입소시킬 것을 주장하고 있는 것이 그 부분이다. 1909년 새로운 사회 실험의 차원에서 제정된 노령연금법이 연금의 수혜 대상에서 습관적 노동 기피자, 자신과 가족의 생계 유지를 소홀히 한 자 등을 제외시키는 한편, 습관적 음주자를 사법적 판단의 유보 대상으로 분류한 것도 빈민들의 도덕적 타락에 대한 경계에서 비롯된 것이었다.

1920년대 유례없는 불황으로 실업이 크게 늘어난 영국에서는 대책 마련에 고심하였다. 선택적인 사회보험이 시행되고 있었으나 이것 역시 역부족이었고, 정부는 이미 포기된 정책인 공공작업장제도의 시행을 권고하였다. 실업자들의 빈민복지 지원을 통제하는 수단으로서 노동을 의무화한 것이었다. 빈민법 조합들은 이 경우 복지 지원액을 시간당 임금으로 환산한 제한 노동을 원했으나 정부의 주무부서인 보건부는 복지 지원액과 관계없이 일주일 내내 노동하는 방안을 제시하였다. 노동부 주장의 근거는 빈민법 조합의 안(案)대로 하면 빈민들이 '선물'을 '권리'로 간주하는 경향이 나타날 것이라고 우려했기 때문이다. 당시 영국의 정부 관리들이 여전히 복지를 '가진 자에 의한 시혜'라고 인식하고 있었음을 보여주는 대목이다. 영국 정부가 억압과 통제 목적의 공공작업장 제도를 공식으로 포기한 것은 1930년(The Relief Regulation Order)의 일이었다.

현재는 어떠할까? 과거와 같은 노골적인 낙인 정책은 사라졌다. 그러나 완전히 사라진 것은 아니다. 1980년대와 1990년대 중반에 시행된 영국 보수당 정부의 복지정책의 기조는 노동 의욕을 유지하고 개인의 책임을 강조하는 것으로서 이 역시 '낙인 효과(stigma effect)'에 의한 복지신청 억제를 노렸다고 볼 수 있다. 그 뒤에 집권한 노동당의 블레어 정부도 '일하는 복지'를 강조하면서 노동 능력이 있는 빈민들의 복지 의존

경향을 억제하려는 정책을 고수하고 있다. 블레어 정부가 복지 수혜자 중 노동 능력자들을 대상으로 이들의 구직 활동이나 정기적인 취업 상담을 의무화하려는 것은 낙인 효과의 효용성을 인정하고 있기 때문이다. 또한 영국은 현재에도 소득 보조(Income Support), 주택급여, 노동가족소득지원(Working Families' Tax Credit)제도 등 생계 조사를 전제로 한 많은 사회보장 프로그램을 운영중인데 전통적으로 생계 조사는 복지신청을 억제하는 수단으로서의 존재 가치를 인정받아왔다. 다시 말해서 복지 의존 경향을 억제하려는 다양한 정책의 배경에는 노동 기피 등 빈민들의 도덕적 타락을 의심하거나, 이들이 보다 많은 돈을 타내기 위해 자신들의 처지를 속이거나 과장하지 않을까 우려하는 사회적 태도가 여전히 존재하고 있는 것이다.

2) 동정과 온정주의

그러나 억압과 통제, 오욕의 낙인을 찍는 것만이 빈민정책의 핵심적 내용은 아니었다. 많은 사람들이 가난한 이웃에 연민을 느끼고 그들을 자선의 대상으로 인식하였으며 이러한 시각은 사회정책에도 반영되어왔다. 중세에는 세속 정부보다는 교회가 사회적 자선을 관리하고 집행하는 역할을 담당하였으며 따라서 기독교의 교리와 전통이 반영될 수밖에 없었다. 중세 기독교가 자선을 구원의 수단으로 인정함에 따라 자선에 이기적인 동기가 개입되었으나 그렇다고 해서 이웃에 대한 연민의 정을 완전히 부정하는 근거는 되지 못한다.

중세 교회의 자선정책은 대체로 무차별적인 특징을 가지고 있었다. 때로 자선의 대상자를 유형별로 분류하여 우선 순위를 부여하려는 움직임이 없었던 것은 아니지만 그 누구도 자선의 대상에서 원천적으로 배제하지는 않았다. 장애인이나 건장한 사람이나 누구든지 수도원을 방문하여 자선을 요청하면 잠잘 곳과 먹을 것을 제공받았다. 중세 사회의 공동체적인 성격이 강해지면서 기근이나 경제적으로 어려운 시기에는 모든 재물을 공동체가 공동으로 사용할 수 있다는 개념이 확산되었으며 길드의 구성원들은 경제적 궁핍 상태에 빠진 회원들을 자체적으로 도왔다. 그러나 중세 말기, 부랑 빈민이 등장하면서 뉘른베르크 등 일부 도시를 중심으로 억압적, 통제적 사회정책이 등장하기 시작하였다. 또한 자선은 루터와 칼뱅의 구원론 안에서 구원의 수단으로서의 지위를 상실함으로써 종교개혁이 일어난 지역에서는 이를 대체할 새로운 빈민정책의 개념이 요구되었다.

전통적인 장원 경제가 무너지고 임금 노동자가 늘어남에 따라 시장경제가 빈민의 생활에 큰 영향을 미치게 되었다. 이와 함께 노동 의욕이 있어도 일자리를 구하지 못해 빈곤 상태에 빠질 수 있다는 경제적 현실에 대한 이해도 증가되었다. 이와 함께 빈민을 유형별로, 노동 능력이 없는 빈민, 비자발적 실업 빈민, 노동 기피 빈민으로 구분하여 차별적 정책을 적용할 필요성도 제기되었다. 그러나 교회는 실업 문제의 해결 등 보다 적극적이고 합리적인 빈민구제 활동을 요구하는 시대적 상황에 효율적으로 대처하는 능력을 보여주지는 못했다. 이러한 상황을 배경으로 한 16세기 영국에서의 빈민법 제정은 그후 영국을 3~4백여 년 동안 근대적 복지정책의 중심에 서게 하였다.

튜더 빈민법은 빈곤에 대한 사회적 구제의 원칙을 확립하고 이를 위해 모든 주민이 강제적으로 소득의 일정 부분을 세금으로 내도록 규정하였다. 서양의 역사상 처음으로 자선에 관한 자발성의 원칙(voluntaryism)이 배척되고 강제주의의 원칙이 확립되었다. 이는 자선이 사회적 의무임을 법적으로 규정한 것이었다. 빈민구제 예산은 빈민 조사를 통해 책정되었는데 여기에는 생존 수준의 최소 생계비 개념이 적용되었다. 이러한 사회정책의 형성에 영향을 미친 사상적 요소로는 커먼웰스 사상이 지적되고 있다. 사회 모든 구성원이 유기체적, 상호의존적으로 결합되어 있기 때문에 어느 특정 부분에서 발생한 고통은 거기에서 그치지 않고 사회 전체의 건강을 해치게 되므로 그대로 방치해서는 안 된다는 16세기 영국의 지적 운동이 그것이다.

튜더 빈민법은 또한 비자발적 실업의 존재를 인정하고, 이를 위해 공공 고용(public employment) 제도를 도입하였다. 모리슨(Richard Morison) 등의 16세기 영국 휴머니스트들은 처벌이나 억압이 범죄를 근본적으로 없앨 수 있다고 생각하지 않았다. 모든 사람이 일자리를 통해 생계 수단을 확보하지 않는 한, 사람들은 처벌 위험을 감수하더라도 범죄를 저지를 수밖에 없다고 보았기 때문이었다. 그밖의 많은 지식인들이 빈곤의 원인을 부의 불평등 분배 구조와 사회지배 계층의 탐욕에서 찾았다. 튜더 빈민법에는 이러한 의견이 반영된 것이다.

공공 고용제도는 억압에서 예방으로의 정책 전환이 일어나기 시작한 것을 의미하였다. 튜더 빈민법은 또한 사회의 복리 증진을 위한 국가의 적극적인 역할을 처음으로 규정한 의미도 있다. 그러나 튜더 빈민법이 부랑 걸인과 노동 기피자에 대한 처벌과 통제 또한 핵심 내용으로 하고 있음은 전술한 바와 같다.

빈민법의 운영에서 일대 혁신적인 정책 변화는 18세기 말에 나타났다. 1795년 버크셔의 스핀햄랜드에서 내려진 버크셔 관리들의 결정은 영국 전역으로 파급되어 영국의 대표적인 사회정책으로 자리잡았다. 스핀햄랜드 시스템이라고 불리게 된 이 제도는 빵값과 부양가족의 숫자에 따른 가구당 최저 생계비를 설정하고 개별 가구의 소득이 이에 미달할 경우에 교구가 이를 구빈세 재원에서 보충해주는 것을 골자로 하고 있다. 고용 상태에 있으나 소득이 최저 생계비에 미달할 경우에는 소득보조수당을 지급하였으며, 실업 상태에 있는 빈민들에게는 다양한 방식으로 취업을 알선하고 모자라는 부분을 보충해주었다. 이로써 스핀햄랜드 제도를 도입한 지방은, 인류 역사상 최초로 모든 사회구성원들의 생계가 법적으로 보장되었음을 의미하였다. 그러나 빈민의 도덕적 타락과 노동의 질 저하에 대한 우려, 그리고 무엇보다도 몇 배로 껑충 뛰어버린 구빈세 부담에 대한 여론의 역풍에 휘말려 이 의욕적인 제도는 40년이 채 못가서 좌초하게 되었다.

빈민에 대한 압박과 통제를 목적으로 한 신빈민법이 1834년 제정된 이후의 19세기 대부분 기간을 통해 자유노동시장의 확립을 내세운 자유주의의 논리가 힘을 떨쳤으며 그만큼 빈민의 권익은 움츠러들었다. 자선은 어디까지나 강제가 아닌 여분적 도덕(supererogatory morality)에 의해 이루어져야 한다는 자발성의 원칙(voluntaryism)이 여론의 힘을 얻었다. 그러나 장애인, 병자, 노인, 고아 등 노동 능력이 없는 빈민들에 대한 공적 지원은 계속되었다.

전술한 바와 같이 웹 부부 보고서의 핵심은 현행 빈민법이 빈민에게 가하는 오욕의 낙인을 제거하는 데 있었다고 해도 과언이 아닐 만큼 빈민정책의 일대 전환을 요구하는 의미가 있었지만 불행히도 그들의 견해는 국가정책으로 채택되지 못했다. 그러나 1906년 총선거에서 압도적인 승리를 거두고 집권한 상당수의 자유당 의원들은 국가를 개혁의 도구로 인식하고, 많은 개혁정책을 추진 과제로 내놓았다. 1906년의 급식법(The Provision of Meals Act)은 지방 교육당국이 빈민 자녀들에게 무료로 급식을 제공할 수 있도록 규정하였는데, 한 가지 특기할 것은 이들 급식대상 아동의 부모들의 참정권이나 기타 시민으로서의 권리를 제한하지 않았다는 점이다. 빈민법에서는 여전히 복지수혜자들의 시민적 권리를 제한하고 있었음에 비추어볼 때 이것은 진일보한 정책이었다. 빈민복지 지원을 받는 사람들에 대한 참정권 금지 조항의 완전 폐지는 1918년 선거법 개정(The Representation of the People Act)에 의해서 이루어졌다. 그러나 공무담임권에 대한 제한은 수십 년 이상 더 살아남았다.

3) 사회보험: 시혜에서 권리로

영국에서 복지의존 빈민에 대한 낙인의 제거라는 획기적인 정책으로의 전환은 사회보험(social insurance)의 실험으로 나타났다. 영국에서 질병, 장애, 노령에 대비한 국가 주도의 강제적인 사회보험이 빈민법의 대안으로 주장되기 시작한 것은 18세기 말부터였는데[1] 1870년대 말에 이에 대한 논의가 다시 활발해졌다. 윌리엄 블랙리(William Blackley)는 18세에서 21세 사이의 모든 사람이 기금을 납부하여 국가가 이를 관리하도록 하고 이들이 질병, 노령으로 인하여 노동 능력을 상실했을 때 보험급여를 지급하도록 하자고 제안했다. 이에 대한 여론은 호의적이어서 지지단체(The National Provident League)가 결성되고 의회에서도 국가 주도의 사회보험에 대한 논의가 시작되었다.

통일 독일의 사회정책도 자극제가 되었다. 비스마르크가 주도하는 독일 정부는 1880년대 질병, 재해, 노령 등과 관련한 3개의 사회보험정책을 법률로 정하였다. 스스로 생계를 유지할 수 없는 사람들이 '명예로운 생계 지원(honourable maintenance)'을 받도록 해야 한다고 주장하던 자유당의 지도자 로이드 조지(Lloyd George)는 이에 대해 상당한 관심을 보였다. 보험에 가입하여 일정한 기여금을 내고, 약정에 정한 경우를 당하여 보험급여를 요청하는 것은 계약상의 권리이며 생계 조사를 필요로 하지 않는 것이다. 이는 곧 스스로 자신의 경제적 상황을 통제할 수 있음을 의미하였다.

그러므로 자유당 정부가 도입한 사회보험제도는 과거 복지 지원을 받는 빈민들에게 따라다니던 '낙인' 또는 오욕의 징표를 제거하는 효과가 있었다. 또한 노령연금 부분에 대해서도 과거에 공동체에 봉사한 대가라는 권리적 성격을 부각시킴으로써 같은 효과를 기대할 수 있었다. 그러나 선별적, 임의적인 성격이 존속되는 한, 낙인 효과가 완전히 사라지는 것은 아니었다. 그러므로 복지 지원을 받는 빈민에 대한 집단적 경멸이라는 사회적 태도를 불식시키기 위해서는 보편성과 강제성의 원칙이 요

---

1) George Nicholls, *A History of the English Poor Law*, new edn. vol. 2, London, 1898, pp.70-71, 97-98.

구되었다.

1940년대에 들어서면서 사회 일각에서는 복지 의존 빈민들에게 주어진 오욕의 징표를 근본적으로 제거해야 한다는 의견이 강력하게 제기되었다. 예를 들면 1940년 당시 보건장관이던 엘리엇(Walter Elliot)은 노령연금과 관련하여 노인들이 "그들 생애의 마지막 순간에 매주 공적부조 위원회에 나가 자긍심을 상처받도록 해서는 안 된다"고 주장하였다.[2] 또한 1942년 노동당의 토머스(Ivor Thomas)는 더욱 구체적인 견해를 피력하였다. 그는 모든 시민은 사회를 위해 노동할 의무가 있음을 전제한 후, 그러나 어떠한 이유이든 일자리를 잃었을 때에는 자존(self-respect)을 잃지 않을 정도의 삶을 유지하기 위해 적정한 수준의 보상(remuneration)을 기대할 '권리'가 있다고 주장했다. 그는 이러한 권리는 생계 조사 등에 의해 훼손될 수 없는 불가양의 권리라고 주장하였다.

베버리지 보고서는 바로 이러한 생각을 구체적인 사회제도로 뒷받침한 것이라고 볼 수 있다. 복지 지원을 받기 위해서 사실상의 정직성과 도덕성에 대한 취조라고 할 수 있는 생계 심사나 지원액 결정 심사를 통과해야만 한다면 이른바 '낙인 효과'에서 완전히 벗어날 수 없는 것이다. 이러한 과정 없이 당당하게 하나의 권리로서 적정 수준의 생계비를 보장받을 수 있는 방안은 보편성, 강제성에 입각한 사회보험뿐이었다. 사회보험은 국가나 사회에 의해 일방적으로 주어지던 '시혜'가 아니라 계약상의 권리였으므로 그로 인해 자유와 권리에 제한을 받을 아무런 이유가 없었다.

모든 사람이 일정 소득을 기여하고 계약상의 권리로서 생계를 보장받는 시스템이라면 거기에 빈민과 부자가 따로 있을 수 없다. 베버리지가 보험가입자의 소득과 관계없이 동일 기여, 동일 급여(flat-rate contribution, flat-rate benefit)의 원칙을 주장한 데는 누구에게나 기초 생활의 개념은 동

---

2) *Parliamentary Debates*, ser. 5, vol. 357, col.1207-1208; Schweinitz, op. cit., 1961, p.223.

일하게 적용되어야 한다는 생각이 깔려 있었다.

그가 생각한 표준적 기초 생활비에는 식비, 의복, 연료비, 전기료, 잡비, 주택 임대료 외에 비효율적 구매 행위에 대비한 예비비까지 포함되어 있었다. 1938년 가격으로 책정된 자녀가 없는 부부의 기초 생활비는 주 32실링이었는데 이는 당시 영국 노동자들의 최저 임금보다 약간 낮은 수준이었다.[3] 그러므로 베버리지가 제시한 기초 생활비가 생활의 안락함을 보장하는 수준이 아니었던 것은 확실하지만, 그가 자발적 저축에 의해 보험급여액을 보충해야 한다는 원칙을 강조했음에 비추어 이는 의도적인 기획의 결과로 해석할 수 있다. 전후 베버리지 보고서의 건의사항이 대체로 법률로서 수용되었으나 동일 기여, 동일 급여의 원칙은 1961년 들어 계층 기여, 계층 급여(graduated contribution, graduated benefit)의 원칙으로 대체되었다.

보편성의 원칙이 지켜진다면 비기여성, 비보험성의 정책이라고 해도 복지 지원을 받는 데 따르는 '낙인 효과'에서 비교적 자유로울 수 있는 방편이 있었다. 이러한 정책의 예가 1948년부터 시행되고 있는 영국의 국민보건서비스(NHS)이다. 앞에서 밝혔듯이 이 제도는 전국민을 대상으로 무상의 의료 서비스를 제공하는 정책으로 재원의 대부분을 일반조세에서 충당하고 있다. 누진적 소득세에 의해 사람마다 국가 일반재정에 기여하는 정도가 다르므로 빈민층이 이러한 제도의 혜택을 가장 많이 받는 계층임에는 틀림없다. 그러나 국민 누구에게나 무료로 적용되는 까닭에 생계 조사를 받을 이유도, 자유와 권리의 제한을 받을 이유도 없다. 그만큼 낙인 효과의 영향은 간접적일 수밖에 없는 것이다. 1946년부터 시행된 가족 수당(Family Allowance)도 마찬가지다. 현재는 아동 급여

---

3) 당시 농업 노동자의 최저 임금은 주당 34실링이었다. 다른 직종에 종사하는 노동자들은 시간당 1실링을 최저 임금으로 받는 경우도 많았다. 이 경우 주당 평균 노동 시간을 48시간으로 보면 주당 48실링이 최저 임금이라고 할 수 있다. 이렇게 보면 베버리지가 책정한 기초 생활비는 최저 임금 수준을 밑도는 것이 었음은 확실하다. 그러나 이 부부의 기초 생활비는 자녀가 없는 것을 기준으로 했으므로 자녀가 생기면 최저 임금과의 격차는 줄어든다.

(Child Benefit)로 이름이 바뀌어 운영되고 있는 이 제도는 부모의 소득과 관계없이 자동으로 지급되는 것으로서 이 또한 생계 조사가 필요 없이 국민 누구에게나 보편적으로 적용되는 사회보장 정책 중의 하나이다.

결국 국민보험과 같은 기여형 제도, 또는 비기여형이라도 국민 누구에게나 적용되는 보편적 제도 등은 빈곤이 범죄가 아니며 따라서 복지 지원을 받는다 하여 그로 인해 오욕의 낙인이 찍히는 것은 바람직히지 않다는 사회적 인식과 배려 속에서 형성되었다고 보면 될 것이다. 그러나 사회정책의 상당 부분은 빈민층에게만 선별 적용되는 비기여형, 비보편형제도이며, 이 부분에서 빈민은 여전히 '낙인 효과'의 영향 아래 있다.

2. 주는 자와 받는 자

1) 토크빌과 영국의 빈민법

토크빌(Alexis de Toqueville)이 유럽과 미국 등 여러 지역을 돌아다니며 각국의 사회와 정치제도에 대해 깊은 통찰력으로 인상적인 평가를 남긴 것은 잘 알려져 있다. 그러한 그가 영국의 사회복지 제도에 대해서는 이상하리만치 매우 인색한 점수를 주었다. 좀더 정확히 말하면 그것은 거의 경멸에 가까운 것이었다.

19세기 영국은 산업혁명의 결실로 세계에서 가장 번영한 국가가 되었다. 그런데 이런 나라의 국민 여섯 명 중 한 명이 스스로의 노동이 아닌 공적 자선에 의존하여 삶을 꾸려나간다는 사실은 그에게 '형언할 수 없는 놀라움'으로 다가왔다. 물론 이 수치는 다소 과장된 것으로 지금은 믿어지고 있지만 토크빌뿐 아니라 당시 영국 사람들도 그렇게 믿었다. 토크빌은 영국에 이렇게 빈민이 많은 것은 절대적 빈민이 많다는 것이 아니라 경제 발전으로 인해 '삶의 기준'이 그만큼 높아졌기 때문으로 풀이

하였다.

토크빌이 사회의 잉여재화로 빈민의 고통을 덜어주는 사회제도 자체를 반대한 것은 아니었다. 그러나 영국의 사회복지제도는 이미 적정선을 넘어섰기 때문에 거기에서 파생되는 여러 가지 부작용이 사회의 건전성을 심각하게 훼손하고 있다는 것이 그의 판단이었다.

토크빌은 나태와 게으름이 인간의 본성이라고 믿었다. 그러므로 사람들이 자신의 이러한 본성을 극복하고 노동에 참여하기 위해서는 어떤 절실한 동기가 주어져야만 했다. 하나의 동기는 '생존'이었다. 살아남는다는 것은 보다 원초적인 본능이라는 것이다. 토크빌이 생각한 두번째 동기는 '보다 나은 삶'을 살고자 하는 '욕망'이었다. 그런데 토크빌에 의하면 생존을 위해 노동하는 동기는 누구에게나 적용되는 것이지만 보다 나은 삶을 향해 현재를 희생하는 한 차원 높은 동기는 소수의 사람에게만 적용되는 동기이다. 그러므로 모든 사람들에게 생존 수단을 법적으로 보장하는 스핀햄랜드는 대부분의 사람들로부터 노동하고자 하는 동기를 앗아가는 결과를 초래하고 말았다는 것이다.

토크빌이 생각하건대 빈민들의 생존 수단을 법적인 권리로서 보장하는 데에서 비롯되는 부작용은 여기서 그치는 것이 아니었다. 개인적 자선에서는 주는 자와 받는 자 사이에 도덕적 유대 관계가 유지되지만 공적 자선에서는 이러한 관계가 상실된다. 오직 주는 자와 받는 자 사이에 어떠한 개인적 인연도 존재하지 않는 익명의 관계만 있을 뿐이다. 여기에서 주는 자는 자신의 돈이 아무런 사전 협의도 없이 세금이라는 명목으로 강제 징수 당하는 불쾌함을 경험하는 반면, 받는 자는 자신들이 사회로부터 받는 지원금이 형편없이 적다고 분개하게 된다. 더 큰 문제는 경제가 발전할수록 받는 자의 기대치, 즉 빈민들이 생각하는 '기초 생활'의 기준은 날로 높아만 간다는 것이다.

여기에서 주는 자와 받는 자 사이의 전통적인 유대는 끊어지고, 주는 자의 경계와 공포, 그리고 받는 자의 시기와 실망 사이에 풀 수 없는 갈등이 조장되며 결국에는 다 같이 공멸의 길로 향하게 마련이라고 토크빌은 주장하였다. 그는 노동 동기를 상실한 빈민의 숫자가 늘어나면 날수록 가진 자들의 재원이 줄어들게 되고 이렇게 되면 자본축적이 어려워져 경제 전체가 어려워지는 연쇄적인 부작용이 일어날 수 있다고 주장했다. 이렇게 해서 빈민구제를 위한 사회적 자원이 부족해지면 불만에 찬 빈민들에 의해 상황은 폭력적 혁명으로 치닫게 된다고 경고하였다.

토크빌은 또한 의존성과 수동성으로 규정지어진 받는 자의 공적 지위는 도덕적 타락과 자존(自尊)의 상실을 가져올 우려가 크다고 하였다. 1833년 윌트셔(Wiltshire)의 치안판사를 방문한 자리에서 그는 아주 건강해 보이고 좋은 옷을 입었으며 가발까지 쓴 노인이 교구 지원금이 삭감된 데 대해 거칠게 항의하는 장면을 목격하였으며, 남편한테 버림받은 임산부에게 부유한 시아버지가 경제적 도움을 주는 것을 거절하는 것을 보았다. 자신이 낳은 사생아의 아버지를 뻔뻔스럽게 밝히는 젊은 미혼모들도 토크빌의 눈에는 빈민법이 낳은 사회악으로 비쳐졌다.4)

결국, 빈민의 권리를 법으로 보장하는 한, 바꾸어 말해서 빈민을 먹여 살려야 할 사회적 의무를 법으로 규정하는 한, 빈민법이 오히려 빈곤을 조장하는 아이러니를 가져올 것이라는 게 토크빌의 결론이었다. 그가 밝힌 이러한 생각은 당시 영국 내의 빈민법 비판론자들이 가지고 있던 생각과 크게 다르지 않았으며 어떤 의미에서 주는 자의 받는 자에 대한 집단적 태도의 한 단면을 보여주는 것이었다.

그러나 주는 자와 받는 자 사이의 관계는 역사 발전 과정에 따라 많은 변화가 있었으며 어떤 고정된 패턴이 존재했던 것은 아니다. 앞에서 소개한 토크빌이나 19세기 영국의 자유주의자들의 견해는 그러한 관계를 산업화와 도시화라는 특정한 역사 발전 과정 속에서 인식한 결과일 뿐이다.

---

4) Himmelfarb, op. cit., 1985, pp.147-152.

2) 주는 자와 받는 자

앞에서 우리는 빈민에 대한 사회 일반의 집단적 태도가 빈민정책에 어떻게 반영되었는가를 분석해보았다. 그러나 정책 속에 실제로 반영된 것은 주는 자의 일방적 태도라기보다는 주는 자와 받는 자 사이에 존재하는 '관계'일 것이다. 물론 그것이 일방적 관계로 존재했을 경우도 많았을 것으로 생각되지만 꼭 그러했던 것은 아닌 것 같다. 문제는 사회적 약자인 빈민들의 생각과 감정은 역사에 기록되지 않았다는 점이다. 다만 우리는 역사 과정의 각 시대가 가지는 사회 관계적 특성 속에서 이를 파악해보려는 노력을 해볼 수는 있을 것이다.

고대나 중세 초기에는 사적 자선이 보다 일반적이었다. 특히 중세에는 친족 중심의 상호부조가 관행으로 자리잡았는데, 이는 상업적 도시문화가 쇠퇴하고 자급자족적인 농업경제가 지배적 경제구조로 자리잡았던 상황과 무관하지 않다. 사람들은 농사일에서 경조사에 이르기까지 촌락공동체의 대소사를 협동 작업에 의해 수행했으며, 그 과정에서 공동체 내부에 자리 잡은 관행들은 법률에 버금가는 힘을 가지게 되었던 것이다.

장원제가 자리잡으면서 대부분의 농민들이 농노의 지위로 전락했지만 친족 중심의 상호부조 관행은 그들 사이의 긴밀한 결속을 바탕으로 지속되었다. 영주들도 도덕적, 경제적 이유로 농노들이 생존을 위협을 받는 상황을 외면하지 않았으므로 개인의 빈곤은 대부분 지역공동체 내부에서 해결되었다. 도시도 크게 다르지 않았다. 수많은 도시의 길드들은 상호부조의 강한 내부적 전통을 가지고 있었고 이들은 경제적 곤궁에 처한 회원들을 비공개적으로 지원함으로써 이들의 체면을 살려주었다. 귀족들 사이에는 계급적 유대감에 의한 자선도 행해졌으며 이 경우에는 받는 자의 체면을 살려주는 것이 매우 중요시되었다.

점차 교회가 사회적 자선을 관리하는 기구로 성장한 것은 사실이었다. 교구교회(parish church)는 모든 교회 수입의 3분의 1 내지 4분의 1을 빈

<그림 16>

16세기 유럽의 자선 현장. 빵, 음료수, 옷가지의 분배가 이루어지고 있는가 하면 병자들에게는 숙소와 침대가 제공되고 있음을 볼 수 있다. Pieter Bruegel the Elder가 그린 자선(Caritas)라는 작품이다.

민구제에 사용하도록 되어 있었다. 그러나 교구교회는 기껏해야 수백 세대를 넘지 않는 신앙공동체였으므로 서로 잘 아는 사람 사이에서 자선이 이루어지는 공동체적 특성을 벗어나지 못했다.

10세기경부터는 수도원이 교구교회를 대신해서 사회적 자선을 관리하게 되었다. 이는 작은 신앙공동체 중심의 자선이 이제는 수천 명의 걸인을 대상으로 한, 그것도 다수의 익명인(匿名人)을 대상으로 한 대규모의 사회적 자선으로 확대되었음을 의미하였다. 그럼에도 불구하고 주는 자와 받는 자 사이의 긴장 관계는 아직 나타나지 않았다.

그것은 중세 교회가 빈민에 대해 미분화된 개념을 가지고 있었고 또한 중세 자선의 성격이 기독교의 구원 프로그램 안에서 규정되어진 것과 관련이 있었을 것이다. 주는 자는 자선이라는 덕스러운 행위를 통해 구원에 이르는 수단을 얻고, 받는 자는 주는 자의 영혼을 위해 기도한다는 암묵적 계약 관계가 성립되어 있었다. 이는 자선이 일방적인 시혜가 아니라 호혜적(互惠的) 관계였음을 의미한다. 이러한 이론과 실제 사이에는 상당한 괴리가 존재했을 것이다. 그러나 12세기경에 이르러 사회적 인식상 빈민의 지위가 많이 향상된 것은 사실이었다.

주는 자와 받는 자의 사이가 계약 관계 또는 교환 관계로 규정되는 것만이 중세 자선의 특징은 아니었다. 공동체적 성격이 강했던 중세에서는 재산의 사용권을 공유한다는 개념이 발달하였고, 여기에서 부자가 사용하고 남은 재산은 공동체의 재산으로 귀속된다는 논리가 도출되었다. 이는 부자의 자선을 강제적 의무로 규정하는 것인 동시에, 빈민에게는 부자의 잉여재산에 대한 사용권을 부여하는 효과가 있었다. 만일 부자가 이러한 의무를 자발적으로 실현하지 않으면 교회가 개입하여 정의를 실현할 수도 있다는 주장이 나왔으며 실제로 교회는 반강제적 압력을 통해 자선을 권유하기도 하였다. 물론 이러한 개념은 교회법학자나 교회지도자들의 논의 속에서 주로 제기된 것일 뿐, 사회 일반의 공통적 인식으로 자리잡지는 못했다. 그럼에도 불구하고 공유권의 개념은 주는 자의 지나친 자부심을 억누르는 동시에 받는 자의 부끄러움을 줄여주는 역할을 담당했을 것으로 보인다.

상업과 화폐경제가 발달하면서 유럽에는 사회적으로 경제적으로 크고 작은 변화가 생겼다. 자선에서도 새로운 관계가 형성되었다. 특히 새로운 이주자가 계속해서 유입되는 도시에서는 농촌 중심의 중세 사회가 경험하지 못한 사회질서가 자리 잡았다. 성장 과정과 성격에서 소유한 재산에 이르기까지 서로에 대해 잘 알고 있는 전통적 농업사회와는 달리 도시사회는 익명성의 특징을 가지고 있었다. 중세의 걸인들을 묘사한 글이나 삽화를 보면 이들의 전형적인 외모와 구걸 방식에는 남의 동정을 효과적으로 끌어내기 위한 직업적 테크닉이 결부되어 있음을 발견할 수 있다. 낯선 곳에서 낯선 이들의 동정을 구하기 위해서는 자신들의 불행을 한껏 포장해야 할 필요가 있었던 것이다.

반대로 주는 자의 입장에 서보면 이는 구걸하는 사람들이 진정으로 자선의 대상인지 아닌지에 대하여 관찰하고 의심할 필요가 있었음을 시사하는 것이다. 행여 자신의 자선이 빈민을 가장한 범죄자나 사악한 자를 돕는 결과를 초래한다면 자신의 영혼에 좋은 결과를 가져오지 않을 것이라는 우려 때문이었다. 이런 점에서 보면 가장 믿을 수 없는 유형의 빈민은 부랑빈민이었다. 도대체 어디 출신인지, 누구의 자식인지, 여태 무엇을 하며 살아왔는지 도무지 알 수 없는 존재가 이들이었다. 거기에다 이들에게는 무리지어 다니며 온갖 흉악한 범죄를 저지른다는 소문이 따라다녔다. 중세 말기와 근대 초기 유럽의 많은 지역에서 이들에 대한 통제를 목적으로 한 억압적 정책이 나타난 데에는 낯선 자들에 대한 두려움과 경계 심리가 작용했음은 앞에서 밝힌 바와 같다.

근대에 들어 많은 지역에서 도시 정부가 교회를 대신한 사회적 자선의 주체가 되었으며 영국에서는 국가 주도의 사회적 자선이 법률로서 확립되었다. 이와 함께 세속성, 합리성이 근대적 자선의 특징적인 성격으로 자리잡았다. 특히 16세기 말 제정된 영국의 빈민법은 강제적 구빈세를 사회적 자선의 재원으로 규정함으로써 오랜 전통의 자발주의(voluntaryism)는 사회적 자선의 영역에서 밀려나게 되었다. 다시 말하면 영국에서 자선은 하고 싶으면 하고 하기 싫으면 그만인 것이 아니라 나라의 법률이 정한 강제적 의무가 되었다. 이제 빈민에 대한 자선은 돈 많은 부자들이나 하는 행위가 아니라 빈민들 자신까지 포함하는 모든 이들의 행위로 규정된 것이다.

이러한 강제적 의무를 모든 국민이 받아들이기 하기 위해서는 합리적인 자선의 원칙이 필요하였다. 새로운 세금에 대한 조세 저항을 막기 위해서도 그것은 필요하였다. 튜더 빈민법이 도입한 원칙은 빈민을 유형별로 차별화하고 노동능력이 있는 빈민들에게는 노동을 의무화하는 것이었다. 공공 고용제도가 도입되고 부랑빈민과 노동 기피자에게는 처벌과 강제 노역이 부과되었다. 빈민을 차별화한 전통은 중세에서도 존재했지만 그것을 법률적으로 강제한 것은 처음이었다.

근대 영국에서 노동능력이 있는 빈민과 그렇지 못한 빈민을 차별하고 전자에게 일자리를 제공하는 실무적 책임은 교구의 민생위원들에게 맡겨졌다. 빈민 조사를 통해 빈민구제에 필요한 예산을 산출하고 거기에 맞추어 구빈세를 징수하는 일은 물론, 구제 대상의 빈민들을 직접 맞대면하는 것도 그들의 몫이었다.

여기에서 교구(parish)가 빈민 행정의 단위였다는 점은 중요한 의미를 갖는다. 교구는 최하위의 행정 단위로 18세기 초까지만 해도 평균 인구가 수백 명에 불과했다. 이것은 곧 빈민 행정에서 법과 절차의 엄격한 적용보다는 인정과 관습이 경우에 따라서는 더 큰 비중을 차지할 수도 있다는 것을 의미했으며 공동체적 전통이 강한 농촌 지역의 교구들이 특히 그러했다. 아무리 제도와 절차가 합리적이라 해도 이를 운영하고 집행하는 데 필요한 여건이 따라주지 못한다면 효율성이 떨어질 수밖에 없다. 결국 국가가 주도하는 강제적 자선에 있어서도 전통적 유대 관계에 바탕을 둔 온정주의적 성향이 완전히 배제되지는 못했던 것이다. 이러한 경향은 19세기 도입부까지 이어졌다.

산업혁명이 가지고 온 새로운 사회질서가 자선을 둘러싼 환경을 근본적으로 바꾸어놓았다. 18세기 중반까지 인구의 절반을 차지했던 농업 인구는 19세기 중반 4분의 1 이하로 급격히 떨어진 반면, 도시와 산업노동자의 숫자는 가파르게 늘어났다. 경쟁과 계약의 원리를 근간으로 사회가 재조직되었으며 비합리적, 관습적 사회 관계는 급속하게 와해되었다. 빈민의 최저 생계를 별다른 합리적 통제 수단 없이 법적으로 보장한 스핀햄랜드는 새로운 사회 관계와 어울리지 않는 제도였다. 주는 자의 입장을 대변하는 부르주아 자유주의의 논리는 빈민구제 비용의 증가에 부담을 느끼던 담세자(擔稅者)들의 호응으로 힘을 얻었다. 그러나 빈민들이 복지를 권리로 인식하고 자신들의 빈곤을 부끄러워하지 않았다는 빈민법 비판론자들의 주장은 과장된 것이었다.

결국 19세기는 승리자인 부르주아 계급의 논리와 시각에 의해 빈민정책이 결정되고 시행되었으며 받는 자들은 별 다른 저항 없이 그것을 받아들였다. 도시화와 산업화의 결과 사회 관계의 익명성이 강화되고 빈민 행정을 담당하는 기구도 상향 조정되었다. 신빈민법에 의해 여러 개의 교구들이 연대한 빈민법조합이 빈민 행정을 담당했다가 20세기에 들어서면서 주(county) 또는 특별시(county borough)의 관할 업무가 되었다.

변화의 바람은 20세기에도 계속되었다. 노동조합이 결성되어 노동자들의 권익을 주장했으며 정치 세력화되었다. 참정권의 확대로 노동계급도 정치적 의사를 표현할 수 있는 권리를 획득했다. 19세기 말까지 자유당의 우산 속에서 의회에 진출했던 노동자 세력은 20세기에 접어들면서 독자적인 정당으로 의석수를 늘려가다가 급기야는 주요 집권정당으로 발전하였다. 거기에다 사회주의의 확산과 이데올로기적 교육효과로 인하여 노동계급과 빈민들이 가진 현실 인식의 틀이 바뀌게 되고 이로 인해 이들이 느끼는 상대적 박탈감의 크기가 커지게 되었다. 볼셰비키혁명으로 사회주의 혁명이 현실로 나타나자 가진 자와 못 가진 자 사이에는 팽팽한 긴장 관계가 형성되었다.

영국의 복지국가 모델은 적의 침공 위협 속에서 모든 국민적 역량을 총집결하여 승리해야 하는 전쟁 상황 속에서 수립되었다. 그러기 위해서는 가진 자와 못 가진 자 사이의 팽팽한 긴장 관계를 해소하는 것이 최우선적 과제였으며 그러므로 영국 전후의 복지정책은 부의 재분배 정책의 일환으로서 기능하도록 기획된 측면이 있다. 주는 자들의 의구심과 받는 자들의 부끄러움을 동시에 줄여주는 방법으로 고안된 것이 보편성, 강제성, 기여성에 입각한 사회보험이었던 셈이다. 그러나 영국을 비롯하여 대부분의 국가에서 아직도 상당한 비중의 복지제도는 특정빈민을 대상으로 한 선별적, 비기여형의 모습을 가지고 있다. 주는 자와 받는 자 사이의 긴장 관계는 여전히 남아 있는 것이다.

더구나 1970년대 이후 서구의 복지국가 모델은 커다란 시련에 봉착해 있다. 복지국가의 위기는 기본적으로 경기 침체와 실업의 증가 등으로 말미암은 재정상의 어려움을 반영하고 있다. 그러나 더 큰 문제는 복지 국가가 사회적 정의의 달성이라는 공적 역할을 얼마나 잘 수행하고 있는 가에 대한 신뢰감을 상실해가고 있는 점이다. 소위 정통성의 위기 (legitimation crisis)이다. 신자유주의, 제3의 길, 생산적 복지 등은 모두 복지국가의 재편 방향과 밀접한 관련을 가진 개념들이다. 그러나 현재 시점에서 복지국가의 미래를 전망하는 것은 어려운 일이다. 결국 요체는 주는 자와 받는 자 사이의 관계를 어떻게 정립하느냐의 문제이다.

참고문헌

김기순. 2001, 「밀, 글래드스턴, 여성문제」, 《영국연구》 제 5호.

E. M. 번즈 외 2인. 1994, 『서양문명의 역사』 II, 박상익 역, 소나무.

조승래. 2002, 「산업혁명시대 영국의 급진적 성 담론」, 《역사학보》 제 173집.

차명수. 2000, 「산업혁명」, 배영수 편, 『서양사 강의』, 한울.

브라이언 타이어니, 시드니 페인터 공저. 1986, 『서양중세사』, 이연규 역, 집
　　　문당.

허구생. 1998, 「토머스 스타키, 리차드 모리슨의 휴머니즘과 튜더 빈민법」,
　　　《영국연구》 제2호.

_____. 1999, 「사회·경제적 조건과 튜더 빈민법의 의회입법」, 《서양사
　　　론》 제 63호.

_____. 1999, 「헨리 브링클로우와 사회개혁」, 《영국연구》 제3호.

Acts of the Privy Council of England, ed. by J. R. Dasent, 32 vols. London:
　　　H.M.S.O., 1890~1907.

Anonymous. 1871, *Certayne Causes Gathered Together, Wherin is Shewed the
　　　Decaye of England*(c.1550~1553), printed in *Four Supplications*, ed.
　　　by J.M. Cowper, London.

Anonymous. 1905, *Respublica*(1533), ed. by L. A. Magnus, London:
　　　E.E.T.S.

Appleby, Andrew B. 1978, *Famine in Tudor and Stuart England*, Stanford
　　　University Press.

Archer, Ian. 1991, *The Pursuit of Stability: Social Relations in Elizabethan
　　　London*, Cambridge.

Aschrott, Paul Felix. 1888, *The English Poor Law System, Past and Present*,
　　　London.

Awdeley, John. 1907, *The Fraternitye of Vacabondes*(London, 1575),
　　　reprinted in E. Viles and F. J. Furnivall, eds. *The Rogues and
　　　Vagabonds of Shakespeare's Youth.*

Aydelotte, Frank. 1967, *Elizabethan Rogues and Vagabonds*, Oxford, 1913,
　　　reprinted in N.Y.

Bacon, Francis. 1838, *The Works of Lord Bacon*, 2 vols., London.

Barry, Jonathan. ed., 1990, *The Tudor and Stuart Town, 1530~1688,* London and N.Y.

Barry, Norman. 1990, *Welfare*, University of Minnesota Press.

Baumer, F. L. 1937, 'Christopher St. German: the Political Philosophy of a Tudor Lawyer', *American Historical Review*, vol.42.

Beer, Barret. 1982, *Rebellion and Riot: Popular Disorder in England during the Reign of Edward VI*, The Kent State University Press.

Beier, A. L. 1983, *The Problem of the Poor in Tudor and Early Stuart England*, Methuen.

_____. 1985, *Masterless Men: the Vagrancy Problems in England, 1560~1640*, Methuen.

_____. 1989, 'Poverty and Progress in Early Modern England', A.L. Beier et al., eds., *The First Modern Society*, Cambridge.

Bentham, Jeremy. 1983, *A Constitutional Code*, eds. by F. Rosen and J. H. Burns, Oxford.

Bindoff, S. T. 1961, 'The Making of the Statute of Artificers', in Bindoff et al., eds., *Elizabethan Government and Society*, London.

_____. 1982, *The House of Commons, 1509~1558*, 3 vols., London.

Bloch, Marc. 1961, *Feudal Society: Social Classes and Political Organization*, the 2nd of 2vols., The University of Chicago Press.

Boulton, J.P. 1987, *Neighborhood and Society: a London Suburb in the Seventeenth Century*, Cambridge.

Bowden, Peter. 1967, 'Agricultural Prices, Farm Profits and Rents' in Joan Thirsk, ed., *The Agrarian History of England and Wales*, vol.4, Cambridge.

Boyer, George R. 1990, *An Economic History of the English Poor Law, 1750-1850*, Cambridge.

Boynton, Lindsay. 1962, 'The Tudor Provost-Marshal', *English Historical Review*, vol.77.

Brinklow, Henry. 1874, *Henry Brinklow's Complaynt of Roderyck Mors,* ed. by J. M. Cowper, London, 1874.

Brown, E. H. Phelps and S. V. Hopkins. 1981, 'Seven Centuries of the Prices of Consumables, Compared with Builders' Wage-Rates,' *Economica*, new series vol.23, 1956, reprinted in their *A Perspective of Wages and Prices*, London.

Bruce, Maurice. 1966, *The Coming of the Welfare State,* 3rd ed., London.

Bucer, Martin. 1976, *A treatise, how almose ought to be distributed*(c.1557), republished in fax., Amsterdam and Norwood, N.J.

Bush, M. L. 1996, *The Pilgrimage of Grace: A Study of Rebel Armies of October 1536*, Manchester University Press.

Calendar of State Papers, Spanish, London: H.M.S.O., 1862~1954.

Calendar of State Papers, Domestic for the Reigns of Edward VI, Mary I, Elizabeth and James I, 1547-1625, London, 12 vols., 1856~1872, *The Complete State Papers, domestic, microform*, ser. 1, 1547~1625, Brighton, Sussex: Harvester Press, 1977~1981.

Challis, C. E. 1989, *Currency and Economy in Tudor and Early Stuart England*, London: Historical Association.

Clark, Peter et al., eds. 1979, *The English Commonwealth, 1547-1640*, Leicester University Press.

_____. 1981, *County Towns in Pre-Industrial England*, Leicester University Press.

Cook, Chris and John Stevenson., eds. 1983, *The Longman Handbook of Modern British History, 1714-1980*, London.

Corfield, Penelope. 1990, 'Urban Development in England and Wales in the Sixteenth and Seventeenth Centuries' in J. Barry, ed., *The Tudor and Stuart Towns.*

Cornwall, Julian. 1970, 'English Population in the Early Sixteenth Century,' *Economic History Review*, 2nd series vol.23.

Cromwell, Thomas. 1969, *Thomas Cromwell on Church and Commonwealth: Selected Letters, 1523-1540*, ed. by A. J. Slavin, Harper Torch Books.

Crowley, Robert. 1872, The Select Works of Robert Crowley, ed. by J. M. Cowper, London: E.E.T.S.; this edn. contains *Epigrammes*(1550), *The Voyce of the Last Trumpet*(1550), *Pleasure and Payne*(1551) and *The Way to Wealth*(1550).

Davies, C. S. L. 1966, 'Slavery and Protector Somerset: the Vagrancy Act of 1547,' *Economic History Review*, 2nd ser., vol. 19.

_____. 1985, 'Popular Religion and the Pilgrimage of Grace,' in A. J. Fletcher and J. Stevenson, eds., *Order and Disorder in Early Modern England,* Cambridge.

Davis, Ralph. 1973, *English Overseas Trade, 1500-1700*, MacMillan.

Dean, David M. 1997, *Law-Making and Society in Late Elizabethan England, 1584-1601*, Cambridge.

Dictionary of National Biography, 22 vols., London, 1908~1909.

Dowling, Maria. 1986, *Humanism in the Age of Henry VIII*.

Duby, G. 1966, 'Les pauvres des campagnes dans l'Occident medieval jusqu'au XIIIe siecle,' *Revue d'histoire de l'Eglise de France*, LII.

Dupâquier, Jacques. 1989, 'Demographic Crises and Subsistence Crises in France, 1650-1725' in John Walter and Roger Schofield, eds., *Famine and Disease and the Social Order in Early Modern Society*, Cambridge.

Eden, Frederic. 1928, *The State of the Poor; or An History of the Labouring Classes in England...*, 1797, reprinted, abridged by A. G. L. Rogers, vols. 3, London, 1928.

Edward VI(the king of England). 1966, *The Chronicles and Political Papers of King Edward VI*, ed. by W. K. Jordan, Cornell University Press.

Elton, G. R. 1953, *The Tudor Revolution in Government*, Cambridge.

_____. 1953, 'An Early Tudor Poor Law,' *Economic History Review*, 2nd ser., vol.6, 1953.

_____. 1970, 'Reform by Statute,' *Proceedings of the British Academy*, Oxford and N.Y.

_____. 1973, *Reform and Renewal: Thomas Cromwell and the Common Weal*, Cambridge.

_____. 1977, *Reform and Reformation: England, 1509-1558,* Harvard University Press.

Elyot, Thomas. 1962, *The Book named The Governor*, ed. with an introduction by S. E. Lehmberg, London and N.Y.

Ferguson, A. B. 1963, 'The Tudor Commonweal and the Sense of the Change,' *The Journal of British Studies*, vol.3.

Fideler, Paul A. 1992, 'Poverty, Policy and Providence: the Tudors and the Poor' in P. A. Fideler and T. F. Mayer, eds. *Political Thought and the Tudor Commonwealth: Deep Structure, Discourse and Disguise*, London and N.Y.

Finzsch, Norbert. 1990, *Obrigkeit und Unterschichten*, Stuttgart.

Fleisher, M. F. 1973, *Radical Reform and Political Persuasion in the Life and Writings of Thomas More.*

Fletcher, Anthony and Diamond MacCulloch. 1977, *Tudor Rebellions*, 4th edn.

Galloway. 1988, 'P.R., Basic Patterns in Annual Variations in Fertility, Nuptiality, Mortality and Prices in Pre-industrial Europe,' *Population Studies*, vol.42.

Geremek, Bronislaw. 1994, *Poverty*, trans. by Agnieszka Kolakowska, Oxford, UK and Cambridge, Massachusetts, USA, originally published in Italian under the title of *Litosc I Szubienica*, Rome, 1986.

Gould, John D. 1970, *The Great Debasement: Currency and the Economy in Mid-Tudor England*, Oxford.

_____. 1971, 'The Price Revolution Reconsidered' in R. H. Ramsey, ed., *The Price Revolution in Sixteenth-Century England*, Methuen.

Guy, John. 1985, *Christopher St. German on Chancery and Statute*, Selden Society.

Hall, Edward. 1809, *Hall's Chronicle*, London.

Hammond, J. L. and Barbara Hammond. 1936, *The Village Labourer*, 4th edn., London.

Hanway, Jonas. 1766, *An Earnest Appeal for Mercy to the Children of the Poor*, London.

Harris, J. W. 1940, *John Bale*, New York.

Harrison, William. 1994, *An historical description of the iland of Britaine* (1577), reprintes by the Folger Shakespeare Library under the title, *The Description of England*, ed. by Georges Edelen, 1994.

Hasler, P. W. 1981, *The House of Commons, 1558-1603*, vols. 3.

Hexter, J.H. 1963, *More's Utopia.*

Heyck, Thomas William. 1992, *The Peoples of the British Isles* vol.2.

Himmelfarb, Gertrude. 1985, *The Idea of Poverty: England in the Early Industrial Age*, New York.

Hollister, C. Warren. 1994, *Medieval Europe*, 7th edn.

Hooper, John. 1852, *Early Writings*, ed. by S. Carr, Cambridge.

_____. 1852, *Later Writings*, ed. by Charles Nevinson, Cambridge.

Hoskins, W.G. 1963, *Provincial England*, MacMillan.

_____. 1964, 'Harvest Fluctuations and English Economic History, 1480-1619,' *Agricultural History Review*, vol.12.

_____. 1976, *The Age of Plunder: The England of Henry VIII, 1500-1547*, Longman.

Hoyle, Richard W. 1994, *Tudor Taxation Records: a Guide for Users*, London.

James, Michael. 1981, 'Public Interest and Majority Rule in Bentham's Political Theory,' *Political Theory*, vol. 9.

Jones, Gareth. 1969, *History of the Law of Charity, 1532-1827*, Cambridge.

Jones, W. R. D. 1970, *The Tudor Commonwealth, 1529-1559.*

Jordan, Wilbur K. 1959, *Philanthropy in England*, Allen & Unwin.

_____. 1968, *Edward VI: The Young King*, Harvard University Press, London.

_____. 1970, *Edward VI: The Threshold of Power, the Dominance of the Duke of Northumberland*, London.

Journals of the House of Commons, London, 1803-.

Journals of the House of Lords, London, 1846-.

Joyce, Patrick. 1980, *Work, Society and Politics: the Culture of the Factory in Later Victorian England*, Rutgers University Press.

Jütte, Robert. 1994, *Poverty and Deviance in Early Modern Europe*,

Cambridge.

Kerridge, Eric. 1969, *Agrarian Problems in the Sixteenth Century and After.*

_____. 1992, *The Commonfields of England*, Manchester University Press.

Lachmann, Richard. 1987, *From Manor to Market: Structural Change in England, 1536-1640,* The University of Wisconsin Press.

Laslett, Peter. 1983, *The World We Have Lost*, 3rd edn.

Latimer, Hugh. 1844~1845, *The Works of Hugh Latimer,* ed. by G.E. Corrie, vols. 2, Cambridge: Parker Society.

_____. 1968, *Selected Sermons of Hugh Latimer,* ed. by Allan G. Chester, University of Virginia Press.

Lee, R. D. 1981, 'Short-term Variations in Vital Rates, Prices, and Weather' in E. A. Wrigley and R. S. Schofield, eds., *The Population History of England, 1541-1871: a Reconstruction*, London.

Lehmberg, S. E. 1970, *The Reformation Parliament, 1529-1536,* Cambridge.

Leonard, E. M. 1900, *The Early History of English Poor Relief,* Cambridge.

Maitland, F. W. 1898, *Roman Canon Law in the Church of England*, London.

Mandeville, Bernard. 1924, *The Fable of the Bees*(1720), ed. by F. B. Kaye, Oxford.

Manning, Brian. 1976, *The English People and the English Revolution.*

Manning, Roger B. 1988, *Village Revolts: Social Order and Popular Disturbances in England, 1509-1640,* Oxford.

Martz, Linda. 1983, *Poverty and Welfare in Habsburg Spain*, Cambridge.

Mayer, T. F. 1985, 'Faction and Ideology,' *Historical Journal*, vol.28.

_____. 1989, *Thomas Starkey and the Commonweal,* Cambridge.

Metz, K. H. 1992, 'From Pauperism to Social Policy,' *International Review of Social History*, vol. 37.

Mollat, Michel. 1986, *The Poor in the Middle Ages: An Essay in Social History*, trans. by Arthur Goldhammer, Yale University, originally published in 1978 as *Les Pauvres au Moyen Age.*

Morison, Richard. 1536, *A Remedy for Sedition* and *A Lamentation*, both printed in *Humanist Scholarship and Public Order: Two Tracts against the Pilgrimage of Grace*, ed. by D.S. Berkowitz, Folger Books, 1984.

Nicholls, George. 1899, *A History the English Poor Law*, London.

Outhwaite, R. B. 1982, *Inflation in Tudor and Early Stuart England*, 2nd edn., MacMillan.

Page, F. M. 1929-31, 'The Customary Poor Law of Three Cambridgeshire Manors,' *Cambridge Historical Journal*, vol.3.

Palliser, David. 1992, *The Age of Elizabeth: England under the Later Tudors, 1547-1603*, 2nd edn., Longman.

Pound, John. 1986, *Poverty and Vagrancy in Tudor England*, 2nd edn., Longman.

T. E. Hartley, Leicester ed. 1981, *Proceedings in the Parliaments of Elizabeth I*, University Press.

Ramsey, P.H. 1971, *The Price Revolution in Sixteenth-Century England*, Methuen.

Rappaport, Steve. 1989, *Worlds within Worlds: Structures of Life in Sixteenth-Century London*, Cambridge.

Ridley, Jasper. 1983, *Statesman and Saint*.

Riis, T., ed. 1981, *Aspects of Poverty in Early Modern Europe*.

Rondo Cameron. 1989, *A Concise Economic History of the World*, Oxford University Press, p.40

Rowntree, B. S. 1941, *Poverty and Progress; A Second Social Survey of York*, London.

Rublack, Hans-Christoph. 1978, *Gescheiterte Reformation*, Stuttgart.

Salter, F. R. 1926, *Some Early Tracts on Poor Relief*, Methuen.

Savine, Aleksandr N. 1909, *The English Monasteries on the Eve of the Dissolution*, Oxford.

Scarisbrick, J. J. 1977, 'Thomas More: the King's Good Servant,' *Thought: Fordham Quarterly*, vol.52.

Schweinitz, Karl. de 1961, *England's Road to Social Security*, New York.

Sharp, Buchanan. 1980, *In Contempt of All Authority: Rural Artisans and Riot in the West of England, 1586-1660*, University of California.

Sharpe, James A. 1984, *Crime in Early Modern England, 1550-1750*, London and N.Y.

Skinner, Quentin. 1978, *The Foundations of Modern Political Thought*, vols.2

Slack, Paul. 1980, 'Social Policy and the Constraints of Government, 1547-58' in Jeniffer Loach and Robert Tittler, eds., *The Mid-Tudor Polity*, MacMillan.

_____. 1988, *Poverty and Policy in Tudor and Stuart England,* Longman.

Slack, Paul. 1995, *The English Poor Law, 1531-1782,* Cambridge.

Smith, Adam. 1937, *Wealth of Nations,* ed. by Edwin Cannan, New York.

Smith, Alan G. R. 1997, *The Emergence of a Nation State: The Commonwealth of England, 1529-1660,* 2nd edn.

Smith, Thomas. 1969, *A Discourse of the Commonweal of This Realm of England,* ed. by Mary Dewar, The University Press of Virginia.

_____. 1982, *De Republica Anglorum,* ed. by Mary Dewar, Cambridge.

Snape, R. H. 1926, *English Monastic Finances in the Later Middle Ages,* Cambridge.

Starkey, Thomas. 1878, *A Dialogue between Cardinal Pole and Thomas Lupset,* ed. by J. M. Cowper, London: E.E.T.S.

Statutes of the Realm, eds. by A. Luders et al., 11 vols., London, 1810~1828.

Stow, John. 1631, *Annales, or Generall Chronicle of England,* ed. by E. Howes, London, also with an introduction by A. Fraser, *A Survay of London;* written in the year, 1598, ed. by Henry Morley, Stroud, 1994.

Tawney, R. H. 1912, *Agrarian Problem in the Sixteenth Century.*

_____. 1941, 'The Rise of the Gentry, 1558-1640,' *Economic History Review,* vol.2.

_____. 1954, 'The Rise of the Gentry: a Postscript,' *Economic History Review,* 2nd ser. vol.7.

Tawney, R. H. and Power Eileen, eds. 1951, *Tudor Economic Documents,* vol.1, Longmans.

The Journals of all the Parliaments during the Reign of Elizabeth ed. by Simonds d'Ewes, London, 1682, reprinted, Irish University Press, 1973.

Tierney, Brian. 1959, *Medieval Poor Law: a Sketch of Canonical Theory and*

Its Application in England, University of California.

Townsend, Haywood. 1680, *Historical Collections or An Exact Account of the Proceedings of the Four Last Parliaments of Queen Elizabeth of Famous Memory*, London, reprinted in A. F. Pollard and M. Blatcher, eds. *B.I.H.R.*, 1934~1935.

Townsend, Joseph. 1786, *A Dissertation on the Poor Laws by a Well-Wisher to Mankind*.

Trevor-Roper, H. R. 1953, 'The Gentry,' *Economic History Review*, Supplement 1.

Tudor Royal Proclamations, eds. by Paul L. Hughes and J. F. Larkin, 3 vols., Yale University Press.

Tytler, Patrick F. 1839, *England under the Reigns of Edward VI and Mary*, London.

Vives, Juan, *De Subventione Pauperum sive de humanis necessitatibus*(Bruges, 1526), English trans. printed in F. R. Salter, ed., *Some Early Tracts on Poor Relief*(q.v.).

Walter, John and R. Schofield, eds. 1989, *Famine, Disease and the Social Order in Early Modern Society*, Cambridge.

Wrightson, Keith and David Levine. 1979, *Poverty and Piety in an English Village: Terling*.

Wrigley, E. A. 1989, 'Some Reflections on Corn Yields and Prices in Pre-Industrial Economies' in J. Walter and R.S. Schofield, eds., *Famine, Disease and the Social Order in Early Modern Society*, Cambridge.

Wrigley, E. A. and R. S. Schofield. 1981, *The Population History of England, 1541-1871: a Reconstruction*.

Zacour, Norman. 1976, *An Introduction to Medieval Institutions*, 2nd edn., New York.

Zeeveld, William. 1948, *Foundations of Tudor Policy*, Harvard University.

_____. 1871, *A Supplication of the Poore Commons*(1546) in *Four Supplications*, ed. by J. M. Cowper, London: E.E.T.S.

찾아보기

지은이 **허구생**

서강대학교 외교학과 졸업(역사학 부전공)
호주 뉴 사우스 웨일즈 대학교 대학원 졸업, 역사학석사
미국 미네소타 대학교 대학원 졸업, 역사학박사
서강대학교 공공정책대학원 사회정책학과(사회복지 전공) 강사
중앙승가대학교 사회복지학과 겸임교수
경희사이버대학교 NGO학부 사회복지전공 초빙교수
서강대학교 국제문화교육원장

논문

"Commonwealth, Social Order, and the Tudor Poor Laws"
「토마스 스타키, 리차드 모리슨의 휴머니즘과 튜더 빈민법」
「사회·경제적 조건과 튜더 빈민법의 의회입법」
「헨리 브링클로우와 사회개혁」

2003년 문화관광부 우수학술도서 선정

한울아카데미 **493**

빈곤의 역사, 복지의 역사

ⓒ 허구생, 2002

지은이 | 허구생
펴낸이 | 김종수
펴낸곳 | 한울엠플러스(주)

초판 1쇄 발행 | 2002년 9월 30일
초판 7쇄 발행 | 2016년 8월 11일

주소 | 10881 경기도 파주시 광인사길 153 한울시소빌딩 3층
전화 | 031-955-0655
팩스 | 031-955-0656
홈페이지 | www.hanulmplus.kr
등록번호 | 제406-2015-000143호

Printed in Korea.
ISBN 978-89-460-6198-9 93330

* 가격은 겉표지에 표시되어 있습니다.